Citoyen de nulle part

Citoyen de nulle part

Max Bornstein

*Traduit de l'anglais (Canada) par
Arnaud Regnauld de la Soudière*

La Fondation Azrieli
www.azrielifoundation.org

Couverture et conception graphique de Mark Goldstein et Nicolas Côté
Cartes de 2e et 3e de couverture de Sir Martin Gilbert
Cartes à l'intérieur du volume de François Blanc

Catalogage avant publication de Bibliothèque et Archives Canada

Bornstein, Max, 1921–
Citoyen de nulle part / Max Bornstein;
traduction d'Arnaud Regnauld de la Soudière.
(Collection Azrieli des mémoires de survivants de l'Holocauste.
Cinquième série)
Traduction de : If home is not here / Bornstein, Max, 1921–
Comprend des références bibliographiques et un index.
ISBN 978-1-897470-39-8 (broché)

1. Bornstein, Max, 1921–. 2. Holocauste, 1939–1945–Récits personnels. 3. Survivants de l'Holocauste–Canada–Biographies. 4. Canadiens d'origine polonaise–Biographies. I. Fondation Azrieli, organisme de publication II. Titre. III. Titre : If home is not here. Français. IV. Collection : Collection Azrieli des mémoires de survivants de l'Holocauste

D804.196.B67A314 2013   940.53'18092   C2013-903758-6

IMPRIMÉ AU CANADA

La Collection Azrieli des mémoires de survivants de l'Holocauste

Sommaire

La collection :
Tel qu'ils l'ont écrit...

En racontant leur histoire, les auteurs ont pu se libérer. Pendant de longues années, nous n'en avons pas parlé, même une fois devenus citoyens de sociétés libres. Aujourd'hui, alors qu'enfin nous écrivons sur les expériences qui furent les nôtres durant cette période sombre de l'Histoire, conscients que nos récits seront lus et qu'ils nous survivront, il nous est possible de nous sentir complètement libérés. Ces documents historiques uniques aident à donner un visage aux disparus et permettent au lecteur de mesurer, récit après récit, l'énormité de ce qui est arrivé à six millions de Juifs.

David J. Azrieli, C.M., C.Q., M.Arch
Survivant de l'Holocauste et fondateur de la Fondation Azrieli

Depuis la fin de la Deuxième Guerre mondiale, plus de 30 000 Juifs rescapés de l'Holocauste sont venus s'installer au Canada. Leurs origines, les expériences qu'ils ont vécues, les nouvelles vies qu'ils ont bâties et les familles qu'ils ont fondées font partie intégrante du patrimoine canadien. Le Programme des mémoires de survivants de l'Holocauste a été créé pour rassembler, archiver et publier les témoignages historiques écrits par les déportés juifs établis au Canada. Le programme est animé par la conviction que chaque survivant porte une histoire remarquable à transmettre et que ces récits peuvent contribuer dans une vaste mesure à l'enseignement de la tolérance et du respect de l'autre.

Des millions d'histoires individuelles sont perdues à jamais. En publiant les récits des survivants au sein de la Collection Azrieli des mémoires de survivants de l'Holocauste, le programme s'engage à préserver de l'oubli ceux qui ont péri sous les assauts d'une haine encouragée par l'indifférence et l'apathie générale. Les témoignages personnels de ceux qui ont survécu dans les circonstances les plus improbables sont aussi différents que ceux qui les ont écrits, mais tous démontrent la somme de courage, d'endurance, d'intuition et de chance qu'il a fallu pour faire face et survivre à cette terrible adversité. Ces mémoires rendent aussi hommage aux personnes, amies ou inconnues, qui ont tendu la main au péril de leur vie et qui, par leur bienveillance et leur dignité dans les moments les plus sombres, ont souvent permis aux personnes persécutées de conserver leur foi en la nature humaine et leur courage de lutter. Les témoignages des déportés et leur volonté de transmettre ce qui s'est passé aux jeunes générations suscitent l'admiration et servent de leçon.

Le Programme des mémoires de survivants de l'Holocauste rassemble ces témoignages importants et les rend accessibles gratuitement sous format imprimé aux bibliothèques canadiennes, aux organisations œuvrant pour la mémoire de l'Holocauste et aux participants des conférences organisées par la Fondation Azrieli.

La Fondation Azrieli tient à marquer sa reconnaissance aux personnes suivantes, pour leurs contributions précieuses à la réalisation de cette collection : Simone Abrahamson, Florence Buathier, Jesse Cohoon, Darrel Dickson et Sherry Dodson (Maracle Press), Sir Martin Gilbert, Stan Greenspan, Robin Harp du United States Holocaust Memorial Museum, Richard Mozer, Arnaud Regnauld, Sylvia Szmańska-Smolkin, Keaton Taylor, Lise Viens, Margie Wolfe et Emma Rodgers de Second Story Press, Sylvia Vance et Piotr Wróbel.

À propos du glossaire

Dans les présents mémoires se trouvent un certain nombre de termes, de concepts et de références historiques qui peuvent ne pas être connus du lecteur. Pour plus d'informations sur les principales institutions, les événements et les personnages historiques importants, les références géographiques, les termes religieux et culturels, les termes et les expressions empruntés à des langues étrangères qui permettront d'éclairer et de contextualiser les événements décrits dans le texte, veuillez vous reporter au glossaire qui commence à la page 295.

Introduction

Au début de ses mémoires, Max Bornstein (né Mordechaï Zalman) décrit un incident apparemment banal survenu à l'orphelinat de Winnipeg où sa sœur cadette, Clarice, et lui-même ont passé six ans pendant les années 1920. À cette époque, leur père, Chiel, vivait à Paris. Il était réfugié apatride. Leur mère, Liba, n'était pas en mesure de s'occuper des enfants en raison de sa piètre santé et de ses maigres ressources financières. Un jour, alors qu'ils jouaient à l'extérieur de l'orphelinat, des enfants plus âgés ont inventé un jeu qui consistait à propulser les plus jeunes dans les airs en les faisant rebondir sur une couverture dont ils tenaient fermement les quatre coins. Mais lorsque le tour de Max est venu, l'un des aînés a malencontreusement lâché prise si bien que Max s'est écrasé sur le sol. Il n'était certes pas grièvement blessé, mais il se souvient du profond sentiment d'abandon et de solitude qu'il a éprouvé alors : « J'ai eu si mal que j'en ai pleuré. Cependant, il n'y avait personne pour me réconforter. »

Par bien des aspects, ce souvenir d'enfance – outre le profond sentiment d'abandon et la douleur psychologique qu'il symbolise – est annonciateur de plusieurs des thèmes principaux du récit de Max Bornstein : le déracinement, la pauvreté, l'abandon et le placement dans un établissement. Contrairement à de nombreux témoignages de survivants précédemment publiés, celui de Bornstein ne commence ni ne s'achève sur l'Holocauste. Son histoire s'étend sur plus de vingt années marquées par de profondes souffrances et dominées par deux grands axes distincts qui se recoupent néanmoins, à savoir la violence familiale et la violence de l'État. Sur le front familial, Bornstein a été séparé pendant dix ans d'un père qui, une fois réuni avec sa famille, s'est montré brutal envers sa mère. Max se souvient aussi très bien de son sentiment d'impuissance alors qu'il aurait voulu intervenir, de l'angoisse immense que les disputes continuelles de ses parents provoquaient chez lui. Aussi écrit-il : « Pendant toutes les années que j'ai passées à Paris, ce sont les incessantes disputes de mes parents qui m'ont le plus profondément affecté. J'en ressortais épuisé, perdu, effrayé et bouleversé. Pour un enfant, il n'y a pas spectacle plus douloureux que de voir ses parents échanger des coups violents. » À cette époque, tous les membres de la famille souffraient également de leur statut de réfugiés apatrides alors même que la menace nazie se profilait à l'horizon, dans un climat mondial marqué par l'antisémitisme et les politiques d'immigration restrictives. Ce qu'il y a de plus frappant dans les mémoires de Max Bornstein, cependant, c'est la manière dont il s'est déplacé de pays en pays, mais aussi d'établissement en établissement. Pendant plus de deux décennies, il s'est retrouvé tour à tour dans un orphelinat au Canada, dans un refuge pour sans-abri en France, dans un camp de concentration en Espagne, puis dans un hôpital psychiatrique au Royaume-Uni. En cela, le témoignage sur l'Holocauste que nous apporte l'auteur diffère des récits plus familiers où l'on décrit la façon dont on s'est caché pour survivre ou comment l'on a subi l'horreur des camps nazis. Max a vécu de façon quasiment permanente dans la peur, l'errance et l'exil et ce, avant, pendant, et après la guerre.

Max Bornstein est né le 12 novembre 1921 dans une famille juive pauvre de Varsovie. À l'époque, 2,8 millions de Juifs vivaient en Pologne, un chiffre qui devait dépasser les 3,3 millions en 1938 du fait des migrations en provenance des territoires russes et ukrainiens de l'Union soviétique. L'antisémitisme était monnaie courante en Pologne à cette époque : il avait ses racines dans des préjugés qui avaient cours depuis des siècles au sein de l'Église catholique, des mythes persistants selon lesquels les Juifs assassinaient des enfants chrétiens lors de « meurtres rituels », ainsi que dans une intolérance généralisée vis-à-vis des différences linguistiques, religieuses et culturelles. Alors même que les Juifs fuyaient les pogroms perpétrés dans les républiques soviétiques pour rejoindre la Pologne, les Juifs polonais émigraient en nombre vers l'ouest. La famille Bornstein a fait partie de ces milliers de Juifs polonais qui ont émigré en France, en passant par Berlin, au début des années 1920. Chiel, le père de Max Bornstein n'a pas pu obtenir de passeport polonais faute d'avoir accompli son service militaire; il est donc arrivé en France en tant que réfugié apatride et sans-papiers. Du fait des emplois précaires qu'il a occupés et de la menace constante d'expulsion qui pesait sur lui, la famille s'en remettait fréquemment aux organismes de bienfaisance pour assurer sa subsistance. À l'automne 1923, Max et sa mère, alors enceinte de Clarice, ont émigré au Canada avec l'aide des tantes maternelles de Max, laissant Chiel en France avec la promesse qu'il pourrait bientôt les rejoindre. En réalité, ce déménagement outre-Atlantique devait marquer le début d'une séparation douloureuse et prolongée pour la famille Bornstein.

Il est remarquable que Max Bornstein et sa mère aient pu effectuer le voyage jusqu'au Canada car, entre 1919 et 1923, les fonctionnaires de l'immigration canadienne ont restreint le nombre d'immigrants – en particulier les Juifs – autorisés à entrer dans le pays. Harold Troper souligne qu'en 1923, l'année où Bornstein est arrivé au Canada, « le gouvernement a institué plusieurs subtilités administratives de grande portée qui visaient manifestement à bloquer la plupart des voies encore ouvertes à l'immigration juive[1] ». À

---

1 Harold Troper. « New Horizons in a New Land: Jewish Immigration to Canada », dans *From Immigration to Integration: The Canadian Jewish Experience,* sous la dir. de Ruth Klein et Frank Dimant. Toronto: Institute for International Affairs B'nai Brith, 2001.

partir de ce moment-là, les Juifs ont eu besoin d'un permis spécial pour entrer au Canada. Seul un petit nombre a pu en obtenir un, du fait de liens de parenté avec des résidents canadiens. En 1933, alors que Hitler accédait au pouvoir en Allemagne et commençait à réaliser son projet d'État nazi raciste, la mère de Bornstein a commis l'erreur fatale de revenir à Paris avec ses enfants pour retrouver son mari. Une fois partis du Canada, il leur était presque impossible de revenir. Le gouvernement canadien avait durci encore un peu plus les lois régissant l'immigration des réfugiés juifs : comme la plupart des pays à l'époque, le Canada avait refermé ses portes.

Cependant, en dépit des politiques restrictives du gouvernement et d'un antisémitisme répandu au Canada, nombre de Canadiens compatissaient avec le sort des Juifs européens. Le 20 novembre 1938, par exemple, des dizaines de milliers de Canadiens ont participé à des manifestations et à des rassemblements publics à travers tout le pays pour condamner la violence antisémite de la *Kristallnacht* (la Nuit de cristal) et appeler le gouvernement canadien à porter assistance aux réfugiés juifs. De même, lorsque Cuba a refusé aux quelque 900 réfugiés juifs du *Saint-Louis* de débarquer à La Havane, à la fin du printemps 1939, un groupe de personnalités canadiennes a adressé – en vain – une pétition au gouvernement canadien lui suggérant d'offrir un refuge à ces passagers désespérés. Les journaux canadiens de langue anglaise fustigeaient souvent les politiques d'immigration marquées d'antisémitisme du gouvernement Mackenzie King, exigeant que le Canada assouplisse ces règles restrictives. Toutefois, en dépit de ces interventions vigoureuses de la part de l'opinion publique et de la presse, le Canada a fini par se distinguer de façon peu glorieuse en admettant moins de 5 000 Juifs européens entre 1933 et 1945, « ce qui plaçait [le pays] sans doute au rang de bon dernier parmi les États à avoir accueilli des réfugiés[2] ».

---

2   Irving Abella et Harold Troper. *None is Too Many : Canada and the Jews of Europe 1933–1948*. Toronto : Key Porter Books, 2000, p. xxii.

Dans l'incapacité de retourner au Canada, la famille Bornstein a vécu à Paris dans une extrême pauvreté, subsistant malgré le peu d'argent et de vivres. Au début de l'année 1938, Max, alors âgé de 16 ans, a obtenu un emploi de garçon de bureau à l'Œuvre de secours aux enfants (O S E), un organisme de bienfaisance juif auprès duquel sa mère avait sollicité une aide financière. C'est ainsi qu'il est soudain devenu le principal soutien de sa famille. À l'O S E, il est entré en contact avec de nombreux réfugiés juifs qui, comme sa propre famille, luttaient pour assurer leur survie. Le calvaire des réfugiés juifs en provenance des territoires occupés par les nazis a particulièrement marqué Max, et ses observations d'une grande précision donnent au lecteur un aperçu unique des difficultés qu'ils rencontraient quotidiennement en France et de tout ce qu'ils avaient dû abandonner derrière eux. Max, qui était à la fois victime et témoin, explique : « Nombreux ont été les réfugiés à me renseigner sur les circonstances qui les avaient conduits à s'enfuir. La plupart d'entre eux avaient abandonné tout ce qu'ils avaient œuvré à construire. C'est l'aspect qui m'horrifiait le plus : ils étaient si nombreux à avoir laissé tous leurs biens derrière eux, y compris leur maison, leur entreprise prospère, leur cabinet d'avocat, de médecin ou de dentiste, ou encore leur poste dans la haute fonction publique. De nombreux commerçants avaient dû quitter une bonne situation. Certains d'entre eux arrivaient en France dans l'indigence la plus complète. Des familles entières venaient au bureau avec trois, quatre, voire cinq enfants sans avoir de quoi les nourrir un seul jour de plus. Je m'identifiais à eux avec force compassion. »

Pendant l'été 1938, après environ cinq années tumultueuses passées dans la misère avec sa famille en France, le père de Max a pu émigrer en Argentine où il a trouvé refuge; la mère et la sœur de Max n'ont pas tardé à le suivre. Deux ans plus tard, alors qu'il vivait sous l'occupation nazie et était dans l'impossibilité de rejoindre sa famille en Argentine, Max a tenté de traverser la frontière sud qui séparait la France de l'Espagne, un pays qui est resté neutre pendant toute la durée de la guerre. Francisco Franco, dictateur nationaliste de droite, régnait sur l'Espagne depuis la fin de la guerre civile espagnole en 1939 et il avait des sympathies pour Hitler et Mussolini.

La réaction de l'Espagne à la persécution des Juifs comporte trois volets : les restrictions de ses services d'immigration concernant les Juifs européens qui fuyaient l'antisémitisme et la violence nazis; le rapatriement des Juifs espagnols au pays; et sa réponse diplomatique globale, en tant que pays neutre, aux déportations des Juifs vers les camps de concentration et les camps de la mort nazis. Selon Stanley Payne, la politique espagnole vis-à-vis de l'Holocauste a été « si dilatoire et parfois si contradictoire qu'elle frisait l'indifférence[3] ». Pendant la guerre, l'Espagne, comme le reste du monde au demeurant, a appliqué des mesures extrêmement restrictives à l'encontre de l'immigration juive. On estime malgré tout que de 20 000 à 35 000 réfugiés juifs sont passés en Espagne et que bon nombre d'entre eux ont poursuivi leur chemin pour trouver refuge au Portugal. La plupart de ces réfugiés, comme Max Bornstein, étaient entrés illégalement dans le pays. En règle générale, Franco n'expulsait pas les réfugiés juifs sans-papiers vers les territoires occupés par les nazis, mais les internait à Miranda de Ebro, un camp de concentration espagnol[4]. À l'instar de maints chefs d'État dictatoriaux ou totalitaires, Franco s'appuyait sur l'emprisonnement et le travail forcé pour contenir ses ennemis politiques et renforcer son pouvoir. C'est dans cette perspective qu'il avait établi 188 camps de concentration dans le pays[5]. Miranda de Ebro a fonctionné de 1940 à 1947. Il s'agissait du plus grand camp de prisonniers étrangers en

---

3 Stanley G. Payne. *Franco and Hitler : Spain, Germany, and World War II*. New York : Yale University Press, 2008, p. 234.

4 *Ibid*, p. 220.

5 Alfredo Gonzáles-Ruibal. « The Archeology of Internment in Francoist Spain (1936–1952) », dans *Archeology of Internment*, sous la dir. de Adrian Myers et Gabriel Moshenska. New York : Springer, 2011, p. 65.

Espagne, parmi lesquels un nombre important de Juifs, de Français et de Britanniques. Les Juifs espagnols ont connu un sort légèrement plus enviable, comparé à celui des autres réfugiés juifs. Sous la pression des Alliés, l'Espagne a en effet rapatrié environ 1 000 Juifs séfarades, mais le processus était hasardeux sur le plan bureaucratique et dépendait généralement de l'intervention d'un tiers garantissant au bout du compte le passage dans un autre pays. L'Espagne ne s'est souciée véritablement du calvaire enduré par l'ensemble des Juifs européens qu'à l'automne 1944, lorsqu'elle s'est jointe à plusieurs autres pays pour mener une campagne diplomatique visant à donner un coup d'arrêt à la déportation des derniers Juifs de Hongrie vers Auschwitz-Birkenau.

Si une poignée de réfugiés juifs ayant réussi à s'enfuir en Espagne était désormais à l'abri de la terreur nazie, les millions d'autres restés dans les territoires occupés ont subi des persécutions sans nom. Ils ont été systématiquement affamés et enfermés dans des ghettos, internés dans un réseau de camps de transit et de camps de travail, assassinés lors de fusillades massives perpétrées dans les territoires de l'Est, ou encore, après la conférence de Wannsee le 20 janvier 1942, déportés vers six camps de la mort nazis : Chełmno, Treblinka, Bełżec, Sobibór, Majdanek et Auschwitz-Birkenau. Raul Hilberg suggère que les camps de la mort n'ont jamais eu d'équivalent dans l'histoire de l'humanité : « Le fait le plus frappant, dans la création des centres de mise à mort, c'est que, à la différence des phases préliminaires du processus de destruction, elle n'avait aucun précédent. Jamais, dans toute l'histoire de l'humanité, on n'avait ainsi tué à la chaîne. Le centre de mise à mort (...) n'a aucun prototype, aucun ancêtre administratif[6]. » Les nazis ont assassiné près de six millions

---

6 Raul Hilberg. *La Destruction des Juifs d'Europe*. (Trad. de l'anglais par Marie-France de Paloméra, André Charpentier et Pierre-Emmanuel Dauzat). Paris : Gallimard, 2006, vol. III, p. 1596.

de Juifs au total, c'est-à-dire les deux tiers de la population juive de l'Europe d'avant-guerre.

La Pologne, où est né Max Bornstein, comptait la plus grande population juive et elle a connu le plus grand nombre de morts tant en valeur absolue qu'en pourcentage. Les Juifs polonais ont été contraints d'habiter dans des ghettos urbains où ils ont vécu dans des conditions atroces. Puis, au début de l'année 1942, ils ont été déportés vers les camps de la mort dans le cadre de l'*Aktion Reinhard*, une expression qui désigne le plan nazi visant à anéantir toute la population juive polonaise. Si Max Bornstein était resté à Varsovie et s'il avait survécu à la ghettoïsation, il aurait très certainement fait partie des centaines de milliers de gens qui ont été déportés depuis le Ghetto de cette ville vers Treblinka pour être assassinés dans les chambres à gaz. En 1945, les nazis avaient réussi à tuer plus de 90 % des 3,3 millions de Juifs polonais. En France, terre d'adoption de Max, le régime de Vichy, tristement célèbre pour avoir collaboré avec les nazis, a fini par déporter 76 000 Juifs, sur une population totale de 350 000 personnes, vers les camps de concentration et les camps de la mort nazis entre 1942 et 1944. Moins de 3 000 des Juifs déportés depuis la France ont survécu à la guerre. Parmi les victimes en Pologne et en France figuraient de nombreux amis et membres de la famille de l'auteur. Il déplore fréquemment ces pertes dans ses mémoires, soulignant la vulnérabilité afférente au statut d'apatrides qui était celui des Juifs.

Comme celle de tous les survivants de l'Holocauste, l'histoire de Max Bornstein ne s'achève pas avec sa libération du camp de Miranda de Ebro. Le dernier tiers de ses mémoires fournit une documentation détaillée des problèmes rencontrés du fait des restrictions liées à l'immigration, de son isolement loin de ses amis et de sa famille, de son déclin, happé vers le fond par une maladie mentale débilitante, de ses pensées suicidaires, et, enfin, du réconfort qu'il a trouvé dans le mouvement sioniste et dans la perspective de voir s'établir un État juif en Palestine. Ce que Max désigne comme « une grave dépression nerveuse » était manifestement une réaction post-traumatique aux événements éprouvants qui avaient jalonné une enfance difficile, ainsi qu'à la terreur d'avoir subi la persécution des Juifs menée par l'État et enduré son internement en Espagne. Enfant, Max s'est senti abandonné par ses parents et impuissant devant la violence familiale. En tant que Juif, il a été abandonné par le reste du monde et s'est trouvé impuissant devant le génocide. Le récit des années qui ont suivi sa libération rend compte de façon saisissante des cycles répétés de crises psychologiques et de périodes de rétablissement, y compris des soins reçus à l'intérieur comme à l'extérieur d'établissements psychiatriques, des nombreux traitements qu'il a subis (électrochocs et cures de Sakel) et des séances de psychothérapie. Même si Max Bornstein a cherché à stabiliser sa vie grâce à des emplois rémunérateurs et à des amitiés sincères, il ne parvenait pas à se débarrasser d'un intense sentiment d'aliénation. Déplorant la solitude endurée au cours des années qui ont suivi l'immédiat après-guerre, Max Bornstein percevait ses troubles mentaux comme le reflet de son emprisonnement physique. Il avait été pris au piège des circonstances et se trouvait désormais pris au piège de son propre esprit. Incapable de maîtriser ses humeurs et ses émotions, il avait développé le désir obsessionnel – et apparemment inaccessible – d'entrer dans une relation d'intimité émotionnelle et sexuelle avec une femme.

Alors que Max Bornstein relate les détails de sa lutte contre l'angoisse, la dépression et la peur de l'intimité, son récit nous rappelle que les survivants de l'Holocauste ne sont pas des personnages unidimensionnels dont l'identité se réduit aux événements vécus pendant la guerre, mais des êtres humains à part entière, aux histoires compliquées et riches de multiples expériences. Les mémoires de Max Bornstein ne représentent pas un simple témoignage sur l'Holocauste, mais sont aussi une manière pour l'auteur de mieux comprendre son propre passé, de replacer ses luttes personnelles dans leur contexte, en tentant de clarifier les multiples traumatismes de son enfance et de sa jeunesse. Son histoire révèle un courage incroyable, une honnêteté et une franchise peu communes lorsqu'il fait état de ses difficultés psychologiques, de ses moments de profonde faiblesse, de ses longues périodes d'hospitalisation ou encore du comportement abusif de son père. Max Bornstein ne se définit pas par l'Holocauste, pas plus que l'Holocauste ne représente l'unique cause de son traumatisme personnel. L'auteur témoigne du terrible traumatisme collectif enduré par les Juifs pendant l'Holocauste, en partageant dans le même temps un récit unique qui fait appel à ses souvenirs les plus profonds et à une histoire très personnelle marquée par de longs tourments. Max Bornstein est un personnage bien réel, et nous partageons sa douleur. Il rattache le lecteur du XXIᵉ siècle à une expérience de vie qui appartient au milieu du XXᵉ siècle, en mettant à nu ses vulnérabilités et ses limites. Il nous révèle les cicatrices laissées par les traumatismes qu'il a vécus et les peurs qui le terrassaient, mais plus que tout, il nous impressionne par son incroyable résilience.

Dʳᵉ Amanda Grzyb
Université Western Ontario
2012

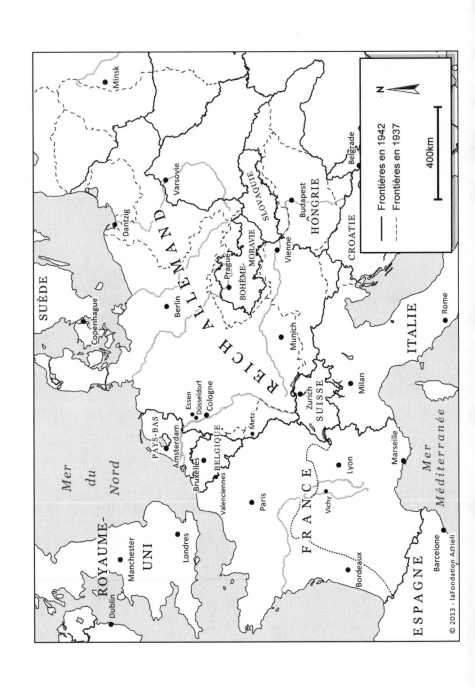

© 2013 - laFondation Azrieli

Frontières en 1942
Frontières en 1937
Ligne de démarcation (1940-42)

400km

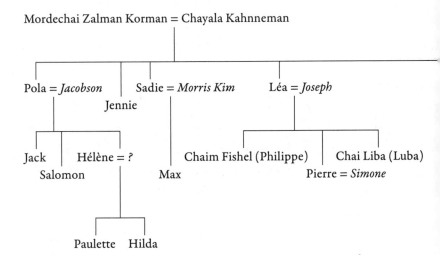

Mordechai Zalman Korman = Chayala Kahnneman

Pola = *Jacobson*   Sadie = *Morris Kim*   Léa = *Joseph*
          Jennie

Jack │ Hélène = *?*   Chaim Fishel (Philippe) │ Chai Liba (Luba)
  Salomon   Max   Pierre = *Simone*

        Paulette   Hilda

Arbre généalogique

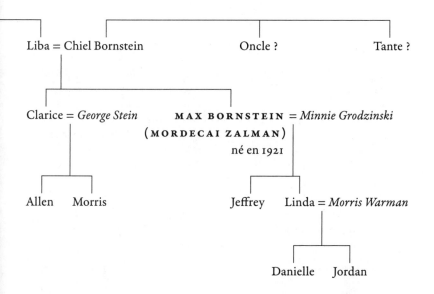

Liba = Chiel Bornstein   Oncle ?   Tante ?

Clarice = *George Stein*   **MAX BORNSTEIN** = *Minnie Grodzinski*
                             (**MORDECAI ZALMAN**)
                                né en 1921

Allen   Morris   Jeffrey   Linda = *Morris Warman*

                                   Danielle   Jordan

À la mémoire éternelle de ma femme adorée, Minnie, qui, en tant que dactylographe, a travaillé sans répit et avec une patience infinie – puisque telle était sa nature – à taper et retaper chaque mot de ces mémoires, y compris les rajouts et les corrections. Sans son dévouement, ce projet n'aurait jamais abouti.

À ma fille Linda, une jeune femme exceptionnelle, avec toute ma tendresse; elle a su me prodiguer de précieux encouragements et m'offrir son aide généreuse.

À mon fils Jeffrey avec toute mon affection et beaucoup de fierté; il a travaillé à mes côtés dans notre prospère entreprise d'importation en donnant sans compter de son énergie et de son talent.

Je dédie aussi ce livre à la mémoire des six millions de Juifs qui ont péri durant l'Holocauste, avec, parmi eux, ma famille et mes amis. Leurs âmes vivront éternellement dans nos cœurs et dans notre souvenir. Le sacrifice de leurs vies fera à jamais partie de l'histoire du peuple juif. Ces défunts innocents ont été les victimes d'un régime qui a élevé les nazis au rang de maîtres absolus avec droit de vie et de mort sur les autres. Au nom de cette idéologie, ils ont tenté de faire disparaître un peuple entier pour la seule raison qu'il était juif.

Remerciements

À M. David Azrieli :

Je tiens à exprimer la profonde admiration que je voue à M. Azrieli pour avoir entrepris le projet remarquable et généreux de publier au sein de sa Fondation les récits de survivants de l'Holocauste. Les mémoires ainsi rassemblés pour la postérité pourront être mis à la disposition tant des Canadiens que du monde entier. La noblesse de son geste lui vaut l'honneur suprême du judaïsme. Bien que nous ne nous soyons jamais rencontrés, ma famille et moi-même tenons à lui exprimer notre éternelle gratitude.

À Mme Naomi Azrieli :

Je remercie vivement Mme Azrieli qui dirige la Fondation. Elle accorde une si haute importance au projet de son père qu'elle a fait tout ce qui était nécessaire pour publier non seulement mes mémoires, mais aussi ceux de nombreux autres survivants de l'Holocauste.

À Mme Andrea Knight :

Je salue le travail particulièrement exemplaire de Mme Knight, mon infatigable éditrice, si compréhensive et dévouée. Elle a su réduire mon manuscrit de 867 pages pour en faire le présent ouvrage qui trouve maintenant sa place parmi les autres mémoires publiés par la Fondation Azrieli.

À Arielle Berger :

Je la remercie sincèrement pour sa contribution à mon livre en qualité de coéditrice. Elle a su se montrer calme, compétente et bienveillante en toutes circonstances.

Je suis également reconnaissant à Jody Spiegel, Richard Mozer et Jesse Cohoon de leur participation à la diffusion de mon histoire.

Préface de l'auteur

Je fais partie des Juifs qui ont survécu à l'Holocauste et, à ce titre, j'ai éprouvé pendant des années une violente indignation, un sentiment d'horreur et de révulsion envers les ennemis qui ont assassiné tant de mes coreligionnaires. Après des décennies passées à réprimer mes émotions, j'ai voulu apporter une sorte de contribution personnelle pour honorer la mémoire des victimes. À cette fin, j'ai décidé d'écrire mes mémoires comme un hommage pérenne à leur souvenir et adresser ainsi, à travers mes écrits, un message à leurs descendants à propos d'un sujet crucial, à savoir la survie des Juifs – non seulement en tant que peuple, mais en tant que nation. J'ai commencé à consigner mes expériences de jeune Juif en exil sous la forme d'une mise en garde à l'intention des générations futures : notre avenir est indissociable de la survie de notre cher État d'Israël. Jamais plus nous ne serons des étrangers inopportuns dans un pays qui n'est pas le nôtre. Jamais plus nous ne serons à la merci des antisémites, à les supplier de nous accorder le droit de passer une frontière pour nous mettre à l'abri. L'époque où les Juifs étaient soumis est à jamais révolue. Nous sommes un peuple libre sur notre propre terre et nous sommes maîtres de notre destinée.

Il ne sera jamais dit que les victimes de l'Holocauste ont péri en vain, ni que Hitler et ses hommes de main ont réussi à mener à bien « la Solution finale » qui visait à l'anéantissement du peuple juif.

Au contraire, nous continuons à vivre et à prospérer, nation libre et indépendante. Ce sont nos ennemis qui ont essuyé une défaite humiliante et qui se trouvent désormais relégués dans les annales de l'infamie.

Les Juifs des générations passées, depuis le temps de la conquête d'Israël et de la Judée par les Romains au Ier siècle av. J.-C. jusqu'au XXe siècle, ont subi nombre d'outrages cruels et d'atrocités allant d'attaques brutales et de tortures, aux meurtres, en passant par la dépossession de leurs richesses et de leurs moyens de subsistance. Ils ont été chassés de leurs foyers et expulsés de pays où ils étaient nés ou bien des terres où ils avaient vécu des années durant. Nous avons confié un héritage sacré aux générations de Juifs présentes et à venir : la sauvegarde de l'État d'Israël.

Je propose ce récit de mes luttes pour faire valoir l'idée suivante : mes expériences passées, comme celles de millions de Juifs, me portent à croire que notre seul salut en tant que peuple réside dans un droit de résidence garanti dans cette terre d'Israël qui est la nôtre. Avoir été témoin de la renaissance de notre nation, c'est avoir connu un sentiment de joie et de fierté ultimes. Lorsque nous avons obtenu un État officiel en 1948, j'ai senti se réveiller en moi une fierté juive qui dormait depuis trop longtemps, restaurant ma propre dignité. Plus que tout, la création d'un État juif a répondu à mon plus profond désir : appartenir à un peuple détenteur de son propre État souverain. Cela a balayé à jamais mes sentiments d'insécurité, libérant mon âme et m'autorisant à connaître enfin une liberté qui m'avait été inconnue jusqu'alors.

En écrivant mes mémoires, je souhaite tout d'abord rendre hommage aux victimes tombées aux mains des nazis, à ma tante Léa, à mes cousins Philippe (Chaim Fishel) et Luba (Chai Liba), ainsi qu'à mes nombreux amis, autant de victimes innocentes de la persécution la plus diabolique jamais menée. Je ne peux m'empêcher de penser à ce que les choses auraient pu être si tous ces gens avaient survécu, je rêve encore à un monde où il me serait possible de converser avec eux, comme je l'avais fait si souvent par le passé. On ne pouvait s'empêcher d'admirer leur esprit et leur personnalité, leur attitude positive et leur tempérament enjoué. Ils ont rempli ma vie de joie avant que leur propre existence ne connaisse une fin cruelle. Ils me manquent énormément.

Départ de Pologne

Au cours des années qui ont suivi la Première Guerre mondiale, l'Europe centrale détenait la plus grande concentration de Juifs au monde. C'est là que commence mon histoire, en Pologne, où les Juifs font remonter leurs ascendances un millier d'années en arrière et où prospérait une culture yiddish très développée.

Je suis né sous le nom de Mordechai Zalman le 12 novembre 1921 dans la ville de Varsovie. Comme nombre de mes contemporains, je suis venu au monde dans une pauvreté telle qu'il nous fallait lutter chaque jour ne serait-ce que pour survivre. Mes parents, Liba et Chiel, gagnaient à peine de quoi joindre les deux bouts. Cependant, en dépit de tant de difficultés, la vaste communauté juive de Varsovie faisait preuve d'une énergie et d'une résistance remarquables. Il y avait de nombreuses associations et activités communautaires qui permettaient aux gens de s'exprimer et de trouver chaleur et réconfort : des synagogues, des institutions culturelles, ainsi que des salles de concert et des théâtres où l'on pouvait entendre des chansons juives pleines d'entrain et assister à toutes sortes d'autres spectacles. La ville comptait aussi un grand nombre d'organisations sionistes affiliées à des groupes couvrant tout l'éventail politique.

Je ne sais pas grand-chose de mes grands-parents paternels. Mon grand-père (j'ignore son nom) est mort jeune, laissant ma grand-mère toute seule. Elle s'est remariée deux fois, ayant également perdu son deuxième mari. Elle a eu trois enfants de son premier mariage, le plus jeune n'étant autre que mon père. Ce dernier n'ayant pas pu recevoir une éducation très poussée, il n'a jamais vraiment dépassé le stade de l'illettrisme toute sa vie durant. Le yiddish était sa première langue. Il avait appris à le lire, mais ne savait pas l'écrire. Il avait aussi acquis quelques notions de polonais et avait appris par lui-même à lire un peu le français. À l'âge de 12 ans, il avait commencé une formation d'apprenti tailleur, mais il n'avait jamais réussi à maîtriser les ficelles du métier.

Pour autant que je sache, la sœur aînée de mon père a été la première de la famille à émigrer en Amérique du Nord. Elle s'était installée à New York en 1912. En 1919, elle avait fait venir sa mère et son frère cadet (mon père) après avoir obtenu l'autorisation qu'ils la rejoignent à New York. Mon père avait toutefois décidé de ne pas faire le voyage, car il était déjà fiancé à ma mère à l'époque et ne voulait pas partir sans elle. Quant au frère aîné de mon père, qui était déjà marié et père de famille, il s'était vu refuser l'entrée aux États-Unis pour une raison qui m'échappe.

Mon grand-père maternel, Max, est mort en 1910, avant ma naissance. Tout le monde s'accorde à dire qu'il s'agissait d'un homme digne et érudit, d'une stricte orthodoxie, qui passait le plus clair de son temps à étudier la Torah. Il avait la barbe blanche caractéristique. Chapelier de son état, il comptait des membres de la famille royale au nombre de ses clients, mais, en dépit de l'honneur qu'il y avait à être à leur service, il ne gagnait pas vraiment bien sa vie. À son décès, ma grand-mère avait donc dû se résoudre à devenir marchande de fruits. Elle vendait ses produits dans les rues des quartiers juifs de Varsovie. Malgré tous ses efforts, elle peinait toutefois à subvenir aux besoins quotidiens de sa famille. Elle restait néanmoins digne et indépendante. C'était une femme pieuse qui puisait sa force intérieure dans ses convictions religieuses. Déterminée à réussir, elle avait loué une boutique dans l'espoir d'accroître ses revenus.

Ma mère n'avait que 9 ans lorsque son père est mort et cette nouvelle situation familiale épouvantable l'a également privée de toute possibilité d'instruction. Comme mon père, elle a grandi dans l'analphabétisme, ce qui devait la gêner toute sa vie. À l'âge de 12 ans, on l'a envoyée travailler chez la sœur de sa mère en tant que domestique. Il s'agissait des difficiles années de disette de la Première Guerre mondiale et c'est en travaillant pour sa tante que ma mère a échappé à la faim.

La tante de ma mère était mariée à un marchand de bois de charpente aux moyens considérables. Ils disposaient d'une grande maison où étaient employés de nombreux domestiques. Ma mère m'a raconté plus tard que, tout au long des années durant lesquelles elle avait travaillé pour sa tante, elle avait mangé à sa faim, contrairement à sa propre mère, et qu'elle avait eu beaucoup de mal à accepter cette injustice. Elle avait fini par céder à l'appel de sa conscience et, même si cela signifiait aller à l'encontre des strictes valeurs religieuses de sa mère, elle avait pris la décision de prendre des vivres chez sa tante pour les apporter à la maison. Elle pensait que son oncle et sa tante n'y verraient aucune objection, puisque, après tout, leur garde-manger débordait toujours de nourriture.

Lorsque ma mère était rentrée chez elle avec ces vivres, sa mère avait fortement désapprouvé son geste, car elle savait d'où provenait cette nourriture. Outre la conviction qu'il était mal de voler, sa fierté ne lui permettait pas d'accepter qu'on lui fasse la charité, même s'il s'agissait de sa sœur. Indignée, elle avait réprimandé ma mère et lui avait fait promettre de ne plus jamais rien prendre chez sa tante. Elle avait également insisté pour que ma mère rapporte ce qu'elle avait pris.

Ma grand-mère maternelle avait six enfants en tout. L'un d'eux avait malheureusement péri pendant la Première Guerre mondiale. Les cinq filles qui avaient survécu s'appelaient, par ordre de naissance, Pola, Jennie, Léa, Sadie et enfin Liba, ma mère. Jennie a été la première de la famille à émigrer en Amérique du Nord : elle s'était installée à New York au début du xxᵉ siècle, puis elle avait déménagé à Winnipeg, au Manitoba. En 1912, elle avait parrainé sa sœur,

Sadie, alors âgée de 16 ans. Au cours des quelque deux années qu'elle avait passées à New York, Sadie avait rencontré et épousé son mari, Morris. Peu après leur mariage, ils avaient également déménagé au Canada, s'installant à leur tour à Winnipeg, où, juste avant le début de la Première Guerre mondiale, mon oncle avait fondé ce qui devait devenir une grande entreprise de confection de manteaux de fourrure.

~

Notre histoire a connu un revirement inattendu en 1920, quand Sadie a envoyé un télégramme à sa mère pour l'informer qu'on venait de leur accorder, à elle-même comme aux autres membres de la famille, y compris ma mère, l'autorisation d'entrer au Canada. Inutile de dire que ma grand-mère a été transportée de joie par cette nouvelle. Tout le monde a été ravi de voir arriver tante Jennie à Varsovie peu après avoir reçu son télégramme. À l'époque, partir en Amérique, pays de la liberté où tout était possible, représentait l'ambition suprême pour les Juifs d'Europe de l'Est. Quant à ma famille, étant donné que c'était à peine si l'on tolérait les Juifs en Pologne, elle ne tenait certainement pas à y élever des enfants.

Cependant, nos projets de partir en famille pour le Canada ont tardé à se concrétiser. En effet, tante Jennie n'était pas venue en Europe dans le seul but d'emmener ses parents au Canada. Je n'ai jamais vraiment su de quoi il retournait, mais elle travaillait apparemment dans la bijouterie et les devises internationales. Elle était d'abord venue pour régler quelque affaire en Allemagne et ce n'est qu'après l'avoir conclue qu'elle devait s'intéresser à l'émigration de ses parents.

À l'époque où tante Jennie était arrivée à Varsovie, mes parents étaient déjà fiancés. Les deux familles semblaient très heureuses de ces fiançailles et des projets de mariage étaient déjà en cours. Ma grand-mère paternelle aimait beaucoup ma mère et elle était contente que son fils épouse une fille qu'elle approuvait de tout son cœur. Quant à ma grand-mère maternelle, dont la santé s'était beaucoup détériorée, elle remerciait le Tout-Puissant de pouvoir quitter cette vie en sachant que sa dernière fille à marier n'aurait pas à se débrouiller toute seule.

Tandis que ma tante Jennie était partie mener ses affaires, ma grand-mère paternelle était allée rejoindre sa fille à New York, laissant à contrecœur mon père en Europe, mais jurant de tout faire pour les faire venir, lui et sa fiancée. En vérité, elle allait devoir attendre 30 longues années avant de revoir son fils et sa belle-fille.

Lorsque tante Jennie était revenue à Varsovie quelques semaines plus tard, à la fin de l'année 1920, quelle n'avait pas été sa surprise en trouvant sa mère gravement malade et hospitalisée ! Le médecin avait même appris à ma tante que sa mère était mourante. Il n'était donc plus question d'emmener ma grand-mère au Canada, mais au chevet de son lit d'hôpital, tante Jennie lui avait promis de réaliser ses dernières volontés, c'est-à-dire de voir sa cadette mariée. Jennie s'était aussitôt arrangée pour que le mariage soit célébré dans la semaine même. La cérémonie s'était tenue chez le rabbin de ma grand-mère et la réception dans l'appartement de ma tante Léa. Juste après les noces, les jeunes mariés s'étaient rendus directement au chevet de ma grand-mère. Ma mère m'a dit qu'elle était arrivée à l'hôpital encore vêtue de sa robe blanche et que ma grand-mère avait rayonné de joie à la vue de sa fille enfin mariée. Malheureusement, ma grand-mère ne devait vivre que huit jours de plus. Elle est morte paisiblement dans son sommeil.

Après les funérailles de ma grand-mère et la *shiva* (période de deuil de sept jours), la vie avait plus ou moins repris son cours. Mon père continuait à travailler comme tailleur, tandis que ma mère avait pris un emploi dans une chocolaterie. Quant à tante Jennie, ses obligations envers sa mère remplies, elle était repartie pour affaires, promettant cette fois-ci de revenir sous peu et d'emmener mes parents au Canada. Pendant son absence, la sœur aînée de ma mère, Pola, avait pris la décision d'aller s'installer avec sa famille à Berlin, avec pour objectif final de partir monter une entreprise de couture à Paris.

L'attente du retour de tante Jennie n'avait rien d'aisé pour mes parents qui vivaient alors très à l'étroit chez tante Léa. Le petit appartement n'avait pas tardé à s'engorger encore un peu plus tandis que leur situation financière devenait plus difficile, car ma mère, désormais enceinte de moi, avait été contrainte d'abandonner son emploi. Tante Jennie n'était revenue que plusieurs mois après ma naissance. Son retour avait constitué un vrai soulagement, mais, à la grande déception de la famille, elle avait avoué avoir subi des pertes importantes qui l'obligeaient à retarder encore l'émigration de mes parents au Canada. Elle avait perdu tout l'argent que lui avait confié tante Sadie pour couvrir les frais du voyage.

Mes parents ne savaient pas s'ils devaient attendre en Pologne que tante Jennie nous emmène tous au Canada ou s'il valait mieux lui demander de nous aider à nous rendre à Berlin pour y rejoindre tante Pola. Cette dernière option supposait le passage clandestin de mon père sur le territoire allemand sans aucun papier. Il ne pouvait en effet obtenir de passeport polonais sans avoir d'abord accompli son service militaire obligatoire. Ma mère n'avait eu aucune difficulté à obtenir un passeport polonais sur lequel je figurais et elle était donc libre de se déplacer où bon lui semblait. Après de longs débats, la famille avait décrété que tante Léa devrait écrire à tante Sadie pour lui raconter ce qui s'était passé et lui demander d'envoyer plus d'argent.

Lorsque la réponse tant attendue de tante Sadie était enfin arrivée, tout le monde s'était rassemblé autour de tante Léa pour l'écouter lire la lettre rédigée en yiddish. À la déception générale, tante Sadie écrivait qu'elle était trop bouleversée par le comportement de tante Jennie pour faire quoi que ce soit d'autre. Il lui faudrait au moins une année pour se remettre du choc. Entre-temps, elle avait écrit une autre lettre à tante Jennie pour lui demander de nous aider, ma mère, mon père et moi, à rejoindre tante Pola à Berlin avant de poursuivre jusqu'à Paris.

Nous avions donc mis de côté l'idée de partir pour l'Amérique du Nord et nous avions commencé les préparatifs pour nous rendre à Berlin dès le retour de tante Jennie à Varsovie. Pour permettre à mon père de passer de Pologne en Allemagne, il avait fallu entrer dans des négociations complexes. Forte de son expérience et de son savoir-faire dans le domaine des affaires, tante Jennie s'était chargée de toute l'organisation, mettant mes parents devant le fait accompli. Elle était parvenue, semble-t-il, à un accord avec ses associés pour couvrir l'ensemble de nos frais jusqu'à ce que nous soyons enfin en sécurité à Berlin. Mes parents n'avaient pas posé beaucoup de questions et avaient accepté l'aide de Jennie avec gratitude.

La veille de notre départ, j'avais trois mois. Comme tant de nos ancêtres au cours des 2 000 ans qui avaient précédé, j'étais devenu à mon tour un Juif errant.

En route pour Paris

La veille de notre départ pour l'Allemagne, des amis et des membres de la famille sont venus nous souhaiter bon voyage et nous donner leur bénédiction. Ce devait être les derniers adieux de mon père à son frère. Ils ne se sont jamais revus par la suite. Je ne sais pas grand-chose de ce qui s'est passé, mais, d'après sa famille, un cheval lui aurait décoché une ruade fatale alors qu'il effectuait son service militaire dans l'armée polonaise. Mon père n'a appris la mort de son frère que plusieurs années plus tard, par l'intermédiaire de la veuve de ce dernier. La nouvelle l'a accablé. Il comptait en effet sur le fait que son frère le rejoigne par la suite à Paris.

Nous sommes partis sous le soleil d'une froide journée d'hiver, en février 1922. Mes parents ne semblaient pas trop tristes de quitter notre Pologne natale, même si nos ancêtres y avaient vécu depuis des centaines d'années. Le seul regret de ma mère, c'était de se séparer de sa sœur Léa. D'après ce que ma mère m'a raconté par la suite, c'était à peine si les deux sœurs étaient parvenues à desserrer leur étreinte lorsqu'elles s'étaient embrassées sur le quai de la gare, en larmes, se disant pour se consoler qu'elles se reverraient bientôt à Paris. Toute la famille s'était rassemblée à la gare et nous a salués de la main jusqu'à ce que le train ait disparu. Outre ma mère, mon père et moi-même, tante Jennie et ses deux associés étaient également du voyage qui devait nous conduire en Allemagne.

Lorsque nous sommes arrivés à Berlin le lendemain, tante Pola nous a accueillis à la gare, puis elle nous a concocté un repas fantastique dans son petit appartement. Autour de la table, la discussion a surtout porté sur le problème du passage de la frontière entre la France et l'Allemagne. À leur réveil le lendemain matin, mes parents ont découvert que tante Jennie et ses associés étaient partis mener quelque affaire, en ayant promis de revenir bientôt. Nous sommes donc restés bloqués chez tante Pola pendant plusieurs semaines. Elle faisait tout ce qu'elle pouvait pour s'occuper de nous. Mes parents, quant à eux, s'efforçaient de l'aider du mieux qu'ils pouvaient dans son entreprise de confection. Mais, alors qu'ils commençaient tout juste à s'adapter à la vie berlinoise, voilà que tante Jennie est reparue : elle disposait de tout ce dont nous avions besoin pour passer à l'étape suivante. Il a fallu donc que mes parents se préparent pour prendre un train à destination d'Essen le lendemain matin.

Le voyage s'est déroulé sans encombres. Tante Pola nous accompagnait car elle avait le projet de s'installer en France. À la gare d'Essen, des amis de tante Pola nous attendaient pour nous emmener chez eux. Nous y avons passé plusieurs jours jusqu'à ce qu'il soit temps de partir pour Düsseldorf. Nous avons séjourné encore une semaine là-bas, puis nous avons rallié Cologne, dernière étape en Allemagne avant d'entreprendre la difficile traversée de la frontière qui nous séparait de la France.

Alors que nous étions à Cologne, tante Jennie a annoncé à mes parents et à tante Pola qu'elle était à nouveau à court d'argent (elle avait juste de quoi payer un hôtel et des vivres pour une semaine encore). Elle est donc partie traiter une autre affaire, nous laissant nous débrouiller seuls dans une ville étrangère où nous ne connaissions personne. Tante Pola ne connaissait que trop bien sa sœur et ne comptait pas la voir de retour avant la fin de la semaine, en dépit de ses bonnes intentions. Par chance, il y avait à Cologne une importante communauté juive et un grand nombre d'institutions et d'organismes, dont certains s'occupaient des immigrants et voyageurs juifs dans le besoin.

Tante Pola avait eu raison de douter de la fiabilité de tante Jennie. Pour parer à la possibilité que nous nous retrouvions sans ressources, elle a pris les devants. Malgré le fait qu'elle ne parlait pas un mot d'allemand, elle s'est rendue dans la partie commerçante de la ville en quête d'un magasin dont l'enseigne avait un nom à consonance juive. Elle a fini par choisir une boutique de vêtements masculins et y est entrée dans l'espoir que quelqu'un comprenne le yiddish. La femme qui tenait la caisse l'a saluée en allemand et, lorsque ma tante lui a répondu en yiddish, cette dernière est partie chercher son mari dans l'arrière-boutique. L'homme s'est adressé à tante Pola dans un yiddish impeccable (en fait, il était lui aussi juif polonais).

Après avoir pris connaissance de la situation dans laquelle se trouvait ma tante, ce brave homme l'a accompagnée jusqu'aux locaux d'une organisation humanitaire juive. C'est grâce à cette organisation que nous sommes parvenus à subsister pendant le mois qui a suivi, c'est-à-dire jusqu'à ce que tante Jennie reparaisse enfin. Elle est revenue avec ses associés, parés pour nous faire franchir la frontière franco-allemande.

~

Lorsque nous avons traversé la frontière pour entrer en France à la fin du mois de mars 1922, nous avons effectué un premier arrêt dans la ville minière de Valenciennes. Il y avait, semblait-il, une telle pénurie de mineurs que mon père a pu obtenir un emploi sans aucune difficulté. L'envie de travailler était le seul critère retenu par les employeurs – mon père n'avait eu besoin que de mentionner qu'il était né en Pologne et qu'il souhaitait vivre et travailler en France.

Tante Jennie et ses associés se sont occupés des chambres d'hôtel, payant un mois d'avance et nous laissant assez d'argent pour vivre pendant cette période. Nous ne sommes pas restés plus long-temps à Valenciennes (tante Pola visait une grande ville où elle pour-rait continuer à exercer son métier de couturière). À la fin du mois d'avril 1922, tante Jennie est revenue de son voyage d'affaires et s'est alors occupée de notre transport jusqu'à la ville de Metz, située en Lorraine, au nord-est de la France. Elle est restée assez longtemps pour nous installer dans un hôtel, où nous avons passé les trois mois suivants. Il y avait une population juive assez importante et tante Pola n'a donc eu aucun problème à s'établir comme couturière. Mon père a eu plus de mal à trouver du travail : à Metz, il lui fallait un permis de travail et, en tant qu'immigré en situation irrégulière, il craignait de contacter les autorités pour en solliciter un. Il a fini par trouver quelque chose dans le nettoyage des vêtements fémi-nins, mais il ne s'agissait que d'un emploi saisonnier qui allait durer moins de six semaines. Il a cherché un autre emploi, acceptant tout ce qu'il pouvait trouver, mais travailler ainsi sans permis représen-tait un risque tant pour lui que pour son employeur.

Lorsque tante Jennie est revenue à Metz au bout des trois mois, elle nous a annoncé qu'elle allait nous accompagner jusqu'à Paris avant de repartir pour le Canada. Elle a dit à mes parents et à tante Pola qu'ils y trouveraient de nombreuses possibilités d'emploi. Qui plus est, une fois au cœur d'une importante communauté juive, ils pourraient obtenir de l'aide de la part de divers organismes juifs. D'après ma mère, elle leur avait dépeint une vie parisienne digne d'un conte de fées.

Nous sommes partis pour Paris le lendemain. Une fois dans le train, tante Pola a abordé l'épineuse question de notre émigration au Canada. Tante Jennie lui a répondu, avec une culpabilité mêlée d'embarras, qu'elle ne pouvait pas nous emmener. Elle a avoué ne pas avoir assez d'argent pour payer nos billets, ce à quoi s'ajoutait le problème suivant : je ne figurais pas sur les papiers de parrainage. Elle leur a néanmoins assuré qu'une fois de retour au Canada, elle ferait ce qu'elle pourrait pour accélérer le processus d'immigration et prendrait toutes les dispositions financières. À ce stade, personne n'a pris ses promesses au sérieux. Elle avait déçu nos attentes un peu trop souvent par le passé.

Lorsque le train est arrivé à Paris dans la chaleur de l'été 1922 (nous étions presque en juillet), tante Jennie nous a mis dans un taxi, indiquant au chauffeur l'hôtel qu'elle nous avait réservé. Il s'est avéré qu'en guise de logement, nous nous sommes retrouvés dans la chambre d'un hôtel ouvrier de Montmartre qui comportait un poêle rond servant à la fois au chauffage et à la cuisson. Une fois encore, tante Jennie devait nous abandonner, cette fois dans la magnifique capitale française, avec des ressources très limitées et incapables de parler un mot de français. Le statut de mon père, immigré en situation irrégulière, ne lui permettait pas de solliciter un permis de travail. Cependant, en dépit de ces difficultés indéniables, Paris possédait un charme qui ne cessait de croître au fil des jours. Ceux qui y séjournent un certain temps s'éprennent tellement du mode de vie français qu'ils finissent par s'attacher profondément à cette ville. Comme le voulait une expression yiddish en vogue parmi les Juifs polonais qui vivaient à Paris, quiconque goûtait à la viande que l'on servait à Paris y laisserait sûrement ses propres os.

Tante Jennie a payé deux semaines d'avance à l'hôtel et laissé assez d'argent à ma famille pour s'acheter de la nourriture pendant une période équivalente. Elle a de nouveau promis de revenir sous peu à Paris pour nous emmener au Canada. Entre-temps, mes parents se sont retrouvés livrés à eux-mêmes dans un pays étranger, craignant toujours que mon père ne se fasse expulser du territoire français étant donné son statut illégal. Après plusieurs tentatives infructueuses pour trouver du travail, mon père a fini par se faire embaucher dans une petite usine de vêtements pour dames. Ma mère a également réussi à dénicher un emploi dans une fabrique de gants grâce à sa sœur Pola. Étant donné que mes deux parents travaillaient, on me déposait chaque jour à la crèche.

Mais, à l'automne 1922, alors même que la situation commençait à s'améliorer un peu, la catastrophe a frappé. Sans crier gare, la police a effectué une descente dans l'usine où travaillait mon père depuis 12 semaines, exigeant de voir les cartes d'identité de chacun. Mon père a été arrêté et conduit à la préfecture de Police où on l'a interrogé avec l'aide d'un interprète polonais. Au bout du compte, un policier lui a tendu un arrêté d'expulsion, lui indiquant qu'il avait 30 jours pour quitter le pays. Il se trouvait dans une situation terrible : il ne pouvait plus retourner en Pologne – et il n'y tenait pas, quand bien même cela aurait été possible – et aucun autre pays n'était enclin à donner asile à un Juif apatride, ce que les autorités françaises savaient bien.

Une tempête s'est apparemment abattue sur la famille lorsque ma mère et ma tante Pola ont appris la nouvelle. Tante Pola a tenté de calmer tout le monde, proposant que nous nous rendions tous le lendemain matin au bureau de l'Association pour la colonisation juive (ACJ), un organisme d'aide aux immigrés. Sur place, on leur a assuré que l'organisme ferait tout son possible pour repousser la date d'expulsion de mon père et que ma famille pourrait bénéficier d'une aide financière temporaire. Par chance, un employé de l'ACJ a annoncé une bonne nouvelle à mon père juste avant l'échéance de son arrêté d'expulsion, prévue en novembre 1922 : l'Association avait réussi à obtenir que son titre de séjour soit prolongé d'un mois. Il faudrait ensuite le renouveler toutes les quatre semaines jusqu'à ce que l'ACJ parvienne à trouver un pays prêt à l'accueillir.

Mon père ne pouvait pas retourner travailler pour son ancien employeur, mais il a fini par retrouver un emploi qui consistait à repasser des vêtements pour dames. Nous étions alors en février 1923. Sept mois s'étaient écoulés sans la moindre nouvelle de tante Jennie.

Nous avons alors mené une existence tranquille pendant un certain temps. Le risque que mon père se fasse expulser du pays pesait toujours sur la tête de mes parents, et les renouvellements qu'il fallait obtenir chaque mois n'étaient pas sans poser de nombreux problèmes. L'ACJ devait continuer à apporter la preuve qu'elle cherchait à obtenir pour mon père l'autorisation d'entrer sur le territoire d'un autre pays. Elle savait certes que mes parents avaient l'intention d'émigrer au Canada, mais elle devait prouver à la préfecture qu'elle effectuait des demandes auprès de divers pays pour qu'ils accueillent mon père au plus tôt.

Les choses ont commencé à changer aux alentours de l'été 1923, au début de notre seconde année à Paris. Le patron de mon père l'a licencié, étant revenu sur sa décision d'employer des gens sans permis de travail. Ma mère craignait quant à elle de reprendre son propre emploi après ce qui était arrivé à mon père, si bien que deux semaines plus tard, mes parents se sont retrouvés à court d'argent, ce qui les a forcés à demander de l'aide. Il a fallu cinq semaines avant que mon père ne retrouve un autre emploi. Le secteur de la confection féminine fonctionnait selon un rythme saisonnier (les périodes d'emploi duraient entre 10 et 12 semaines, suivies d'un creux d'une durée similaire). Dans ces conditions, il fallait gagner assez d'argent pendant la période d'emploi pour pouvoir affronter ce qu'on appelait alors la *morte-saison*[1]. Étant donné les perturbations qui affectaient ce secteur, il était souvent difficile de travailler toute une saison durant, si bien que mes parents ont dû faire face à de longues semaines marquées par des difficultés économiques. Ils étaient plus ou moins parvenus à survivre, mangeant à leur faim lorsqu'ils avaient de l'argent, se contentant de peu, voire de rien s'il le fallait.

À l'automne 1923, alors que mon père se trouvait de nouveau sans emploi entre deux saisons, tante Jennie a débarqué du Canada sans prévenir pour nous annoncer que notre départ était imminent.

---

1 Les mots ou expressions en français dans le texte ont été mis en italique dans la traduction. (N.d.T.)

D'après ma mère, l'humeur de mes parents a changé du tout au tout, passant du désespoir à la jubilation.

Mais cela ne devait pas durer. Ma mère m'a expliqué plus tard qu'à peine arrivée, tante Jennie s'était mise à calomnier mon père à la moindre occasion. Elle l'accusait d'être incapable de subvenir aux besoins de sa famille et sous-entendait qu'il courait les jupons. À l'insu de ma mère, tante Jennie cherchait à assurer notre passage au Canada, à ma mère et à moi-même, en excluant mon père du voyage. Elle refusait catégoriquement de payer pour les faux papiers dont il avait besoin pour émigrer au Canada. Elle critiquait mon père pour convaincre ma mère de quitter Paris sans lui. Après tout, ne s'en sortait-elle pas très bien toute seule ? Et pourquoi ma mère n'aurait-elle pas fait de même ? Jennie oubliait évidemment de prendre en compte le fait qu'elle n'avait pas à s'occuper d'un enfant. Ma mère m'a confié des années plus tard qu'elle n'avait jamais voulu quitter la France sans mon père (elle n'avait jamais cessé de l'aimer, et réciproquement). Tandis que j'écris les présents mémoires en 1980, j'ai des sentiments mitigés quand je repense au rôle crucial qu'a joué tante Jennie (décédée en 1963) dans ma vie. Je lui dois beaucoup, car elle m'a emmené au Canada, ma patrie, un pays que j'aime sincèrement, mais c'est aussi à cause d'elle que ma famille a été séparée.

Lorsque tante Jennie est arrivée à Paris, cela faisait près de deux mois que mon père était sans emploi et notre famille rencontrait de terribles difficultés financières. Une fois de plus, c'était un organisme juif qui était venu à notre secours. Ma tante Jenny et ma tante Pola ont alors œuvré de concert pour convaincre ma mère, malgré elle, d'abandonner mon père à son sort. Elle aurait une vie de souffrances si elle restait avec lui. Ma mère a cédé à ces pressions dans un moment de faiblesse, décision qu'elle ne devait jamais cesser de regretter.

De mon point de vue, ma tante a littéralement enlevé ma mère. Mon père n'avait absolument aucune idée de ce qui se tramait. Un soir, alors qu'elles préparaient en secret leur départ pour le Canada, il est rentré épuisé d'une autre longue journée à chercher du travail en annonçant toutefois fièrement qu'il avait trouvé quelque chose et qu'il venait tout juste de terminer son premier quart de neuf heures. Ma mère m'a dit plus tard que cette nouvelle l'avait comblée de joie et que, soudain, elle ne voulait plus le quitter. Elle avait donc dit à sa sœur qu'elle n'accepterait de partir au Canada qu'à condition que mon père soit du voyage. Dans le cas contraire, elle resterait avec lui à Paris.

Devant la ferme opposition de ma mère, tante Jennie avait alors changé de stratégie en lui disant qu'il fallait partir sur-le-champ, car si elles devaient encore retarder leur départ, les visas jamaïcains et cubains qu'elle avait obtenus pour la première partie du voyage expireraient. Elle avait également avoué qu'elle n'avait pas assez d'argent pour fournir de faux papiers à mon père, ni pour payer sa traversée. Elle avait promis à ma mère que, si elle acceptait de voyager avec elle comme prévu, elle ferait venir mon père aussi vite que possible et ce, dès qu'elle en aurait les moyens.

C'est donc ainsi que tante Jennie et tante Pola ont réussi à convaincre ma mère d'abandonner mon père. Ma mère était enceinte de trois ou quatre mois à l'époque et ses sœurs lui ont fait valoir que, compte tenu de la situation précaire de mon père, elle aurait à affronter des difficultés toujours plus grandes avec deux enfants à Paris dans une petite chambre d'hôtel. Mon père ne se doutait absolument de rien. Il était au travail lorsque ma mère et moi sommes partis avec tante Jennie. Ce soir-là, il a trouvé un mot sur la table de la cuisine en rentrant du travail. L'une de mes tantes l'avait écrit en yiddish pour le compte de ma mère. Elle lui disait simplement : « Mon cher Chiel, ma sœur Jennie nous emmène au Canada et te fera venir sous peu. Je t'embrasse, Liba. » Des années plus tard, lorsque ma mère m'a raconté cette histoire, elle m'a avoué n'avoir eu aucune idée de ce que sa sœur avait écrit. Elle ne savait absolument pas que ce mot ne fournissait pas la moindre explication.

Nous avons quitté Paris à bord d'un train en partance pour Marseille où nous devions embarquer sur un navire à destination de la Jamaïque. Nous devions ensuite rallier Cuba, puis les États-Unis et enfin le Canada.

Malgré tout le temps qui s'est écoulé depuis, il m'est encore difficile d'imaginer ce qu'a dû ressentir mon pauvre père en apprenant que sa famille était partie. La tromperie de ma tante était scandaleuse et allait avoir des répercussions pour nous tous pendant les années à venir.

Ma nouvelle vie au Canada

Nous sommes arrivés à Marseille dans la douceur d'un dimanche d'automne en 1923 et nous avons embarqué à bord de notre navire l'après-midi même. Je n'avais pas encore 2 ans, c'est pourquoi je tire mon récit de voyage de ce que ma mère m'en a dit plus tard. Nous avons appareillé au petit matin et nous avons connu une traversée plutôt agréable, en dépit de quelques journées de houle qui avaient rendu malades la plupart des passagers.

Lorsque le navire a accosté à Kingston, en Jamaïque, environ une semaine plus tard, plusieurs hommes d'affaires noirs nous ont accueillis chaleureusement. Il s'agissait d'associés de tante Jenny. Ils nous ont conduits jusqu'à une vaste résidence qui appartenait à l'un d'eux et où nous avons été hébergés pendant les deux semaines suivantes. Une fois ses affaires réglées, tante Jennie a entamé les préparatifs de notre escale à Cuba. Après avoir fait nos adieux à notre hôte, nous avons embarqué sur un bateau plus petit pour la brève traversée qui nous séparait de notre destination. Peu de temps après, nous approchions du magnifique port de La Havane, où nous avons débarqué, puis rejoint notre hôtel.

Malheureusement, tante Jennie s'était trouvée une fois de plus à court d'argent. Elle a donc dû envoyer un câble à tante Sadie pour qu'elle lui fasse parvenir des fonds de toute urgence. Ma mère, que cette histoire avait vraiment contrariée, a exigé que tante Jennie dépose une partie de ses bijoux au mont-de-piété pour obtenir de l'argent liquide et pour nous permettre de tenir jusqu'à ce que les fonds arrivent (ils nous sont parvenus moins de 48 heures plus tard).

Nous avons alors enfin terminé notre périple vers l'Amérique du Nord, passant d'abord par les États-Unis avant de nous rendre au Canada. Notre navire a accosté dans le port de New York, où nous avons franchi les contrôles douaniers et les services de l'immigration américaine, avant de retrouver enfin tante Sadie et oncle Morris qui nous ont accueillis avec enthousiasme. Mon oncle a trouvé un porteur pour transférer nos bagages jusqu'à leur immense Studebaker noire. Chose étonnante, c'est tante Sadie, et non oncle Morris, qui conduisait. Pour une raison que j'ignore, il n'avait jamais manifesté le moindre intérêt pour l'apprentissage de la conduite. Je me risquerais à dire qu'en 1923, tante Sadie devait sans doute être la première femme juive à conduire à Winnipeg!

Nous avons quitté New York, cap sur l'ouest. Nous avons couvert une distance considérable et, quelques jours plus tard, voilà que nous approchions déjà de la frontière canadienne et découvrions notre pays d'adoption. À la frontière, il a fallu, une fois encore, que nous passions d'abord les douanes et les services d'immigration, avant de pouvoir poursuivre notre route jusqu'à notre nouveau foyer, Winnipeg, capitale de la province du Manitoba. Après avoir débuté en Pologne, nous avoir fait traverser plusieurs pays d'Europe, puis l'océan Atlantique, ainsi prenait fin notre long périple. Nous étions en décembre 1923. Une ère nouvelle, sous le signe de la liberté et de la sécurité, s'ouvrait à nous. Pour les récents immigrés que nous étions, c'était l'étoffe dont étaient faits nos rêves.

~

À l'époque de notre arrivée à Winnipeg, tante Sadie vivait dans un immense appartement de quatre pièces, meublé et décoré avec un goût exquis. C'était une arriviste aux qualités multiples: elle était intelligente, avait un bon sens des affaires, une prédilection sans bornes pour les ragots et les histoires, et une capacité à s'exprimer avec une aisance consommée tout en attirant l'attention de tous. Elle n'était pas très instruite. Elle avait suivi des cours du soir en anglais, une langue qu'elle maîtrisait assez pour lire, mais qu'elle ne savait pas écrire. Contrairement à ma mère, cependant, elle avait appris à lire et à écrire en yiddish à Varsovie. Ma tante était d'une nature assez complexe – elle pouvait se montrer fort généreuse un jour, puis vous refuser la moindre chose le lendemain. C'était une femme déterminée qui se révélait souvent égoïste, froide, détachée et sans considération pour autrui.

Oncle Morris, en revanche, était un homme bienveillant, sympathique et plein de compassion. Juif pratiquant qui étudiait le Talmud, il appartenait à la congrégation orthodoxe Beth Tzedec et était un membre éminent de nombreuses organisations juives qu'il soutenait généreusement. Plus encore, et ce n'était pas la moindre de ses qualités, c'était un sioniste convaincu. Véritable fils d'Israël, il menait une existence parfaitement conforme à la tradition juive. C'était un *Galitzianer Yid*, grâce auquel j'ai découvert mon héritage juif et la signification de nos grandes traditions juives. Il m'a fait forte impression, façonnant mon sens moral et mon éthique, et il m'a laissé tout un tas de souvenirs qui me sont chers. Je me souviens tout particulièrement des merveilleux *Séder* de *Pessah* qu'il organisait chez lui lorsque j'étais enfant. L'occasion avait beau être joyeuse, les longues heures d'attente me semblaient interminables, tandis que la faim me tenaillait de plus en plus en songeant au repas qui nous attendait. Il faut dire que je n'avais pas l'habitude de manger si tard. J'étais très agité. En dépit de mon impatience, mon oncle transformait chaque instant en un grand moment, ce qui s'appliquait au nombre de fêtes juives relativement restreint que j'ai eu le privilège de partager avec lui. À mon profond regret, ces célébrations traditionnelles sont les seules que j'aie jamais connues.

Ma mère, qui n'avait pas vu sa sœur Sadie depuis des années, l'avait à peine reconnue. Elle la trouvait désormais mature et sophistiquée, voire un rien snob, ce qui la mettait quelque peu mal à l'aise. Sadie était éblouissante. Elle s'habillait à la dernière mode américaine et elle était couverte de bijoux étincelants, si bien que ma mère avait honte de sa propre apparence miteuse. Le luxueux appartement de ma tante ne faisait qu'accroître le malaise de sa sœur devant son évidente richesse qui contrastait avec la réalité de sa nouvelle existence.

Après un magnifique repas organisé en l'honneur de notre arrivée, tout le monde s'est retiré au salon pour discuter des affaires de famille. Ma mère m'a raconté que, lorsqu'ils en étaient venus à la situation difficile dans laquelle elle se trouvait alors, oncle Morris avait été surpris d'apprendre qu'elle était enceinte et furieux contre tante Jennie de ne pas avoir emmené mon père. Il avait reproché à tante Jennie de leur avoir confié une telle responsabilité et de s'être montrée assez cruelle pour séparer une femme de son mari et les enfants de leur père.

Oncle Morris était un important fabricant de fourrures aux moyens substantiels, si bien que tante Sadie avait gravi les échelons de la société jusqu'à devenir une personnalité éminente, participant désormais à de nombreuses réceptions. Du fait de son agenda chargé, elle laissait souvent ma mère seule. Or, elle était incapable de communiquer avec les domestiques qui ne parlaient aucune autre langue que l'anglais.

Ma sœur, Clarice, est née le 15 avril 1924. On a informé mon père de sa naissance par télégramme. On a expédié un autre message à ma grand-mère paternelle à New York, qui avait été tellement contente d'apprendre la nouvelle qu'elle avait envoyé une centaine de dollars à ma mère, une somme non négligeable à l'époque, surtout pour ma grand-mère qui possédait si peu.

Cependant, lorsque ma mère est rentrée de l'hôpital après l'accouchement, ma tante Sadie l'a accueillie sans grand enthousiasme. La tension qui s'était installée entre les deux sœurs ne cessait de croître de jour en jour. Il y avait désormais trois enfants dans l'appartement, y compris Max, le fils de tante Sadie et d'oncle Morris, et nous étions trop à l'étroit pour tante Sadie. Flanquée d'un garçon de deux ans et demi et d'un nouveau-né, ma mère se trouvait à la merci de ma tante et il lui était devenu de plus en plus difficile de supporter les reproches incessants de sa sœur. La situation n'avait fait que s'empirer jusqu'à ce qu'éclate enfin la crise : dans le feu d'une dispute, tante Sadie avait ordonné à ma mère de sortir de sa maison, elle et ses deux gamins, sachant très bien qu'elle n'avait nulle part où aller. Trop fière pour ne pas s'exécuter, ma mère s'était donc mise sur-le-champ à préparer son départ.

À l'une de ces soirées grandioses que ma tante organisait fréquemment chez elle, ma mère avait toutefois rencontré une famille charmante, les Morantz. N'ayant personne d'autre vers qui se tourner, elle a pris la décision de leur demander leur avis. À peine les Morantz avaient-ils entendu parler de cette brouille qu'ils nous ont invités dans leur grande maison. Les Morantz n'étaient certainement pas riches. Il s'agissait plutôt d'une famille canadienne de la classe moyenne, dont les quatre filles travaillaient toutes. Mais ils nous ont accueillis chez eux à bras ouverts, nous proposant leur grande chambre d'amis sans demander le moindre sou à ma mère.

Je n'ai qu'un vague souvenir des parents Morantz, mais je me souviens fort bien de leurs filles, et plus particulièrement de Clara et de Rose. Le nom de femme mariée de Rose était Pinchuk. Elle et sa sœur Clara jouaient souvent avec moi. Elles me prenaient dans leurs bras et m'embrassaient tout le temps. M. et Mme Morantz ont conseillé à ma mère de me placer dans une crèche et de laisser Mme Morantz s'occuper de ma petite sœur pendant qu'elle irait chercher du travail. Ma mère a acquiescé et c'est ainsi que les Morantz l'ont aidée à décrocher son premier emploi au Canada, en tant que couturière pour la Jacob-Crowley Company.

Après plusieurs semaines, ma mère a demandé une augmentation qu'elle a obtenue. Gagnant désormais assez pour se débrouiller seule, elle a demandé aux Morantz de l'aider à trouver une chambre dans un foyer juif agréable, de préférence là où il y aurait quelqu'un qui serait prêt à s'occuper de ma sœur moyennant rétribution. Même si les Morantz n'avaient nulle envie de nous voir partir, ils avaient respecté la volonté d'autonomie de ma mère. C'est ainsi que nous avons emménagé dans notre première résidence indépendante, chez les Abramovitch. Ils formaient un couple très uni qui appréciait vraiment les enfants – ils en avaient cinq eux-mêmes.

Nous nous sommes installés dans une routine ordinaire pendant plusieurs mois jusqu'à ce que ma mère tombe gravement malade en 1925. Il a fallu l'emmener d'urgence à l'hôpital. Tante Sadie était alors en Californie et tante Jennie partie pour l'un de ses fréquents voyages d'affaires. Quant à oncle Morris, il était très pris par la direction de son usine. Dans ces circonstances, ma mère n'avait plus que ses amis et les Morantz pour la soutenir.

Lorsque les Morantz ont consulté le médecin sur l'état de ma mère, il leur a répondu qu'elle devait subir une opération à l'estomac. À cette nouvelle, ma mère s'est aussitôt inquiétée du sort de ses enfants. Qui s'en occuperait ? Une fois encore, les Morantz sont venus à la rescousse, lui promettant qu'ils se débrouilleraient pour que quelqu'un nous prenne en charge. À l'époque, il y avait environ 18 000 Juifs résidant à Winnipeg. Ils formaient une communauté de relativement petite taille, mais progressiste, qui avait fondé un orphelinat qui pouvait accueillir des centaines d'enfants juifs, garçons et filles. C'est donc là que nous avons été placés, ma sœur et moi. J'avais 3 ans et Clarice n'avait que 7 mois.

Étant donné que nous avions l'un comme l'autre un père et une mère, il était très inhabituel que l'on nous considère comme des orphelins, mais nous avons fini par vivre comme tels près de six années durant. Lorsque l'on vit dans un établissement où l'on doit se conformer à des règles strictes, sans personne vers qui se tourner dans les moments de détresse, on se sent abandonné et mal aimé. Dans ce milieu, les enfants apprennent à s'adapter et s'endurcissent, comme en témoigne l'incident dont j'ai été témoin à l'orphelinat. Je ne l'ai jamais oublié. On servait le déjeuner dans l'immense salle à manger lorsque j'ai soudain entendu quelqu'un qui pleurait à chaudes larmes – on aurait dit les pleurs pitoyables d'un bébé, alternants gros sanglots et cris stridents, ce qui a duré un long moment. Ce genre de situation n'avait rien d'inhabituel en soi, mais, cette fois-ci, il s'agissait de ma sœur. J'étais si bouleversé par sa détresse que je me suis précipité pour la réconforter, mais l'un des surveillants m'a attrapé et m'a réprimandé pour avoir quitté la table. Ma pauvre petite sœur était donc restée toute seule à pleurer dans son coin, sans même une voix humaine pour la réconforter, ni personne pour la prendre dans les bras et l'apaiser.

Je me souviens aussi très nettement d'un autre incident. Je ne pouvais avoir plus de 6 ans et je jouais dehors dans la cour lorsqu'un groupe de garçons plus âgés s'est emparé d'une vieille couverture. Ils voulaient s'en servir comme d'un trampoline pour jouer à faire rebondir les plus jeunes, dans un esprit bon enfant. Mon tour est venu, les quatre garçons qui tenaient chacun un coin de la couverture m'ont lancé dans les airs encore et encore jusqu'à ce que l'un d'eux lâche malencontreusement son bout. Je me suis alors écrasé sur le sol. Par chance, je n'étais pas blessé, mais j'ai eu si mal que j'en ai pleuré. Il n'y avait eu personne pour me réconforter. Je suis absolument persuadé que les enfants élevés dans de telles conditions sont forcément traumatisés à vie, même si ces circonstances peuvent avoir d'autres avantages : ils deviennent souvent plus autonomes, car ils ne peuvent compter sur personne d'autre qu'eux-mêmes. Il n'y a pas de place pour les âmes sensibles dans cet environnement. Il faut être coriace, à la fois physiquement et mentalement, car il convient de mener seul ses propres combats.

Après une convalescence de trois semaines, ma mère avait recouvré assez de forces pour venir à l'orphelinat chaque semaine. Elle serait bien venue nous voir tous les jours, mais le règlement n'autorisait pas plus d'une visite hebdomadaire. Je ne me souviens guère de ses visites alors que je n'avais que 3 ans, mais je conserve de vifs souvenirs de la période où j'avais entre 5 et 6 ans. Ce qui ressort le plus nettement, ce sont nos longues marches le long de la rue Main. Nous nous arrêtions toujours devant notre boulangerie préférée pour contempler avec délice ce qu'il y avait en vitrine et choisir ainsi l'une de ces pâtisseries françaises alléchantes. L'orphelinat n'autorisait aucune friandise. Quelle joie pour ma sœur et moi que de voir notre mère nous offrir des gâteries aussi succulentes !

À l'occasion de l'une des visites de ma mère, je me rappelle lui avoir demandé quand elle nous ramènerait à la maison. Elle m'avait répondu en retenant ses larmes qu'elle n'avait pas encore les moyens de subvenir à nos besoins. Elle m'avait promis que, dès qu'elle pourrait nous offrir un foyer, nous serions à nouveau réunis. Il lui était très difficile de trouver un emploi. Oncle Morris l'aurait bien volontiers laissée apprendre le métier de la fourrure si elle et ma tante n'avaient pas été fâchées. Cette situation avec tante Sadie a duré bien plus longtemps que ma mère ne l'avait anticipé et c'est Mme Morantz qui a fini par résoudre le problème au bout de cinq ans. Elle en a appelé, semble-t-il, à la conscience de ma tante, lui reprochant la dureté avec laquelle elle avait laissé ma mère sans le sou. Son approche a eu l'effet escompté : tante Sadie a contacté ma mère pour lui demander de tirer un trait sur le passé et s'est rachetée en demandant à mon oncle de lui fournir un emploi. Les deux sœurs s'étaient donc accordées pour prendre un nouveau départ.

Compte tenu de l'aisance matérielle de ma tante, il est difficile de comprendre pourquoi elle refusait d'aider sa sœur et ses enfants dans une période aussi difficile et comment elle avait laissé les enfants de sa propre sœur passer des années dans un orphelinat. Nous ne relevions pas de sa responsabilité, mais ne serait-ce que par décence morale, elle aurait pu nous témoigner un peu de compassion. Malheureusement, toutes ces questions qui me laissent perplexe quant au comportement de ma tante ne trouveront jamais de réponse.

Au bout du compte, près de six années se sont écoulées avant que ma mère n'ait les moyens de nous sortir de l'orphelinat. Elle continuait à nous rendre visite chaque semaine, épargnant le moindre sou qu'elle gagnait. Pendant ce temps-là, nous menions une vie parfaitement routinière à l'orphelinat : nous nous levions tôt le matin, faisions notre toilette, puis nous nous habillions, prenions le petit déjeuner dans la salle à manger, puis partions suivre les cours du *héder* (l'école élémentaire juive) à l'étage inférieur. Après l'école, nous jouions dehors jusqu'à ce que retentisse la sonnerie du dîner, après quoi nous jouions encore jusqu'à l'heure du coucher que nous nous n'aimions pas car elle venait toujours trop vite.

Enfin, au printemps de l'année 1930, ma mère a pu nous sortir de l'orphelinat. Cela a été l'un des moments les plus heureux de mon enfance. Les Morantz, sur lesquels on pouvait toujours compter, l'avaient aidée à chercher un logement adéquat et nous avaient ainsi trouvé un endroit où habiter : deux grandes pièces dans un immeuble de quatre étages sur la rue Main, le St. John's Block. Le propriétaire, un médecin juif du nom de Dr Moss, avait son cabinet au rez-de-chaussée.

J'avais huit ans et demi lorsque le jour est enfin arrivé où ma mère est venue nous chercher. J'ai eu l'impression de vivre un vrai conte de fées en apprenant que j'allais habiter avec elle, libéré de l'orphelinat. Tante Sadie et oncle Morris avaient accompagné ma mère et c'est dans leur grosse Studebaker noire qu'ils nous ont conduits dans notre nouveau foyer. Par coïncidence, l'un de mes amis de l'orphelinat, un jeune garçon juif qui avait à peu près le même âge que moi et qui s'appelait Sammy Cohen, a également quitté l'établissement quelques semaines après mon départ et il se trouvait que sa mère avait loué une chambre dans le même immeuble que nous. Les parents de Sammy étaient divorcés. Quelle joie que de découvrir la présence d'un camarade de l'orphelinat avec qui j'allais pouvoir jouer ! Ainsi s'ouvrait un nouveau chapitre de ma vie.

Les beaux jours

Quand je repense à la période qui a suivi notre départ de l'orphelinat, à Clarice et à moi-même, je me dis qu'elle fait partie des plus belles années de ma vie. Je ne me suis jamais senti plus en sécurité qu'à cette époque-là, alors que j'étais à nouveau réuni avec ma mère. Mes journées étaient ponctuées de jeux et de joies, marquées par l'insouciance et l'esprit d'aventure qui devraient faire partie de la vie de tout jeune garçon. En ce temps-là, j'étais un enfant heureux.

Enfin libéré des règlements stricts de l'orphelinat, je n'ai eu aucun mal à m'adapter à mon nouvel environnement et à mon train-train quotidien. Cependant, même si j'étais heureux d'avoir retrouvé ma mère, je commençais à saisir pleinement la réalité de ma situation, à savoir que, contrairement à la plupart des autres enfants, je n'avais pas de père à la maison. Ma mère m'expliquait qu'il vivait dans un pays lointain qu'on appelait la France, dans la ville de Paris. Je ne savais pas où ces lieux pouvaient bien se trouver et il m'était difficile de ne pas être envieux lorsque mes amis évoquaient leur propre père en se vantant. Je me disais malgré tout que j'avais un père moi aussi, même s'il vivait si loin. Lorsque l'on se mettait à parler de nos pères, je disais à mes amis que le mien n'allait pas tarder à nous rejoindre, même si je savais que ce n'était pas vrai. Je me suis alors mis à imaginer mon père rentrant du travail pour jouer avec moi, m'emmenant en promenade en me tenant par la main, me protégeant des enfants méchants, m'achetant des jouets et me bordant le soir dans mon lit. Le fait de ne pas avoir de père a fini par m'affecter durablement.

Lorsque Clarice et moi avons quitté l'orphelinat au printemps 1930, tante Sadie nous a invités à passer les huit jours de *Pessah* dans sa nouvelle maison, au 256, rue Garfield. C'était une magnifique demeure, une maison bourgeoise. J'ai déjà mentionné le fait que tante Sadie était fort consciente de son statut social. Tout ce qu'elle entreprenait devait avoir un impact et porter une marque de distinction. En 1928, elle s'était rendue en Californie expressément pour trouver un architecte qui accepterait de dessiner les plans d'une maison construite exactement selon ses indications. Après avoir passé près de trois mois en Californie où elle avait visité d'innombrables maisons, elle avait fini par rentrer munie d'une série de plans qui répondaient à toutes ses exigences. La maison de ses rêves, terminée en 1929, était la plus belle du voisinage, voire de tout Winnipeg.

Quel n'a pas été mon émerveillement la première fois que j'ai vu ce bâtiment magnifique ! Il s'agissait d'une vaste maison de deux étages et d'environ 25 mètres de large. La façade était revêtue d'un stuc vert émeraude parsemé de petites pierres dont l'effet était des plus éblouissants. Une demi-douzaine de marches menaient à un grand balcon, puis à l'entrée principale. La porte d'entrée et la porte de service étaient toutes deux dotées d'une sonnette électrique dont le numéro s'affichait sur un gadget accroché dans la cuisine. On pouvait y lire « numéro 1 » pour la porte d'entrée et « numéro 2 » pour la porte de service. En 1929, c'était là quelque chose qui sortait vraiment de l'ordinaire.

Le vestibule menait à un hall central. Tout de suite à droite se dressaient des portes-fenêtres en verre dépoli ornées de boutons de cristal étincelant qui ouvraient sur une salle à manger meublée avec un goût exquis. Tout au bout de la salle se trouvait une porte battante communiquant avec la cuisine. De l'autre côté du hall, il y avait d'autres portes-fenêtres qui menaient à une salle de séjour tout aussi splendide comportant une cheminée en briques des plus inhabituelle, tandis que d'autres portes-fenêtres encore s'ouvraient sur le solarium. Dans la cuisine, il y avait un espace séparé et bien éclairé où l'on pouvait manger en ayant vue sur le jardin arrière où poussaient une demi-douzaine d'arbres fruitiers. Un peu plus loin dans le couloir qui longeait la cuisine se trouvait la chambre de mon cousin Max. Plus haut dans le hall, il y avait un petit vestibule carré, adjacent à l'immense chambre principale. Cette dernière était dotée d'une salle de bain moderne spectaculaire avec une baignoire encastrée, une douche, des toilettes, un lavabo, le tout décoré d'un carrelage coloré en céramique italienne. On montait à l'étage par un escalier circulaire qui partait du hall. Il y avait là trois chambres de plus, dont les quartiers des domestiques et une grande chambre d'amis dotée de toilettes séparées et d'un immense cagibi. Au sous-sol, outre la buanderie et une salle de jeux pour les enfants, il y avait une pièce que je n'ai jamais eu l'occasion de voir, car elle était toujours fermée à clé. La famille en parlait comme de la pièce mystère (pour des raisons dont seule ma tante avait le secret, personne n'a jamais eu le droit d'y entrer). Pour un pauvre garçon des quartiers nord de Winnipeg, un séjour de toute une semaine dans un environnement aussi luxueux était comme se retrouver dans un film hollywoodien.

Mon cousin Max avait cinq ans de plus que moi. Or, étant donné que nous portions le même prénom, celui de notre grand-père maternel, on nous appelait respectivement le grand Maxie et le petit Maxie. C'était un grand garçon, beau et plein de vie, dont la compagnie était très agréable. Élève brillant, il était toujours dans les premiers de sa classe. En dépit de notre différence d'âge, nous nous entendions à merveille. C'est Max qui m'a emmené pour la première fois à la piscine et qui m'a appris à jouer au minigolf. Il me laissait rester avec lui lorsqu'il invitait ses amis à la maison et faisait tout son possible pour me faire plaisir : il m'emmenait voir des spectacles, jouait au baseball avec moi ou m'achetait des friandises. Il était si gentil qu'il m'aurait bien volontiers donné les jouets ou l'équipement de sport qu'il était trop grand pour utiliser si seulement sa mère l'y avait autorisé. Malheureusement, elle avait pour habitude de tout conserver et aurait encore préféré voir pourrir ces objets plutôt que de laisser en profiter les enfants de sa pauvre sœur.

Je me souviens d'un incident en particulier qui illustre fort bien le comportement de ma tante. À la fin des années 1920 et au début des années 1930, il y avait tout un ensemble de boissons chocolatées très en vogue chez ceux qui en avaient les moyens. L'une de ces boissons, le Vi-Tone, était emballée dans une très belle boîte en métal. Alors que je leur rendais visite ce jour-là, Max avait commencé à se préparer un goûter composé de Vi-Tone et de biscuits. Il fallait mélanger le chocolat en poudre dans un grand récipient en verre spécial coiffé d'un couvercle en métal perforé en son centre. On enfonçait ensuite un objet en métal à travers le trou pour reproduire l'effet d'un fouet électrique servant à battre le lait. Je n'avais jamais goûté au Vi-Tone, mais Max m'avait annoncé que ce serait un vrai régal. J'avais en effet tant apprécié cette boisson chocolatée mousseuse que j'avais couru voir ma mère pour lui demander de m'en acheter une boîte. Tante Sadie, qui se trouvait à portée de voix, est alors intervenue dans la conversation pour me dire ceci : « Allons, Maxie, tu sais bien que ta mère n'a pas les moyens de t'offrir pareil luxe ! » J'étais mortifié, tout comme ma mère au demeurant.

Lors du premier soir de *Pessah* dans la nouvelle maison de tante Sadie, nous sommes restés assis à sa magnifique table de la salle à manger recouverte d'une nappe de lin blanc et dressée de couverts d'argent étincelants et de la porcelaine la plus délicate. Comme j'en ai déjà fait mention, oncle Morris présidait à l'ensemble du *Séder* sans en omettre la moindre partie, se conformant strictement à la tradition juive. Je le revois encore parfaitement en train de lever sa coupe en argent pour réciter le *qiddoush*, la bénédiction du vin au début du rituel, mais la cérémonie durait si longtemps que j'étais déjà à moitié endormi lorsque le dîner était enfin servi. C'était néanmoins un grand événement pour moi, car, étant le plus jeune enfant de la tablée, c'était à moi que revenait le privilège de poser les quatre questions, ce qui me donnait le sentiment d'être important, tous les yeux étant rivés sur moi.

Je me souviens aussi d'avoir assisté en 1930 à la *bar mitsvah* de mon cousin Max, une fête des plus dispendieuse qui s'était déroulée à la synagogue Talmud Torah de Winnipeg. Tante Sadie n'avait lésiné sur aucune dépense pour que la *bar mitsvah* de son fils soit l'une des plus grandes réceptions jamais organisées dans la ville. Il devait bien y avoir 500 invités et je revois encore tous les hôtes assis à de longues tables qui faisaient tout le tour de l'immense salle. Max avait reçu tant de cadeaux qu'il avait fallu les emporter dans une camionnette. Depuis, je n'ai jamais plus assisté à une soirée d'une telle opulence.

~

Mes premiers souvenirs d'école remontent à ma 3ᵉ année du primaire, à la David Livingstone School de Winnipeg. Chose étonnante, je me rappelle encore le nom de mes enseignantes de 4ᵉ et de 5ᵉ années : Mˡˡᵉ Shager et Mˡˡᵉ Cavanaugh. Je garde un souvenir ému de Mˡˡᵉ Shager, qui était fort jolie. J'étais parmi les meilleurs élèves de sa classe. Je dois dire que Mˡˡᵉ Cavanaugh était également une excellente enseignante, mais je ne suis resté que trois mois dans sa classe. Comme tous les autres enfants juifs, je fréquentais également la Hebrew Free School après les cours ordinaires de l'école publique. C'est M. Klein qui m'enseignait l'hébreu et je me souviens aussi de lui avec tendresse.

À cette époque, il était courant dans le système scolaire d'administrer des coups à un enfant qui s'était mal comporté et je me souviens en avoir reçu à deux reprises de la main du principal, à deux occasions séparées. Je ne me rappelle pas les fautes que j'avais commises, mais la punition avait été très convaincante : je n'avais pas pu tourner le bouton de la porte en sortant du bureau du principal tant j'avais mal à la main. La courroie avec laquelle il nous corrigeait consistait en une épaisse pièce de cuir et, selon la gravité de la faute, on nous donnait au moins cinq coups sur chaque main.

Les hivers étaient longs et rigoureux dans les étendues sauvages de l'Ouest canadien. Nous avions formé une bande d'écoliers et nous nous retrouvions à la pause déjeuner pour jouer sur une patinoire improvisée. Nous glissions sur la glace, chaussés de nos mocassins, car, au début de la grande dépression, la plupart d'entre nous n'avaient pas les moyens de s'acheter des patins. Nous faisions aussi des batailles de boules de neige. À 16 heures, une fois l'école terminée, nous rentrions à la maison pour goûter avant de ressortir, cheminant avec peine à travers la neige blanche qui crissait sous nos pas pour rejoindre l'école hébraïque qui s'achevait à 18 heures. Nous rentrions alors tous chez nous pour dîner. À peine avions-nous fini de manger que notre bande se rassemblait de nouveau pour jouer aux cowboys et aux indiens, imitant les idoles des westerns de notre époque, nous lançant des défis comme grimper aux arbres pour sauter dans le vide ou pour accéder aux toits des maisons en nous suspendant aux branches et nous jeter ensuite dans la neige en contrebas qui faisait plus d'un mètre d'épaisseur. L'un de mes amis possédait un traîneau gigantesque que son père lui avait fabriqué. Il comportait des rênes en cuir et nous l'attelions à un énorme malinois qui nous tirait chacun à notre tour. C'était le grand frisson.

Les journées joyeuses se succédaient ainsi. Les enfants avec qui je traînais étaient pauvres, voire extrêmement pauvres. Non seulement nous n'avions pas la télévision, mais nous étions très peu nombreux à posséder une radio et encore moins à pouvoir nous offrir des équipements de sport. Il fallait donc nous montrer ingénieux. Nous participions à toutes les activités de plein air qui n'exigeaient pas d'équipement onéreux et nous inventions nos propres jeux. Je me souviens du jour où un garçon avait fabriqué des raquettes avec l'aide du père de son ami. Elles s'étaient révélées très efficaces sur la neige. Toute notre bande s'était alors mise à marcher en raquettes, s'aventurant loin dans la neige profonde. Quelle sensation grisante que de flotter sur la neige sans s'y enfoncer ! Nous avons également tenté de « faire du patin » avec nos mocassins sur la surface gelée de la rivière Rouge, nous méfiant de la moindre fissure dans la glace.

L'un de mes camarades d'école était un jeune Juif du nom de Nathan Streifler. Il venait tout juste d'immigrer de Pologne si bien qu'il ne parlait pas un mot d'anglais. Même si je comprenais très bien le yiddish, je le parlais très peu. Nathan et moi sommes toutefois parvenus à communiquer. C'était un enfant très intelligent et il ne lui avait pas fallu longtemps pour maîtriser l'anglais. Je ne me souviens plus très bien de la manière dont s'est nouée notre amitié, mais je suis fier d'avoir eu assez de compassion à l'âge de 9 ans pour former une amitié avec un jeune garçon avec qui personne ne voulait jouer et encore moins discuter.

Plusieurs décennies plus tard, cet épisode m'a rappelé mon propre calvaire lorsque je me suis retrouvé dans une situation semblable en terre étrangère, incapable de parler la langue du pays, sans personne pour m'aider. Celui qui n'a pas été enfant en terre étrangère ne peut absolument pas comprendre combien il est agaçant de ne pouvoir s'exprimer dans une nouvelle langue. Avant sa deuxième année au Canada, Nathan maîtrisait si parfaitement l'anglais qu'il savait employer l'argot avec le naturel de n'importe quel natif du Canada. Nathan et moi sommes devenus de très bons amis, si bien que ses parents avaient insisté pour que je vienne partager le dîner du Shabbat avec eux tous les vendredis soirs. Ils vivaient dans une vieille maison en bois, bâtie sur un seul niveau.

À l'arrivée du printemps, toutes sortes de distractions nouvelles s'offrait à nous. Les tas de neige fondaient, laissant des flaques de boue un peu partout, permettant à une nouvelle herbe verte et aux pissenlits de pousser dans les champs ouverts, devant et derrière les maisons. La venue du printemps dans les Prairies est un événement spectaculaire – tout s'anime soudain dans la chaleur du soleil, tandis que le parfum des fleurs emplit l'atmosphère, accompagné par le gazouillis des oiseaux et par le bourdonnement des abeilles et autres insectes. Le printemps nous attirait dehors où nous jouions et gambadions dans l'herbe.

C'est par un jour comme celui-là que mon ami Sammy Cohen m'a invité à les accompagner à la campagne, son père et lui. Cet événement avait quelque chose de bien particulier : le père de Sammy avait un camion, ce qui n'était pas rien à l'époque. Presque aucune de mes connaissances ne possédait de véhicule, à l'exception de ma riche tante. Plombier de son état, le père de Sammy détenait une petite boutique où il remisait tous ses outils. Avant de partir faire un tour ce matin-là, il nous avait emmenés dans son échoppe et nous avait autorisés, Sammy et moi, à examiner une partie de son matériel. Peu après, nous étions déjà en route pour la campagne. J'étais frappé par les vastes espaces ouverts qui semblaient s'étendre jusqu'à l'horizon. Après plusieurs heures de conduite, nous avons quitté la route principale pour nous engager sur un chemin de gravier et nous nous sommes arrêtés enfin devant la ferme que possédaient des amis du père de Sammy. L'agriculteur nous a accueillis chaleureusement et nous a invités à déjeuner chez lui, après quoi nous avons passé le reste de l'après-midi à explorer la ferme. Une journée idéale !

L'arrivée du cirque fait également partie des événements palpitants de ces premières années. Il débutait chaque année en fanfare pour la plus grande joie des enfants qui s'y rendaient en masse accompagnés de leurs parents. Ma mère nous y a emmenés pour la première fois, ma sœur et moi, en 1930. Cela avait été tout autant une joie qu'une révélation et nous y sommes retournés chaque année par la suite. Tout était fascinant : nous découvrions un véritable monde de merveilles inoubliables. Il y avait des singes savants qui circulaient sur de minuscules motos le long d'un plan incliné quasiment à la verticale, quelqu'un qui plongeait de très haut dans un petit bassin rempli d'eau, des acrobaties aériennes à vous faire dresser les cheveux sur la tête. Il y avait aussi des attractions pour les enfants : les montagnes russes, la grande roue et les manèges, et puis aussi les maisons du rire où l'on se retrouvait parfois devant des miroirs déformants qui transformaient radicalement votre apparence. Enfin, il y avait les clowns, la barbe à papa, les pommes d'amour et d'autres attractions magiques. Lorsque je repense à mon enfance, je chéris ces jours heureux.

La célébration des grandes fêtes juives représentait aussi un autre épisode agréable de cette période. Avant *Rosh Hashanah* (le Nouvel An juif), tante Sadie nous gâtait en nous offrant de nouveaux vêtements que nous étions censés porter lors des cérémonies de *Yom Kippour*, *Soukkot*, et *Simhat Torah*.

On peut attribuer en grande partie ma profonde passion pour ma religion et mon peuple, tout comme ma fierté précoce d'être juif aux enseignements de mon professeur d'hébreu, M. Klein. Les descriptions qu'il donnait des événements historiques fascinaient ses élèves. J'adorais apprendre l'histoire juive avec lui et, si nous étions sages, il nous récompensait en nous lisant un livre d'histoire juive en yiddish. C'était un enseignant extraordinaire qui prenait la peine d'expliquer chaque détail et ancrait profondément notre patrimoine culturel dans nos esprits. Quelle chance nous avons eu d'avoir un enseignant de cette envergure ! Malheureusement, je n'ai pu étudier sous l'égide de M. Klein que le temps d'apprendre à lire et à écrire le yiddish et juste assez d'hébreu pour me permettre de prier, même si je ne comprenais pas vraiment le sens des mots.

C'est malgré tout au cours de cette période où nous étions heureux et en sécurité qu'une crise se préparait dans l'usine d'oncle Morris. Ma mère travaillait aussi dur qu'elle le pouvait tout en s'occupant de ma sœur et de moi. En dépit de cela, à l'automne 1931, une catastrophe est survenue : elle a appris qu'on allait la licencier. La grande dépression avait frappé et elle allait rejoindre la multitude des sans-emploi. La pauvreté et le chômage étaient très répandus et dans chaque famille où l'on devait faire face à de tels revers, il fallait trouver un moyen ou un autre de subsister. Certains cherchaient des emplois à temps partiel tandis que d'autres devaient s'en remettre à la charité et aux services sociaux.

Ma mère s'est confiée à une voisine, une veuve du nom de Tillie, et elle lui a décrit notre situation, pleurant parfois à chaudes larmes. Après plusieurs semaines de chômage, nous nous sommes retrouvés sans le moindre sou et Tillie a commencé à s'inquiéter du fait que nous n'avions rien à manger chez nous. Sans consulter ma mère, elle a contacté les services de l'assistance sociale pour notre compte, expliquant l'urgence de la situation : il fallait venir en aide à ma mère et à ses deux jeunes enfants menacés par la famine. Femme intelligente, directe et instruite, Tillie a réussi à organiser un rendez-vous avec des fonctionnaires du centre des services sociaux qui ont promis d'envoyer quelqu'un le jour même.

L'anglais de ma mère n'étant pas très bon, elle a demandé à Tillie de lui servir d'interprète. Il n'a pas fallu longtemps à la travailleuse sociale pour comprendre la gravité de notre situation et valider notre demande. Après son entretien au centre des services sociaux, ma mère a toutefois découvert que le montant de l'allocation logement était si faible qu'il nous faudrait déménager et louer un studio. Personne fière et indépendante, ma mère détestait l'idée de devoir recourir à l'assistance sociale et, lorsque Tillie lui avait dit qu'elle avait contacté ces services, ma mère avait insisté sur le fait qu'elle n'accepterait pas la charité publique et trouverait un autre emploi. Lorsque Tillie lui avait expliqué qu'il n'y avait tout simplement pas d'autres emplois disponibles, les protestations d'indépendance et l'assurance de ma mère n'avaient tout simplement plus aucun sens. Nous avons donc quitté le St. John's Block pour emménager dans la chambre d'une maison située dans l'avenue Selkirk.

Coup de chance, la maison dans laquelle se trouvait cette pièce était la propriété d'une famille juive dont l'accueil chaleureux et l'hospitalité nous ont comblés. Dussé-je vivre jusqu'à 100 ans, je n'oublierai jamais leur bonté. Nos bailleurs, les Striker, étaient un couple d'âge moyen. Il s'agissait d'immigrés russes et ils avaient quatre enfants. L'un de leurs fils était marié et vendait des journaux dans l'avenue Portage, près du bâtiment de la Winnipeg Piano Company. Beaucoup plus jeunes, les autres enfants, deux garçons et une fille, vivaient chez leurs parents. Je me suis lié d'amitié avec le cadet des trois frères, Louie, qui avait à peu près mon âge. Sa sœur, Sarah, était nettement plus jeune que lui, et son frère aîné, dont j'ai oublié le nom, avait quatre à cinq ans de plus que lui.

M. Striker était peintre, mais il gagnait aussi sa vie en louant une autre de ses propriétés. Mme Striker s'occupait de la maison, de son mari, de ses enfants et des locataires. Experte dans l'art de la cuisine et de la pâtisserie comme dans celui de la mise en conserve des fruits et légumes, elle aurait pu remporter la plus haute distinction dans n'importe quel concours. C'était une femme vraiment affectueuse et au caractère merveilleux. Elle a appris la cuisine et la pâtisserie à ma mère, dont l'analphabétisme constituait toujours un handicap : elle devait mémoriser les recettes au lieu de les prendre en notes. En dépit de ces temps difficiles, nous n'avons jamais souffert de la faim, car nous avions toujours assez à manger grâce aux bons d'alimentation. Cependant, il ne restait jamais d'argent pour les petits extras, comme des bonbons ou des jouets. Nous improvisions nos propres battes taillées dans du bois trouvé dehors après l'hiver long et froid, mais elles n'étaient que de piètres substituts. J'avoue que, comme de nombreux autres enfants pendant la grande dépression, je me suis parfois faufilé en douce pour voir des spectacles sans payer. Les rares fois où mon oncle et ma tante nous rendaient visite, ils passaient nonchalamment un billet d'un dollar à ma mère, qu'elle utilisait ensuite pour acheter des friandises. Elle me donnait aussi 5 cents pour aller au spectacle.

À cette époque, et surtout dans les quartiers ouvriers, la plupart des maisons étaient en bois. Celle que nous occupions ne faisait pas exception. J'ai un souvenir ému de cette maison blanche à deux niveaux où nous vivions dans une pièce à l'étage. Je me souviens encore très bien, 50 ans plus tard, d'un matin glacé de janvier où j'étais allé chercher les deux litres de lait que nous livrait quotidiennement le laitier, découvrant que la neige s'était entassée assez haut pour bloquer les quatre ou cinq marches qui séparaient le porche fermé du trottoir. Le laitier n'avait pas pu effectuer sa tournée ce matin-là, car la neige était trop haute. M. Striker et d'autres n'avaient pas tardé à venir dégager un chemin jusqu'à la route et au traîneau du laitier tiré par des chevaux. Cela n'avait rien d'inhabituel durant l'hiver où tout le monde devait déblayer son porche et les trottoirs pour le laitier.

Lorsque la neige atteignait une telle hauteur, nous partions nous amuser dans un parc à proximité où il y avait de hautes glissades en spirale. Une demi-douzaine d'enfants partageaient le même toboggan et, tandis qu'ils descendaient de plus en plus vite, ils se tenaient au camarade qui les précédait, ajoutant une sensation de malaise à l'excitation et à la joie du moment. Certaines glissades étaient construites avec une telle inclinaison que l'on avait l'impression qu'on allait basculer dans le vide à tout moment, compte tenu de la vitesse à laquelle on dévalait la piste. C'était une attraction qui vous donnait le frisson.

Ma mère acceptait son nouveau rôle de femme au foyer avec réticence et elle ne s'est jamais faite à l'idée d'être de ceux qui bénéficiaient de l'assistance sociale. Ce n'est qu'à l'approche de la trentaine qu'elle a commencé à se sentir extrêmement seule. Or, à mesure que Clarice et moi grandissions, nous nous sommes mis à lui poser des questions sur notre père. Nous voulions savoir où il était, pourquoi il se trouvait là-bas et pourquoi nous ne pouvions pas être avec lui. Pour une raison que j'ignore, on n'avait jamais vraiment tenté de faire venir mon père au Canada. J'avais bien vaguement entendu parler du fait qu'il n'avait toujours pas les papiers requis pour immigrer et puis des commentaires d'après lesquels le Canada n'autorisait plus les Juifs polonais à entrer au pays. Peut-être qu'aucune de mes deux tantes n'était prête à le parrainer, même s'il est également vrai que les politiques d'immigration canadiennes menées par le gouvernement de Mackenzie King étaient antisémites. Quelle qu'en soit la cause, il était inhumain d'empêcher un père de retrouver sa femme et ses enfants.

Mon cousin Jack, le fils aîné de tante Pola, était arrivé au Canada en 1927 et je reste encore perplexe devant le choix de tante Sadie : elle avait aidé mon cousin célibataire à immigrer avant mon père qui avait déjà une femme et deux enfants au Canada. Il est vrai que Jack détenait les papiers requis, mais, dans les années 1920, il était assez facile de s'en procurer. Il suffisait d'en avoir les moyens. Les véritables motivations qui ont poussé ma famille à ne pas faire venir mon père au Canada m'échappent encore.

Je ne cherche pas à manquer de respect à mon cousin Jack, qui est un vrai gentleman. En 1932, il a épousé une femme charmante, du nom de Luba, et leur mariage, payé par tante Sadie, a été le premier auquel j'ai assisté de ma vie. Je me souviens d'ailleurs m'y être soudain retrouvé au centre de l'attention lorsque l'on m'a demandé d'exécuter en solo une danse russe que des amis m'avaient apprise. C'était le genre de danse où l'on fléchit les genoux très bas avant de lancer ses jambes en avant, les bras croisés. Ce mariage était très réussi et il y avait beaucoup d'invités. Il s'est déroulé dans une grande salle dans laquelle un orchestre jouait en continu tandis que les gens dansaient. Mais, pour ma part, c'était surtout à un gros morceau du magnifique gâteau de mariage auquel j'aspirais vraiment ce soir-là.

Par la suite, Jack a eu trois enfants et huit petits-enfants. Il a commencé à travailler pour oncle Morris, se lançant dans une carrière de dessinateur et de coupeur de fourrures. Son fils aîné, Dave, est devenu professeur de mathématiques et son fils cadet, Max, est actuellement avocat. Il a aussi eu une fille, Pearl.

∼

Lorsque nous avons emménagé dans la maison des Striker à la fin de l'automne 1931, je venais d'avoir 10 ans. La vie a de nouveau repris son cours régulier, à quelques exceptions près. Je me souviens surtout de mon premier anniversaire. Ma mère et Mme Striker ont préparé toutes sortes de bonnes choses, mais ce que j'ai préféré a été le gâteau d'anniversaire surprise, composé d'une énorme couche de chocolat nappée de sucre glace blanc et coiffée de bougies bleues. De nombreux amis s'étaient joints à la fête, y compris le clan Striker réuni au grand complet. Vers la fin de la fête, j'ai déballé mes tout premiers cadeaux d'anniversaire de ma vie, puis nous avons joué et nous avons chanté des chansons accompagnés d'un vieux piano.

Au printemps suivant, en 1932, nous avons passé des fêtes de *Pessah* tout aussi agréables chez ma tante, mais tout s'est terminé bien trop tôt, et nous sommes retournés dans notre chambre de l'avenue Selkirk. J'ai eu cependant d'autant moins de mal à laisser derrière moi cette brève vie de luxe que je devais partir trois mois plus tard en colonie de vacances, pour mes toutes premières vacances d'été. Destiné aux enfants défavorisés, le *B'nai Brith Fresh Air Camp* se trouvait à Gimli, une zone balnéaire sur le lac Winnipeg, à environ 75 kilomètres au nord de la ville.

L'été est arrivé sans tarder et une grande foule d'enfants s'est amassée à la gare pour embarquer dans le train qui devait nous conduire à Gimli. Après force étreintes, embrassades et saluts de la main, le train est enfin parti. Ma mère s'est efforcée en vain de retenir ses larmes. J'ai connu un séjour merveilleux dans cette colonie de vacances. Sur le trajet, nous avons chanté à tue-tête, bavardé et admiré le paysage de la campagne. Lorsque nous sommes parvenus à destination, on nous a répartis entre différents groupes, puis on nous a attribué des dortoirs. Le mien, qui accueillait environ 30 garçons, était vaste, bien aéré, et doté de larges fenêtres réparties sur toute la longueur de la pièce.

Peu après notre arrivée, nous avons rencontré les moniteurs qui nous ont préparés aux activités de la journée. Nous étions avant tout impatients d'aller nager. Tous les repas étaient un vrai régal pour des enfants pauvres comme nous. Tout était bien entendu strictement kasher et avec une saveur juive (*yiddishe tam*). Je me souviens très nettement de nos plongeons dans le lac, tôt le matin, ce qui nous ouvrait grandement l'appétit pour le petit déjeuner. Après notre tout premier petit déjeuner à la colonie, nous avons également participé à une chasse au trésor. La piste nous menait à travers une forêt épaisse où nous étions censés dénicher des indices accrochés aux troncs des arbres et le but était d'être les premiers à les trouver. C'était un peu effrayant au début, mais, en fin de compte, on s'est vraiment bien amusés. On avait caché des trésors un peu partout dans la forêt dense. Sur certains arbres figuraient des messages ou des flèches indiquant la direction à prendre. Or, il y en avait beaucoup dont le sens était difficile à comprendre et qui prêtaient à confusion si on n'était pas assez malin pour les déchiffrer. Cette formidable aventure visait en partie à nous apprendre à ne compter que sur nous-mêmes.

J'adorais les immenses feux de joie qui brûlaient la nuit sur les berges sablonneuses du lac Winnipeg où nous nous rassemblions pour chanter de vieilles chansons et en apprendre de nouvelles, raconter des histoires et manger toutes sortes de friandises. La colonie de vacances avait tant à offrir ! Je participais à toutes les activités, jouant au volley, au basket, au ping-pong, et puis j'ai aussi appris à nager et à plonger. Parmi les autres activités spéciales, il y avait des courses à pied, des courses en sac et un jeu d'« équitation » qui requérait la participation de quatre garçons. Deux d'entre eux se juchaient sur les épaules des deux autres et tentaient respectivement de faire tomber leur adversaire pour remporter la victoire. Les jours de pluie, nous pratiquions des activités à l'intérieur comme les échecs, les dominos et toutes sortes de jeux de cartes. J'ai écrit ma toute première lettre à ma mère depuis la colonie avec le style et les capacités d'un enfant de 10 ans (c'est Mme Striker qui la lui a lue.)

Mes vacances exaltantes se sont achevées bien trop tôt et nous étions tous fort peu enclins à repartir. Quelques semaines après

mon retour de la colonie, une petite surprise m'attendait néanmoins : ma tante, mon oncle et mon cousin avaient pris leurs dispositions pour nous emmener en excursion, Clarice et moi. Cette sortie comprenait notamment une visite au zoo du parc Assiniboine, à
Winnipeg. J'étais si fasciné par tous les animaux sauvages que c'est
à peine si j'arrivais à en détacher les yeux. J'aimais tout particulièrement regarder les pitreries des singes qui se balançaient d'avant
en arrière et puis les ours énormes qui se dressaient sur leurs pattes
arrière, quémandant des cacahuètes avant de se réfugier près d'une
immense pataugeoire. Quelle joie que de voir les éléphants, les lions
féroces et les tigres rugissants, les léopards mouchetés et tous les
autres animaux et oiseaux sauvages !

À midi, nous avons fait une pause pour pique-niquer. Mon oncle
a étalé la nappe colorée sur l'herbe, puis il a ouvert un panier qui
contenait des sandwiches et des fruits variés. Mon cousin Max avait
apporté une batte de baseball et deux gants. Nous nous sommes
donc mis à nous lancer la balle, puis nous avons joué à toutes sortes
d'autres jeux. Après tout ça, nous étions épuisés et nous avions très
soif. Notre oncle n'a pas manqué de nous offrir des colas et des
glaces pour nous désaltérer avant de nous ramener voir les animaux
pour conclure cette journée idéale.

Je garde de merveilleux souvenirs de mon enfance à Winnipeg.
Les amis avec lesquels je jouais et fréquentais l'école publique et
hébraïque étaient très importants. Nous allions au cinéma ensemble
pour voir principalement des westerns où nos vedettes préférées
n'étaient autres que les cowboys très populaires Tom Mix, Ken
Maynard et Buck Jones. Nous appréciions également les films de
Tarzan, sans parler de comiques aussi drôles que Laurel et Hardy,
Charlie Chaplin, Harold Lloyd, Buster Keaton, Slim Summerville
et Joey Brown. Dans un registre plus sérieux, nous admirions des
acteurs comme Wallace Beery, Jackie Cooper, la jolie petite Shirley
Temple et tant d'autres encore. Il y avait en outre des émissions for-
midables à la radio, même si je n'avais pas de poste – je ne pouvais

écouter que les programmes du dimanche soir avec Eddie Cantor et Jack Benny ou encore l'émission *Amos 'n' Andy* lorsque je rendais visite à ma tante. Mes amis et moi adorions également lire des bandes dessinées et jouer aux billes.

Je souris en repensant aux vêtements que je portais à l'époque, notamment mes deux culottes retenues par des bretelles et rapiécées de partout. C'est principalement en grimpant aux arbres et en commettant d'autres frasques échevelées que j'avais fait tous ces trous dans la toile de mon pantalon. Pendant l'hiver, je portais plusieurs épaisseurs de vêtements, dont d'épais caleçons longs, ainsi que plusieurs paires de chaussettes faites de grosse laine et des mocassins indiens ordinaires. Mais c'était ma casquette d'aviateur qui constituait la pièce de résistance et le bien dont j'étais le plus fier. En cuir doublé de fourrure, elle comportait des rabats pour les oreilles et se boutonnait sous le menton, avec en prime des lunettes que je pouvais descendre sur mes yeux lors des fortes tempêtes hivernales.

~

À la fin de l'année 1932, la famille s'est mise à discuter de plus en plus souvent de nos retrouvailles avec mon père, à ma mère, Clarice et moi. Je n'avais alors que 11 ans et je n'avais jamais connu mon père, si bien que l'idée de le revoir était devenue une obsession. Je passais presque tout mon temps à me demander à quoi il ressemblait. Je n'avais qu'une chose en tête : avoir un père à moi.

À mon insu, tante Sadie et oncle Morris comptaient déjà suggérer que je reste avec eux à Winnipeg, pendant que ma mère et Clarice partiraient rejoindre mon père à Paris. Peut-être se sentaient-ils coupables de nous envoyer en France au lieu de faire venir mon père au Canada, mais il se peut aussi qu'ils aient cherché à ne pas interrompre mon éducation. Quelles qu'aient été leurs raisons, je suis certain qu'elles partaient d'une bonne intention. Lorsque l'on m'a soumis cette idée, cependant, je suis entré dans une sacrée colère. Comment avaient-ils eu l'audace ne serait-ce que de suggérer une telle éventualité ? Rien n'importait plus pour moi que de voir mon père. Pour sa part, ma mère a gardé une attitude neutre, mais elle m'a dit par la suite qu'elle espérait que je me laisse convaincre de rester pour assurer mon avenir, même si cela représentait un sacrifice douloureux pour elle.

Tandis que se poursuivaient les discussions, tante Sadie a reçu des lettres de mes tantes Pola et Léa qui se trouvaient en France. Elles y décrivaient la situation désespérée de mon père et recommandaient fortement de ne pas nous envoyer là-bas. Je ne sais pas si ma mère était vraiment au courant de tout cela. Plusieurs années plus tard, j'ai appris de la bouche de mes tantes parisiennes qu'elles avaient mis en garde mes tantes de Winnipeg à plusieurs reprises pour qu'elles nous dissuadent de quitter le Canada. Pourquoi tante Sadie et tante Jennie n'avaient-elles pas fait plus d'efforts pour empêcher leur propre sœur et ses enfants de se lancer dans un voyage dont les perspectives étaient si peu réjouissantes ? Cela restera éternellement un mystère pour moi.

La famille Striker était parfaitement consciente des intentions de ma mère, qui comptait rejoindre mon père à Paris, et Mme Striker avait tout tenté pour la convaincre que son départ du continent américain constituait une grave erreur. En vain. Ma mère refusait tout simplement d'entendre parler des dangers. Comment aurait-elle pu connaître la nature des nuages de mauvais augure qui s'amoncelaient dans le ciel européen en 1933 ? Pour unique réponse, elle avait dit à Mme Striker que, si elle n'y allait pas, ses enfants la détesteraient plus tard, lorsqu'ils découvriraient qu'elle les avait éloignés de leur père.

~

Il est désormais évident que lorsque je décris mon enfance à Winnipeg, je ne mentionne pas souvent tante Jennie qui a pourtant joué un rôle essentiel dans notre venue au Canada. À dire vrai, elle n'avait guère changé au fil des années. Elle était souvent en déplacement à l'étranger pour affaires et nous la voyions peu. L'une de ses rares visites a eu lieu au cours de notre dernier été canadien. Elle était arrivée en compagnie de son associé pour nous emmener en excursion dans sa voiture. Il s'agissait d'aller pique-niquer à côté d'une immense centrale électrique au bord d'un fleuve. C'était apparemment un site très prisé pour les pique-niques et je me souviens que l'endroit était plutôt bondé.

Le principal souvenir que j'associe à cet événement, c'est le fromage Kraft, à la pâte molle et veloutée, qui se vendait emballé dans du papier d'aluminium dans une longue boîte étroite. Je n'y avais jamais goûté auparavant. Au moment du déjeuner, ma tante a préparé de délicieux sandwiches au fromage et dire que je les ai appréciés relève de la litote : je n'arrêtais pas de lui en redemander. Assis sur la berge qui surplombait le fleuve, ma seule préoccupation consistait à assouvir mon envie de sandwiches. Dans mon souvenir, cela avait été le meilleur moment de la journée.

Au cours de l'été 1933, alors que je n'avais que 11 ans, je me suis heurté pour la première fois à l'antisémitisme. Nous étions nombreux à jouer dans Stella Park, mes amis juifs et moi, quand, un beau jour, une bande de voyous nous a pris par surprise et nous a attaqués avec des bâtons. Ils nous ont frappés avec furie, nous traitant de sales Juifs et d'autres noms d'oiseaux tout aussi choquants. Nous n'étions pas du tout préparés et n'avions rien pour les frapper en retour; c'est pourquoi certains d'entre nous se sont retrouvés couverts de méchants bleus et de plaies sanguinolentes. Nous avons couru à toutes jambes pour nous réfugier chez nous. Nous avons appris par la suite que nous avions été attaqués par de jeunes immigrés, principalement originaires de Galicie, même si d'autres étaient également impliqués dans cette bande.

Quant à moi, je me suis retrouvé avec une jambe tuméfiée et des entailles au visage, dont une au front qui avait nécessité des points de suture, me laissant une cicatrice à vie. Nous n'avons pas laissé passer cet incident sans prendre notre revanche cependant. Dès qu'ils ont été remis de leurs blessures, mes amis se sont tous ralliés pour aller combattre nos ennemis antisémites. On a fait circuler une rumeur d'après laquelle nous avions l'intention d'affronter nos agresseurs à Stella Park. Et, cette fois-ci, nous étions venus parés pour la bataille, munis de bâtons et autres, prêts à leur donner une leçon qu'ils n'oublieraient pas de si tôt. Notre groupe s'est donc rendu au parc. La moitié est entrée par un bout, tandis que le reste d'entre nous est passée par l'autre. Lorsque les voyous se sont retrouvés confrontés à ceux qui se trouvaient à l'entrée principale du parc, ils ont été surpris puis ravis de nous trouver en si petit nombre. Ils ont foncé sur nous en brandissant des bâtons et d'autres armes, mais, avant qu'ils n'aient eu le temps de comprendre ce qui leur arrivait, le reste de notre groupe s'est précipité sur eux, les prenant à revers. Nous leur avons administré la correction de leur vie et jamais plus ils n'ont recommencé leurs attaques pleines de lâcheté.

~

Alors que mon dernier été radieux au Canada touchait à sa fin, je suis rentré à l'école pour commencer ma 5ᵉ année. À l'époque, je ne savais pas que ma scolarité allait s'achever à l'âge de 12 ans, ce qui m'affecterait terriblement des années plus tard. Tout ce que j'ai appris par la suite est venu de ma propre expérience de la vie et je dois dire que j'ai été à rude école.

Mes amis et mes enseignantes – Mˡˡᵉ Shager en 4ᵉ année et Mˡˡᵉ Cavanaugh, ma nouvelle institutrice en 5ᵉ année – ont rapidement appris que j'allais bientôt partir à Paris, en France, ce qui avait fait de moi une sorte de célébrité. Je suscitais l'envie de tout le voisinage. J'avais deux raisons d'être fier et de me vanter de mon départ imminent auprès de mes amis : j'allais effectuer un voyage en train qui serait suivi par une longue traversée de l'océan et, mieux encore, j'allais enfin voir mon père. Je me délectais de la situation, savourant chaque instant des préparatifs avec une impatience croissante.

Quelques mois avant notre départ, Mme Striker s'est réunie avec les Morantz pour essayer de convaincre ma mère une dernière fois de changer d'avis. Hélas, en dépit de toutes leurs supplications, il n'y a eu pas moyen de dissuader ma mère de rejoindre son mari. Elle ne voulait pas passer le restant de ses jours à élever seule deux enfants. Peu importaient les risques, elle était convaincue que notre place était auprès de notre père et la sienne auprès de son mari. La suite de l'histoire devait démontrer tout le tragique de cette décision: en 1933, nous allions quitter un refuge sûr en Amérique du Nord pour rejoindre l'Europe où l'insécurité régnait, notamment pour un Juif.

Tante Jennie, première de la famille à poser le pied sur le continent nord-américain et directement responsable de notre venue au Canada, devait désormais jouer le rôle inverse avec l'aide de tante Sadie. Elles ont donc financé notre voyage l'une et l'autre, tante Sadie prenant en charge la plus grande partie des frais. Je ne peux m'empêcher de me demander ce qu'elles avaient en tête à ce moment précis. S'inquiétaient-elles de notre bien-être futur ? Il est probable que mes tantes ont été quelque peu soulagées. En effet, nous n'étions pas simplement des parents pauvres, mais aussi une source d'embarras parce que nous vivions de l'aide sociale.

Les mois ont passé et voilà qu'il ne nous restait plus que quelques jours à passer au Canada et que je me retrouvais soudain à adresser mes adieux à tous mes amis, à mes institutrices, ainsi qu'à mon merveilleux professeur d'hébreu, M. Klein. Le jour de notre départ enfin venu, aucun enfant n'aurait pu être plus heureux ni plus impatient que moi.

Au coeur de la tourmente

Nous sommes partis par une journée morne et froide de décembre 1933, quelques semaines à peine après mon douzième anniversaire. Nous avons roulé jusqu'à la gare dans la Studebaker noire de ma tante et nos adieux ont été vraiment mémorables: d'innombrables amis et parents étaient venus nous souhaiter bon voyage. Ma tante et mon oncle m'ont embrassé et pris dans leurs bras, les Morantz et les Striker m'ont adressé leurs meilleurs vœux. Dans un ultime geste de bonne volonté, tante Sadie a glissé un billet de 50 dollars à ma mère. Tante Jennie pour sa part lui a donné 25 dollars.

Au moment de notre départ, des membres des Jeunesses hitlériennes s'entraînaient déjà en vue d'une guerre et l'atmosphère en Europe devenait de plus en plus menaçante. Les Juifs fuyaient l'Allemagne nazie en masse, tandis que leurs biens étaient saisis. Harcelés, battus, vilipendés, ils voyaient leurs magasins pillés. Les nazis arrogants prenaient d'assaut leurs maisons et arrêtaient des Juifs innocents. La vie des membres de la communauté juive allemande était en train de tourner au cauchemar, même si la plupart d'entre eux croyaient que la situation ne serait que temporaire.

C'est à ce moment de l'histoire que nous avons appareillé pour l'Europe. En 1933, tout le monde pensait que la menace nazie se limitait strictement à l'Allemagne. Nous nous imaginions donc faire route vers un pays sûr et prospère. Grâce à sa ligne Maginot, la

France, puissance mondiale sans égale, sûre et invincible, s'estimait imprenable. Nous étions certains que c'était vrai et que nous n'avions aucune raison de nous inquiéter pour notre sécurité.

Notre train a quitté la gare de Winnipeg en direction de Montréal où nous devions prendre un bateau pour la France. Ma mère a préparé la couchette supérieure pour moi et celle du dessous pour Clarice et pour elle-même, puis nous nous sommes tous retirés pour la nuit. Alors que je m'installais sur ma couchette, la tête sur l'oreiller, j'écoutais le cliquetis du train qui filait sur les rails et le ballottement n'a pas tardé à m'endormir.

Lorsque je me suis réveillé le lendemain matin, j'ai sauté sur la couchette inférieure, réveillant ma mère et Clarice pour que nous allions prendre notre petit déjeuner. Une fois habillés, nous nous sommes rendus au wagon-restaurant et le trajet m'a semblé interminable. Nous n'avions jamais mangé à bord d'un train. Ma mère était obligée de s'en remettre à moi pour lire la carte et elle m'avait autorisé à commander tous mes plats préférés. Après le petit déjeuner, nous sommes retournés dans notre voiture où nous sommes restés assis près de la fenêtre, admirant la campagne magnifique jusqu'à ce que la vue finisse par nous ennuyer. C'est alors que nous avons entrepris d'ouvrir certains de nos cadeaux, parmi lesquels figuraient quelques jeux auxquels ma sœur et moi avons joué.

Le voyage en train de plus de 3 000 kilomètres a duré deux nuits et trois jours entiers. Lorsque nous avons débarqué à Montréal, nous avons pris un taxi de la gare à l'hôtel Carlton où nous a accueillis un agent de la compagnie maritime. Il nous a expliqué que nous ne pourrions malheureusement pas embarquer le lendemain à cause du gel soudain qui avait frappé le port. La compagnie prévoyait un retard de plusieurs jours, mais elle nous logerait au Carlton à ses frais pendant toute la durée de notre attente et couvrirait également nos repas.

Nous avons passé le temps à admirer tous les gratte-ciel et à gravir le mont-Royal. Une fois au sommet, nous avons découvert qu'on pouvait s'offrir un tour en calèche. Devant notre excitation, ma mère en a commandé une pour nous trois. Nous sommes montés à bord pour prendre place sur nos sièges, puis nous avons profité des vues splendides de Montréal tandis que le cheval trottait sur la route. Ces quelques jours se sont transformés en vacances très agréables, surtout pour ma mère qui n'en avait jamais pris. Nous avons passé la majeure partie du temps à faire du tourisme, assistant à au moins un spectacle par jour. En plein milieu de la grande dépression, c'était une aventure de rêve dans l'une des plus grandes villes du Canada et nous en avons savouré chaque instant.

Au bout de plusieurs jours, on nous a annoncé une autre nouvelle : étant donné les conditions météorologiques qui ne changeaient pas, il nous faudrait nous rendre à Québec pour embarquer. Nous étions très contents à l'idée de voir encore une autre ville. Le lendemain, nous avons donc pris un train pour Québec où l'on nous a conduits jusqu'aux quais d'embarquement. Pendant le trajet, nous avons eu un aperçu des sites pittoresques de la ville. Tout cela était certes merveilleux, mais j'ai commencé à avoir le mal du pays, songeant aux amis que j'avais quittés, peut-être pour toujours. J'étais accablé par l'idée que je ne retournerais peut-être jamais à Winnipeg, la seule ville que je connaissais et que j'aimais. Je me suis efforcé malgré tout de me concentrer sur le but de ce voyage, c'est-à-dire le désir de connaître mon père.

Arrivés aux docks, nous sommes montés à bord de l'*Aurania* et nous avons appareillé le soir même, pour remonter lentement le Saint-Laurent, puis rejoindre enfin le large. Notre cabine comportait trois lits, des commodes et des placards, ainsi qu'une salle de bains. Je ne sais pas pourquoi, mais j'ai trouvé le hublot arrondi très amusant. Le bateau disposait également d'une salle de loisirs où nous pouvions jouer à toutes sortes de jeux, y compris au ping-pong, et puis il y avait aussi un auditorium où l'on pouvait regarder des films. L'un de mes passe-temps favoris consistait à courir sur les trois ponts du bateau. Je ne voulais pas en perdre une seule miette.

On servait des repas délicieux dans la salle à manger (ce que je préférais, c'était bien entendu les desserts). Je me rappelle n'avoir été malade qu'une seule fois, à l'occasion d'une très forte tempête. Cela mis à part, l'ensemble du voyage a été très excitant. Il y avait des centaines de personnes à bord et elles avaient chacune une raison ou une histoire différente qui les avait poussées à partir.

Dans les années 1930, il y avait trois catégories de passagers sur un paquebot : ceux de première, ceux de seconde et ceux de troisième classe. Cela dépendait de leurs moyens. Inutile de préciser que nous étions dans la dernière catégorie. Les passagers de première classe occupaient le pont supérieur et je crois qu'ils avaient leur propre salle à manger. Seuls ces passagers étaient autorisés à se trouver sur le pont supérieur, mais je parvenais toujours à m'y faufiler sans que personne n'intervienne. J'avais alors une vue dégagée de l'océan et je pouvais apercevoir les navires qui se trouvaient à une distance considérable. Je mettais un point d'honneur à inspecter l'ensemble du navire, découvrant au passage des choses étonnantes.

Après 10 jours en mer, nous approchions du port du Havre. Le jour de notre arrivée, j'étais tellement excité que je me suis réveillé plus tôt que d'habitude pour me rendre sur le pont. Dans le lointain brumeux, je distinguais la côte française. Quel grand moment ! Je ne voulais pas quitter le pont avant que le navire ne soit arrivé à quai ! D'autres passagers se sont alors rassemblés sur les ponts car ils avaient très envie d'apercevoir la terre eux aussi. Lorsqu'on nous a annoncé qu'il faudrait encore plusieurs heures avant l'arrimage, ma mère m'a convaincu de les rejoindre, ma sœur et elle, pour prendre le petit déjeuner. Ce serait mon dernier petit déjeuner consistant à saveur canadienne avant longtemps. J'avais en effet pris l'habitude de boire du jus d'orange et de manger des céréales avec de la crème, puis des œufs ou des crêpes, des toasts et du lait. Or, en France, le petit déjeuner se résumait à du café et un croissant.

Lorsque notre navire s'est mis enfin à quai, la tension et l'excitation étaient presque intenables. Nous allions poser le pied sur le sol français, le sol de notre nouveau pays, et toutes ces années de séparation d'avec mon père seraient bientôt reléguées au passé. Les années de solitude et de frustration de mes parents allaient enfin s'achever et mon père allait voir sa fille de 9 ans pour la première fois. Pendant longtemps, je m'étais imaginé que mon père ressemblerait à mes idoles de cinéma, à ces personnages de héros, grands, forts, confiants et courageux.

Une fois débarqués, nous sommes allés directement à la gare pour prendre un train pour Paris. Je me trouvais soudain dans un environnement qui m'était complètement étranger, avec de nouveaux usages et une langue inconnue que l'on parlait tout autour de moi. Je ne comprenais pas un mot de ce que les gens me disaient et j'étais incapable de leur parler. Néanmoins, plus nous approchions de Paris, plus mon cœur battait la chamade. Lorsque notre train est entré en gare Saint-Lazare avant de s'arrêter enfin, nous avons vu quelqu'un qui courait le long du quai en agitant les bras pour attirer notre attention tout en criant à tue-tête « Liba! Liba! » Ma mère s'est tournée vers nous, tout excitée, pour nous dire : « Les enfants, c'est votre père ! » J'ai été sidéré en découvrant que toutes les idées préconçues que j'avais sur mon père n'avaient rien à voir avec la réalité. C'était une vision pathétique, celle d'un homme d'environ 1 m 60, à l'air frêle et maladif. J'ai fait de mon mieux pour masquer ma déception. Je ne voulais pas vexer mon père.

Une fois le train à l'arrêt, Clarice est sortie la première. Mon père s'est précipité vers nous, prenant ma sœur dans ses bras, puis il m'a embrassé à mon tour, m'étouffant presque sous ses baisers. Enfin, il a enlacé ma mère, dont les yeux se sont remplis de larmes et ils se sont étreints pendant une éternité. Tante Léa et oncle Joseph se trouvaient également à la gare, tout comme tante Pola. Une fois les grandes embrassades terminées, nous avons hélé un taxi pour qu'il nous emmène chez mon oncle et ma tante.

Il faisait nuit tandis que nous traversions la ville en roulant sur les grands boulevards. Nous nous sommes ensuite engagés dans un passage étroit et nous sommes arrêtés aux trois quarts du chemin. Nous sommes sortis du taxi dans le noir le plus complet pour nous retrouver face à une porte immense. Nous avons sonné et, lorsque la porte s'est ouverte, nous avons traversé une petite cour pour rejoindre un escalier. Toujours dans le noir, à l'exception de la lumière émise par les trois ou quatre allumettes dont se servait mon père pour éclairer le chemin, nous sommes montés au premier étage. Lorsque nous sommes entrés dans l'appartement de tante Léa, je n'en ai pas cru mes yeux : la pauvreté absolue ! Ma tante a allumé une lampe à gaz miniature suspendue au plafond qui ne diffusait qu'une lumière faible et c'est alors que j'ai vu les deux seules pièces qu'il y avait là : une cuisine et une chambre. Cinq personnes (ma tante, mon oncle et leurs trois enfants, Philippe, Pierre et Luba) vivaient dans les limites de ce petit espace. Il n'y avait pas d'électricité, ni d'évier, ni de salle de bains. Les toilettes, qui se trouvaient sur le palier, servaient à deux appartements qui comptaient un total de onze personnes (le frère de mon oncle vivait dans un deux-pièces semblable de l'autre côté du couloir avec sa femme et ses quatre enfants). Ces toilettes ne comportaient pas de siège, mais uniquement deux emplacements pour les pieds et une chasse actionnée par une chaîne sur laquelle il fallait tirer. Pour avoir de la lumière dans l'appartement, il fallait tirer sur la chaîne métallique qui était attachée à une poignée pendue au plafond. Cette poignée ouvrait le gaz qui s'engouffrait dans un minuscule filet cylindrique blanc qu'il fallait allumer avec une allumette. Pour éteindre, on tirait sur une seconde chaîne de l'autre côté de la partie qui recueillait le gaz. Étant donné qu'il n'y avait pas d'évier, on devait se laver dans une bassine en se servant d'une cruche remplie d'eau prise au robinet situé dans le couloir. Il fallait se rendre aux bains publics pour se doucher. La cuisine contenait un petit poêle à charbon, une vieille table et des chaises d'occasion. Il y avait aussi deux lits pliants en métal. La chambre comportait un lit à deux places, une armoire et un lit pliant supplémentaire.

Habitué que j'étais au mode de vie canadien, à ses équipements et à ses installations sanitaires, quel choc j'ai eu en découvrant des conditions de vie aussi primitives ! Mais il fallait bien que je m'adapte à cette nouvelle situation. Pour notre première nuit à Paris, après avoir appris que mon père était sans le sou, sans abri, sans emploi et toujours sous le coup d'un arrêté d'expulsion parce qu'il était étranger et sans-papiers, nous avons couché à même le sol de la cuisine de tante Léa. Alors qu'il vivait au pays depuis 11 ans, mon père n'avait toujours pas réussi à obtenir de titre de séjour français.

Je repense avec une grande tristesse à cette première nuit désagréable dans le sinistre logement de ma tante. Mon père a fait tout ce qu'il pouvait pour gagner mon affection, nouant et dénouant les lacets de mes bottes comme si je n'étais encore que le petit bébé qu'on lui avait enlevé quelque 10 années auparavant. Mais c'est un garçon de 12 ans qui lui était revenu et j'étais quelque peu gêné de voir quelqu'un m'aider ainsi à me déchausser.

Le lendemain matin, j'ai eu froid jusqu'à ce que ma tante mette le poêle en route. J'ai pris mon premier petit déjeuner français, qui se résumait à du café, servi dans un bol comme le veut la tradition, accompagné d'un seul morceau de pain qu'on appelait le *fendu*, car la miche était partagée en deux par une entaille. Ce repas m'avait laissé sur ma faim. Plusieurs jours plus tard, j'ai découvert un autre type de pain français, le *fantaisie*. Ce pain croustillant est devenu mon préféré pour le petit déjeuner, mais ma tante nous servait plus souvent le fendu, avec un peu de beurre, car il était moins cher que l'autre.

Après notre première nuit avec pour tout matelas le sol inconfortable de la cuisine, ma mère s'est mise en quête d'un logement et a fini par louer une pièce dans un hôtel peu onéreux du 18e arrondissement. Comme dans l'appartement de ma tante, la pièce comportait un lit à deux places, un poêle à charbon qui servait à la fois au chauffage et à la cuisine, un robinet à l'extérieur et des toilettes situées un peu plus loin dans le couloir. C'était donc la première fois en 10 ans que nous vivions enfin ensemble, comme une vraie famille.

Le lendemain de notre emménagement à l'hôtel, on nous a inscrits, Clarice et moi, dans les écoles publiques correspondant à nos âges respectifs. Dans la France de cette époque, les filles et les garçons fréquentaient des écoles séparées. À dire vrai, je n'ai pas beaucoup fréquenté l'école en France – ma scolarité s'est achevée presque aussitôt après mon arrivée. Il y a eu de nombreuses raisons à cela, mais mes difficultés avec la langue française en ont été la cause principale. Dans les écoles canadiennes, j'avais toujours été en classe avec des élèves de mon âge, mais, en France, on m'avait placé avec des enfants qui apprenaient tout juste à lire et à écrire, c'est-à-dire dans une classe qui serait l'équivalent de la 2ᵉ ou de la 3ᵉ année du primaire au Canada. C'était très humiliant pour moi de me retrouver ainsi avec des enfants beaucoup plus jeunes que moi. En outre, j'étais la risée de nombreux autres élèves.

Mon propre instituteur me couvrait de ridicule. Il semblait tirer satisfaction des coups qu'il m'assénait sur les phalanges à l'aide d'une longue baguette pointue et ce, pour les raisons les plus futiles. Il me hurlait dessus, parfaitement conscient que je ne comprenais pas un traître mot de ce qu'il me disait, tout en exagérant la sonorité étrangère de mon nom juif qu'il criait bien fort : « Bornstein ! Bornstein ! » Les autres enfants éclataient de rire lorsque je ne répondais pas. L'instituteur s'approchait alors de mon pupitre en me regardant avec un grand sourire et me tapait sur les doigts à plusieurs reprises avec sa baguette. Je ne suis pas convaincu qu'il agissait ainsi par antisémitisme, mais une chose est sûre, il ne me témoignait aucune compassion.

Ma sœur a eu une tout autre expérience de l'école. Elle avait la chance d'avoir été placée dans une classe où l'institutrice la traitait avec le plus grand respect et la plus grande gentillesse. Elle allait même plus loin, prenant la peine de traduire en anglais ce qu'elle disait, mot à mot, pour aider Clarice à apprendre le français. Or, non content de me donner régulièrement des coups sur les phalanges pour me punir, mon cher instituteur m'obligeait aussi à rester les mains sur la tête pendant une demi-heure. Et, pour aggraver un peu plus encore l'humiliation, je me retrouvais tout seul, dans l'incapacité de communiquer avec quiconque, alors que les autres enfants étaient autorisés à sortir pour la récréation.

J'avais d'autant plus le mal du pays que je devais affronter tout cela. Qui plus est, notre situation se détériorait à mesure que passaient les mois sans que mon père n'ait la moindre perspective d'embauche. Nous avions rapidement épuisé les 75 dollars que ma mère avait rapportés du Canada. Cela avait suffi à payer le gîte et le couvert, mais nous allions bientôt nous trouver à court d'argent. Il nous est bientôt resté à peine de quoi tenir deux semaines. Mon père avait beau essayer tous les jours de trouver du travail, aucun des propriétaires de manufactures qu'il connaissait n'était disposé à prendre le risque de l'embaucher sans autorisation de travail ou titre de séjour. Quant à ma mère, elle avait certes un titre de séjour, mais pas de permis de travail. Elle avait donc interdiction d'occuper un emploi.

Deux semaines plus tard, de désespoir, ma mère s'est tournée vers Pola, sa sœur aînée. Tante Pola, qui s'en sortait à peine en travaillant comme couturière, avait néanmoins offert ses derniers francs à ma mère. Pour paraphraser un dicton yiddish (« *Zie hot gehat a hartz fin gold, undt kenner hot nisht geken shtarben far ihr cent* »), elle avait un cœur d'or et personne ne mourrait faute d'avoir profité de son argent. Il était bien entendu hors de question que ma mère accepte les derniers francs de Pola, si bien que cette dernière lui avait suggéré de contacter une œuvre de bienfaisance juive. Elle se refusait toujours à solliciter la charité, mais il ne semblait pas y avoir d'autre solution. C'est ainsi que l'organisme juif auquel ma mère a fait appel nous a aidés à déménager dans un grand refuge pour familles juives indigentes. La résidence, connue sous le nom d'*asile*, fournissait des lits dans des dortoirs, trois repas par jour dans une immense salle à manger, et des vêtements.

Nous étions alors au début des actions perpétrées par les nazis à l'encontre des Juifs en Allemagne si bien qu'il y avait un exode de ressortissants allemands, dont certains avaient trouvé refuge en France et s'étaient retrouvés à l'*asile*. Un nombre considérable de réfugiés juifs allemands dans le besoin vivaient donc là, tandis que la HICEM (acronyme correspondant à trois organismes d'aide aux immigrants, parmi lesquelles l'Association pour la colonisation juive) cherchait des pays prêts à les accueillir. La plupart de ces réfugiés juifs allemands n'étaient pas autorisés à s'installer définitivement en France et encore moins à y travailler ou à y pratiquer leur métier. En ces temps difficiles, les années 1930, la HICEM avait bien du mal à obtenir des visas d'immigration pour les réfugiés juifs. Les Juifs étaient bannis de nombreux pays et seuls quelques autres les acceptaient encore.

Faute de place, il a fallu attendre une semaine avant d'emménager à l'asile. Pendant ce temps, les représentants de la HICEM nous ont donné de l'argent pour acheter de la nourriture, mais nous nous en sommes servis pour payer notre loyer. Nous n'avions plus que quelques pommes de terre et un peu de riz à la maison, si bien qu'au bout du troisième jour, nous n'avions plus ni vivres, ni argent. Mes parents ont donc décidé de déposer l'alliance en argent de ma mère au mont-de-piété. Cependant, elle n'en a obtenu que le quart de sa valeur. Je n'avais jamais connu la faim. J'avais l'eau à la bouche et mon estomac grondait chaque fois que je passais devant une *boulangerie* ou une *pâtisserie* qui proposaient des pains délicieux et des gâteaux. Ce qui me manquait par-dessus tout, c'était le pain *fantaisie*, celui à la texture croustillante et de forme allongée. En pareils moments, le Canada me manquait tellement que je tentais de me convaincre qu'il ne s'agissait que d'un cauchemar et que le lendemain, je me réveillerais chez moi, à Winnipeg. Je voyais s'éloigner ma vie au Canada et je sentais que je n'allais jamais plus la retrouver.

Jeune apprenti

J'ai eu du mal à trouver le sommeil lors de notre dernière nuit à l'hôtel. Je me demandais à quoi ressemblerait notre nouveau gîte. La réponse ne s'est pas fait attendre : le lendemain, nous avons rassemblé nos affaires et sommes allés directement à l'asile. En arrivant, nous nous sommes retrouvés au pied de deux bâtiments ceints par un haut mur de briques. Le premier immeuble comportait trois ou quatre étages. Il accueillait des bureaux ainsi qu'un grand hall aux usages variés au rez-de-chaussée, et des dortoirs aux étages supérieurs. La cuisine, ainsi qu'une salle à manger immense, se trouvaient dans le bâtiment voisin, plus petit que le premier.

On nous proposait quelques cours à l'asile. Il s'agissait surtout d'enseigner le français aux enfants, étant donné que la plupart d'entre nous venaient d'arriver. J'allais donc enfin pouvoir apprendre cette langue, sans humiliations ni coups de fouet, grâce à un enseignant juif qui traduisait chaque mot en yiddish ou en allemand. Quel contraste avec mon cruel instituteur de l'école publique ! Il n'était pas rare de se faire traiter de « *sale Juif* » en France à cette époque et on nous lançait régulièrement des remarques bien plus désobligeantes encore. Il n'était pas inhabituel non plus de voir des slogans antisémites sur les murs de Paris, comme « *Mort aux Juifs* » et « *Sales youpins* », et tout un tas d'autres commentaires virulents comme « Sales Juifs, partez de notre pays », « Les Juifs prennent le travail des Français » ou encore « La plupart des 200 familles les plus riches de France sont juives ». L'antisémitisme était omniprésent dans les années 1930 et les Juifs étrangers se trouvaient en première ligne. Bien entendu, tous les Français n'étaient pas antisémites. J'ai eu l'immense plaisir d'en fréquenter bon nombre qui se montraient accueillants et courtois envers tout le monde.

En fin de compte, nous avons élu domicile à l'asile pendant les neuf mois qui ont suivi. Nos journées étaient fort routinières. Il fallait suivre les règles strictes qui régissaient l'heure du lever le matin, celle de nos repas et celle de l'extinction des feux. Il y avait cependant un flux continu de visages nouveaux et je me suis rapidement fait des amis parmi les réfugiés. Je me suis notamment lié d'amitié avec une fille de mon âge qui venait d'Allemagne. Elle avait un frère et une sœur plus jeunes. Juifs allemands, ils avaient dû fuir leur pays, laissant derrière eux la plupart de leurs biens, y compris une somptueuse maison. Ils venaient d'un milieu riche (le père était architecte), mais les nazis leur avaient laissé juste assez d'argent pour quitter le pays. Notre amitié a duré environ six mois. Elle me parlait en allemand et je lui répondais en yiddish. Hélas, elle m'a annoncé un beau jour que la H I C E M leur avait obtenu un visa d'émigration pour Montevideo, en Uruguay. J'étais très déçu de perdre une aussi bonne amie, mais je me souviens qu'elle m'avait donné un baiser sur la joue, mon premier baiser. Malheureusement, je ne me souviens plus de son nom.

Je me suis également lié d'amitié avec un certain nombre de garçons, dont l'un d'eux avait à peu près mon âge. Il m'a montré comment me faire un peu d'argent en achetant des paquets de cigarettes pour les revendre à l'unité aux résidents de l'asile. Cela a été ma première leçon de commerce et je ne devais pas tarder à prendre mon autonomie. Je n'avais pas d'argent pour acheter le premier paquet, mais j'ai réussi à convaincre mon père de me donner l'un des siens, en lui promettant que je le remplacerais. Il ne m'a pas fallu longtemps pour devenir expert dans la vente de cigarettes et j'ai même étendu le champ de mes activités aux tablettes de chocolat. Ma nouvelle entreprise a généré quelque profit, ce qui m'a permis de nous offrir de temps en temps, à ma sœur et à moi-même, une tablette de chocolat ou des bonbons, et même de fournir une cigarette ou deux à mon père lorsqu'il avait épuisé l'argent gagné grâce à l'un de ses rares emplois à temps partiel.

Au fil des mois, ma mère s'est peu à peu rendu compte qu'en nous emmenant en France, elle nous avait placés tous les trois dans une situation précaire et qu'il fallait qu'elle trouve de toute urgence une solution à nos problèmes. Sachant qu'un certain nombre de réfugiés avaient pu obtenir des visas pour l'Amérique du Sud grâce à la HICEM, elle avait décidé de solliciter l'aide de cette organisation. Compte tenu de notre extrême pauvreté, de la menace d'expulsion qui planait toujours sur la tête de mon père et de son incapacité à gagner sa vie en France, les employés de l'organisme ont accepté de faire tout leur possible pour nous aider. Ils nous ont expliqué toutefois combien il était difficile d'obtenir des visas pour les travailleurs non qualifiés et leur famille. Les tailleurs se trouvaient notamment tout au bas de la liste des immigrants qu'on souhaitait accueillir.

À mesure que le temps passait, nous avons commencé à perdre espoir. Vers la fin de l'été 1934, les employés de la HICEM nous ont en effet informés qu'il devenait presque impossible d'obtenir des visas pour quelque pays que ce soit, car la plupart pratiquaient désormais la politique de la porte close vis-à-vis des Juifs. Cela ne signifiait pas forcément qu'ils ne parviendraient pas un jour à nous envoyer quelque part, mais il ne se passerait rien avant un bon moment – il nous faudrait peut-être même attendre plusieurs années. Nous avions donc pour objectif premier de quitter l'asile et de nous installer ailleurs pour vivre de nouveau en famille. Il n'y avait aucune intimité à l'asile, et nous commencions à déprimer peu à peu. Devenus assistés, nous avions l'impression de n'avoir plus aucun but dans la vie, plus aucun défi à relever. Il n'y avait qu'une façon de mener à bien le projet de nous réinstaller ailleurs : il fallait que mon père trouve un emploi à plein temps. Par chance, quelques semaines après avoir pris la décision de quitter l'asile, mon père s'était vu proposer non pas un, mais deux emplois. L'industrie du vêtement féminin reprenait pour la nouvelle saison et deux manufactures avaient besoin de ses services quatre ou cinq heures par jour. Ceci signifiait que mon père serait employé à plein temps pendant toute la durée de la saison. Même si ces emplois ne devaient pas durer plus de 8 à 12 semaines, il serait en mesure de gagner assez pour assurer notre subsistance pendant la morte-saison.

En attendant que nos projets prennent enfin forme, il fallait que ma famille se préoccupe d'un autre problème : j'allais en effet avoir 13 ans dans 3 mois et il était temps de préparer ma *bar mitsvah*. Comme nous n'appartenions à aucune congrégation, nous ne connaissions aucun rabbin qui puisse me préparer pour cet événement capital. Ma mère a donc demandé conseil à la direction de l'asile qui s'est arrangée pour nous obtenir l'aide de l'une de leurs bienfaitrices. Il s'agissait d'une vieille dame juive très pratiquante du nom de Mme Bleustein. Je crois qu'elle appartenait à la famille propriétaire de l'immense conglomérat Lévitan, spécialisé dans la vente de meubles. Cette femme extrêmement orthodoxe s'était engagée à ce qu'aucun garçon juif ne soit privé de *bar mitsvah* en raison du manque de moyens de ses parents. Lorsque nous avons rencontré Mme Bleustein, elle s'est montrée très chaleureuse et nous a immédiatement mis à l'aise. Elle en est venue directement au fait, nous informant qu'elle se débrouillerait pour qu'un rabbin commence tout de suite à me donner des cours particuliers et, une fois cet apprentissage terminé, il célébrerait la cérémonie dans la synagogue à laquelle elle appartenait. À notre surprise, elle nous a également invités à venir dîner dans sa maison luxueuse après la cérémonie. Après un repas en tout point agréable, elle m'a offert un cadeau des plus remarquables : un *tallit*, des *tefillin* et un *siddour*. Qui plus est, elle a remis un billet de 100 francs à ma mère. La générosité de Mme Bleustein ne s'est pas arrêtée là : outre la *bar mitsvah* mémorable à laquelle j'ai eu droit, elle a dit à ma mère de ne pas hésiter à faire appel à elle si jamais elle rencontrait des difficultés financières pour emménager dans notre propre appartement.

L'asile se trouvait à Montmartre, si bien qu'il nous était plus simple de chercher un endroit où loger dans cet arrondissement, d'autant que mes tantes Pola et Léa n'habitaient pas loin non plus. Mes parents ont fini par trouver un studio à un prix abordable. Il se trouvait au quatrième étage d'un vieil immeuble délabré, sans eau courante ni toilettes. Les seules toilettes disponibles, partagées par plusieurs autres locataires, se trouvaient au cinquième étage : elles étaient dépourvues de siège et il fallait donc se soulager debout. Il fallait également tirer l'eau d'un robinet situé sur le palier. Notre appartement était rectangulaire, plutôt petit, et comportait pour tout ameublement une table et quatre chaises, un poêle à charbon et deux lits pliants en métal, chacun pour une seule personne. Ma mère et mon père dormaient sur un matelas posé à même le sol. La seule source d'éclairage était une lampe à pétrole et nous nous lavions dans un lavabo en émail. Nous vidions l'eau sale dans un seau dont nous déversions ensuite le contenu dans les toilettes du cinquième étage.

Loin de s'améliorer, notre situation n'avait fait qu'empirer : deux enfants en pleine croissance, l'un de 13 ans et l'autre de 10, se retrouvaient à partager un studio avec deux adultes, sans la moindre intimité. Mon père était un gros fumeur, ce qui rendait la situation encore plus difficile. En choisissant des conditions de vie aussi sinistres, je ne peux que supposer que ma mère voyait là un arrangement temporaire, un marchepied, en attendant d'avoir les moyens de mieux nous loger. Mais, jeune adolescent sensible, je ne voulais pas que mes amis voient cette abominable pauvreté qui me plongeait dans l'embarras et qu'ils racontent à leurs parents quel espace épouvantable nous partagions tous les quatre.

En réalité, nous n'avions pas grand choix. Cela faisait déjà deux semaines que mon père travaillait régulièrement et nous étions dans l'obligation de quitter l'asile pour laisser la place à d'autres gens démunis. Il ne nous a fallu que quelques jours pour quitter les lieux et emménager dans notre nouvel appartement. Nous avons acheté quelques petites choses dont nous avions encore besoin, comme des meubles d'occasion, des casseroles et de la vaisselle. Bon nombre d'objets nous ont par ailleurs été fournis grâce à la générosité de Mme Bleustein.

Notre nouvelle adresse parisienne était le 11, passage Kracher, dans le 18e arrondissement, à Montmartre. Presque aussitôt après avoir déménagé, je me suis disputé avec ma mère, car je ne voulais plus aller à l'école. Au vu de mes expériences passées, je refusais d'y retourner pour être tourné en ridicule une fois de plus. Je lui ai dit qu'au lieu de cela, je voulais être placé en apprentissage pour acquérir un métier, même si, à 13 ans, j'étais encore trop jeune et sans permis de travail. Il aurait été plus simple de retourner à l'école, mais je restais inflexible. Lorsque ma mère a enfin compris que je répugnais à la seule idée de me retrouver en classe avec des plus jeunes que moi et de devenir la risée des autres élèves, elle a accepté de respecter mon souhait.

À l'occasion de l'une de nos fréquentes visites chez tante Pola, ma mère lui a fait part de mon désir de travailler. Il y avait parmi les amis de tante Pola un couple qui résidait depuis longtemps en France. Le mari, qu'elle surnommait en plaisantant « le *balagula* » (celui qui conduit un chariot tiré par des chevaux, car tel était son métier lorsqu'il vivait encore en Russie), était fournisseur de gilets dans le prêt-à-porter masculin. La plupart de ces fournisseurs de troisième ordre travaillaient à domicile, transformant la plus grande pièce de leur appartement en atelier. Chaque tailleur, qu'il s'agisse de confection masculine ou féminine, avait ses propres clients, à savoir un ou plusieurs grands magasins, et parfois de petits détaillants. Chaque nouvelle saison, les fournisseurs contactaient leurs clients qui préparaient à leur tour des rouleaux de tissu selon différents styles que l'on coupait et préparait pour que les fournisseurs n'aient plus qu'à les assembler pour en faire des vêtements complets. Les tailleurs emportaient les pièces chez eux, les montaient, puis rapportaient les vêtements terminés à leurs clients respectifs par taxi. Les prix étaient fixés à la fois par rapport à la production et selon un taux fixe correspondant à chaque style de vêtement. Dans l'ensemble, la plupart des tailleurs gagnaient bien leur vie, en fonction de la longueur de la saison.

Tante Pola a donc parlé à l'un de ses amis fabricants de gilets pour qu'il m'embauche et il lui a répondu qu'il serait ravi de l'aider, mais qu'il fallait d'abord qu'il en discute avec son gendre. Sa fille, qui était née en France, venait d'épouser un jeune Juif polonais du nom de Bernard Kujawski, récemment immigré de Pologne et proche de la trentaine. Il était tailleur et se spécialisait dans la production de masse. M. Kujawski avait épousé la fille du *balagula* et ce dernier lui avait cédé son affaire. Arrivé depuis peu en France, tout comme moi, M. Kujawski ne détenait pas de permis de travail, mais il avait changé de statut en se mariant avec une citoyenne française, obtenant du coup un permis de résidence qui l'autorisait à diriger une entreprise en France. M. Kujawski et sa femme louaient un assez grand appartement au 19, rue Labat, avec pour objectif d'installer un atelier dans la pièce de devant. Comme il l'avait promis, le *balagula* a rapidement repris contact avec tante Pola pour lui annoncer la bonne nouvelle : son gendre avait accepté de m'embaucher comme apprenti. C'est ainsi que j'ai décroché mon premier emploi à 13 ans, un âge bien jeune pour travailler.

Plusieurs semaines après, tante Pola m'a informé qu'elle avait organisé un rendez-vous avec le *balagula*. Au début, notre rencontre s'est déroulée de façon assez déroutante car cet homme était extrêmement drôle et nous a beaucoup fait rire, ma tante et moi. Il a fallu un certain temps avant qu'il ne se mette à nous parler plus sérieusement. Il m'a alors annoncé que j'étais censé rencontrer son gendre le lendemain pour discuter de mon apprentissage. J'étais euphorique à l'idée de commencer mon tout premier travail. Mais c'est tante Pola qu'il fallait remercier. Sans elle, tout cela ne serait pas arrivé. Je lui en saurai toujours gré. Ma mère lui en était également très reconnaissante et elle en était venue à la conclusion que le travail me remonterait le moral et me donnerait une occupation.

Comptant faire bonne impression à mon premier employeur, je suis arrivé pile à l'heure dite pour rencontrer M. Kujawski, qui m'a accueilli dans son appartement en me saluant d'une poignée de main chaleureuse et avec un grand sourire. Il s'est adressé à moi en yiddish car, tout comme moi, il ne connaissait qu'un peu de français. Il mesurait environ 1,75 m et avait le port athlétique, les cheveux châtain clair et le teint pâle. Il était amical et intelligent et je l'ai tout de suite apprécié. Pendant notre entretien, il m'a expliqué comment fonctionnait l'apprentissage du temps où il était en Pologne : on pouvait demander à un apprenti d'exécuter toutes sortes de tâches, y compris balayer le sol. Après un certain nombre d'années de formation, on pouvait accéder au statut de tailleur qualifié, mais, avant d'atteindre ce statut, l'apprenti ne percevait aucun salaire. En réalité, l'apprenti payait pour avoir le privilège d'apprendre un métier. Quoi qu'il en soit, M. Kujawski connaissait notre situation. Il avait donc accéléré le processus de formation de façon à pouvoir trouver lui aussi quelque bénéfice à m'accorder une allocation hebdomadaire. Il faudrait toutefois au moins six mois avant que je ne sois suffisamment qualifié pour pouvoir prétendre à une rémunération. Mais M. Kujawski était si persuasif et si rassurant qu'il m'avait complètement convaincu et c'est donc bien volontiers que j'ai consenti à commencer mon travail la semaine suivante.

Dès le premier jour, j'ai entendu tout un tas d'expressions juives polonaises très drôles que j'ignorais totalement. Mon lieu de travail était une vraie mine d'or sur le plan de la culture yiddish. On y entonnait des chansons avec tant de cœur que j'en avais les larmes aux yeux. Ces histoires yiddish et ces expressions rigolotes me réconfortaient tout en contribuant à ma connaissance de la vie juive. Je dois beaucoup à Kujawski et à ses ouvriers juifs polonais pour avoir adouci une période de ma vie marquée par tant de misère, de douleur et de frustration.

Ma première journée de travail n'a rien eu à voir avec ce que j'avais imaginé. Les tâches subalternes qui m'étaient confiées étaient ennuyeuses et répétitives. Il me fallait frotter les rubans cousus sur les bordures du gilet avec un gros pain de savon noir pour raidir le tissu. Je devais aussi repasser les coutures des gilets avec un fer automatique qui fonctionnait au gaz. Le réceptacle du fer à repasser devait mesurer entre 5 et 10 centimètres de profondeur. Une lame de métal affleurait en son centre, si bien que lorsque l'on reposait le fer dans son réceptacle, aplatissant la lame, la flamme de la veilleuse s'intensifiait alors et réchauffait la plaque. Comme je mesurais à peine 1,70 m et que j'étais très mince, la manipulation d'un fer qui pesait entre 11 et 13 kilos n'avait rien de facile, d'autant plus que le repassage durait environ 4 heures d'affilée. À la faveur de cet environnement joyeux, je ne me rappelle pas avoir trouvé ce travail trop difficile malgré tout. Chaque jour, je découvrais et j'intégrais quelque chose de différent. Pendant presque toute mon enfance, je n'avais connu que la culture juive occidentale, c'était donc une véritable révélation que d'apprendre toutes ces choses à propos de mes racines juives d'Europe de l'Est.

Contrairement à ce que nous espérions, mon père n'a pas gardé son travail très longtemps. Après une inspection de sa manufacture par la police, l'un de ses patrons a dû le licencier. Quant à son second emploi, la saison n'a duré que 10 semaines, nous laissant à peine assez d'argent pour tenir un seul mois. Or, pour l'heure, il ne fallait certainement pas compter sur quelque contribution financière que ce soit de ma part, mais l'avenir semblait prometteur : Kujawski avait l'intention de me mettre à la machine à coudre au bout de six mois. Une fois que j'aurais la maîtrise de ces opérations, il commencerait à me verser une allocation hebdomadaire. Mais il faudrait que je travaille encore au moins un an et demi pour décrocher ma qualification et percevoir ainsi un salaire raisonnable. Étant donné notre situation, autant dire une éternité.

Nouvelle série de hauts et de bas

La première année où j'ai habité au 11, passage Karcher, alors que je ne parlais pas encore couramment le français, j'ai mené une existence très solitaire. J'ai écrit une lettre à tante Sadie lui décrivant notre extrême pauvreté, combien je me sentais seul et combien mes anciens camarades me manquaient. Je la suppliais de nous aider à rentrer chez nous. Il était toutefois futile d'en appeler à sa conscience. Tante Sadie n'avait même pas eu la politesse la plus élémentaire consistant à répondre. Elle nous écrivait, bien sûr, nous envoyant de temps en temps un mandat de 5 ou 10 dollars, mais jamais elle ne mentionnait la supplique désespérée que je lui avais adressée.

Quelque temps plus tard, j'ai rencontré un jeune Juif du nom d'Henri Bruckner avec lequel je me suis lié d'une amitié durable. Nous avons fait connaissance au patronage, une œuvre de bienfaisance juive qui rassemblait les enfants juifs tous les jeudis (dont l'après-midi était férié dans les écoles françaises) pour qu'ils se fassent de nouveaux amis, jouent et bricolent ensemble. On nous donnait aussi à goûter. Les parents d'Henri étaient des immigrés juifs polonais et son père taillait des vêtements pour hommes sur mesure. Leur famille comptait cinq enfants et même s'ils étaient pauvres au regard de la norme française, ils étaient mieux lotis que nous. Ils vivaient dans un trois-pièces, dont la plus vaste servait à la fois de chambre pour mon ami et d'atelier. Ils se trouvaient dans une meilleure situation que nous, car trois de leurs enfants étaient nés à Paris, ce qui donnait automatiquement droit à un permis de travail à leur père. Henri avait quitté l'école à l'âge de 14 ans par la force des choses et travaillait avec son père comme apprenti tailleur.

C'était l'été 1935 et, mon père étant au chômage depuis trois mois, nous n'avions plus les moyens de subvenir à nos besoins, plus un seul sou pour acheter de quoi manger. Plusieurs semaines durant, nous avions dîné avec du pain, du beurre et du café, mais cela faisait déjà deux soirs qu'il n'y avait plus que du café et du pain sans beurre. Désormais, notre garde-manger était complètement vide. Il ne nous restait plus que du café et nous sommes tous allés au lit tenaillés par la faim. Tante Pola a suggéré que nous nous adressions à un centre d'assistance sociale juif situé rue des Rosiers, dans le 4ᵉ arrondissement. Tous les trois mois, on y remettait aux familles juives un paquet de nourriture et 60 francs en argent liquide.

Le centre se trouvait très loin de là où nous habitions. Or, nous n'avions pas de quoi prendre le métro et c'est pourquoi mes parents avaient dû se lever tôt ce matin-là pour s'y rendre à pied. Au moins, ils ne rentreraient pas de la même façon car ils auraient touché leur allocation. Ces 60 francs devaient leur permettre, au mieux, de nous nourrir pendant deux semaines. Comme si cela ne suffisait pas, nous avons également subi une infestation de grosses punaises brunes qui nous empêchaient de passer une bonne nuit de sommeil. Il n'y avait qu'un seul remède à cela : fumiger notre studio, même si cela n'apportait qu'un soulagement temporaire.

Mon père commençait à donner des signes de nervosité, dépassé qu'il était par son nouveau rôle de gagne-pain pour une famille de quatre personnes. Dix ans de séparation ne l'avaient pas préparé à une telle responsabilité et ce long intervalle passé dans la solitude avait contribué à fragiliser son état psychologique, d'où ses nombreuses crises de violence. Ma mère ne comprenait pas que les années de solitude aient pu lui causer de tels troubles mentaux, le poussant à agir de manière irrationnelle, ce qui était source de tensions, de disputes amères et de terribles affrontements physiques. Pendant toutes les années que j'ai passées à Paris, ce sont les incessantes disputes de mes parents qui m'ont le plus profondément affecté. J'en ressortais épuisé, perdu, effrayé et bouleversé. Pour un enfant, il n'y a pas de spectacle plus douloureux que de voir ses parents échanger des coups violents.

Au fil du temps, la santé mentale de mon père a empiré et ses crises sont devenues plus fréquentes. Parfois, l'agitation était telle que j'ai commencé à souffrir de graves symptômes d'anxiété et à lui en vouloir vraiment. Je refusais même de l'appeler Papa et notre relation est devenue très froide et distante. Si j'avais besoin de quelque chose de sa part, je le lui faisais savoir par ma mère.

~

J'avais été mis à pied pendant huit semaines durant l'été 1935, mais, lorsque la saison reprendrait, M. Kujawski devait commencer à m'apprendre à me servir de la machine à coudre. En attendant, rien n'était venu améliorer notre situation et nos conditions de vie étaient encore pires qu'avant. Nous n'avions toujours pas assez à manger, alors que ma mère avait troqué tous les objets de valeur qu'elle possédait. Nous allions souvent nous coucher le ventre vide, après avoir à peine, voire pas du tout dîné, tandis que ma mère nous cédait toujours sa propre ration de pain.

Quand je songe à ces jours terribles, je ne cesse de m'étonner de la manière dont on apprend à vivre avec la faim au ventre, comme s'il s'agissait d'un état naturel. On sauterait sur la moindre occasion de manger si de la nourriture nous était présentée, mais lorsque l'on n'a pas le choix, on acquiert une sorte de discipline qui permet de réprimer cette sensation.

Mon père était au chômage depuis si longtemps qu'il avait pris la décision de tenter quelque chose de différent. Toujours dans l'illégalité, car il n'avait pas de permis de travail, il voulait tout de même tenter sa chance dans la revente, achetant des bouts de fer-raille et d'autres métaux pour les vendre au poids à toute une série de grossistes. Son premier problème, cependant, c'était qu'il n'avait pas d'argent pour commencer. Il avait placé ses espoirs dans notre prochaine allocation de 60 francs attribuée par le centre d'assis-tance sociale pour lui mettre le pied à l'étrier. Tout ce dont il avait besoin pour démarrer, c'était d'une brouette et d'une zone pro-metteuse. Les revendeurs sonnaient à la porte d'entrée de chacun des bâtiments de la rue de prédilection pour avoir accès à la cour et être reçus par le concierge. Une fois à l'intérieur, la coutume voulait que l'on crie : « Chiffonnier ! Ferrailleur ! » dans l'espoir d'attirer l'attention des résidents des nombreux appartements. Depuis leur fenêtre, ces derniers répondaient à l'appel pour lui vendre ce dont ils voulaient se débarrasser.

Si mon père se faisait prendre, c'était la catastrophe assurée – la police l'arrêterait et l'escorterait jusqu'à la frontière dans les 24 heures. Mais c'était ça ou bien mourir de faim. Or, dans notre situation désespérée, il avait opté pour la première solution. Faute d'avoir les moyens de s'acheter une brouette, mon père se servait d'un sac pour ramasser ses achats. Il transportait cette lourde charge sur son dos.

Pendant ce temps-là, ma mère cherchait elle aussi du travail en tant que finisseuse de fourrures. Certains détaillants avaient répondu par la positive et lui avaient demandé de revenir lorsque reprendrait la saison. Malheureusement, ce moment était encore loin et ces offres d'emploi ne nous aidaient en rien dans l'immédiat.

Lorsque la saison a enfin recommencé, je n'étais pas mécontent de reprendre le travail. Cela signifiait surtout que j'allais me retrou-ver en bonne compagnie, à profiter des blagues et des pitreries de mon patron. Je pouvais passer des heures dans cette atmosphère normale, remplie de rires et de franche camaraderie, loin de ma vie misérable à la maison. Qui plus est, à force de travailler là-bas, je parlais maintenant le yiddish presque aussi couramment que l'an-

glais. De plus, Kujawski m'avait dit que mon travail s'était tellement amélioré qu'il pensait sérieusement à me salarier dès la saison
suivante. Ivre de joie en entendant cette nouvelle, j'étais très impatient de rentrer à la maison pour l'annoncer à mes parents. J'allais
bientôt être en mesure de contribuer au revenu familial.

Cela faisait près d'une année que j'avais commencé à travailler et, la fin de la saison approchant, je me réjouissais à l'idée de
gagner un salaire dès la reprise. J'allais enfin être en mesure de me
payer un spectacle une fois par semaine, d'aller voir des attractions
comme le cirque ou les fêtes de plein air et de jouer de temps en
temps au billard ou à la belote. Comme mes amis, j'aurais aussi un
peu d'argent de poche. Un monde nouveau allait s'ouvrir à moi,
ce qui me permettrait d'échapper aux tensions qui étaient quotidiennes à la maison. Cela faisait près de deux ans que je me trouvais en France et j'avais acquis une bonne maîtrise du français, sans
même un soupçon d'accent. Voilà qui multipliait les occasions de
lier de nouvelles amitiés.

Au fil des semaines, mon père a continué à travailler comme
brocanteur. Chaque soir, il rentrait à la maison épuisé, trempé de
sueur après avoir transporté ces lourdes charges sur son dos, du
moins les jours où il avait eu la chance d'avoir quelques clients. Son
travail nous a maintenus à flot pendant quelque temps jusqu'à ce
qu'il épuise ses fonds et ne puisse plus rien acheter. Le problème
était le suivant : il n'avait jamais assez d'argent pour pouvoir acheter les plus gros lots qui lui étaient proposés, pas plus qu'il n'avait
les moyens de les transporter. Les gains obtenus grâce aux lots plus
petits étaient inférieurs à nos besoins et c'est ainsi que nous avions
peu à peu dépensé tout notre argent.

Heureusement, l'un des détaillants en fourrures était désormais
prêt à donner du travail à ma mère comme finisseuse de manteaux,
qu'il s'agisse de pièces neuves ou retravaillées. Elle devait effectuer
le travail chez elle, car le propriétaire du magasin ne voulait pas
prendre le risque de perdre sa licence en embauchant quelqu'un qui

n'avait pas de permis de travail. Ce commerçant-là s'est révélé être quelqu'un de bien et de droit qui n'a jamais exploité ma mère en profitant de la situation. Tout au contraire, il lui a proposé le tarif habituel, voire plus à de nombreuses occasions. Je me souviens de ma mère travaillant toute la nuit, sans autre éclairage qu'une lampe à pétrole, se dépêchant de répondre aux engagements que son employeur avait pris envers ses clients.

Lorsque mon père a finalement dû abandonner son entreprise de ferraille, ni lui ni moi n'avions eu de travail des mois durant et j'attendais donc avec impatience le début de la saison 1936. Pendant ce temps, nous faisions tout notre possible pour aider ma mère en récupérant et en livrant son ouvrage. Nous menions une vie hasardeuse, mais nous n'avions guère le choix. Nous étions heureux d'accepter tout ce qui permettrait d'assurer notre subsistance. Nous voulions éviter l'embarras d'un recours à la charité publique dans la mesure du possible. Ma mère avait travaillé fébrilement et sans relâche pendant deux mois entiers, jusqu'à la fin de la saison, sans jamais se plaindre ni nous dire à quel point elle était surmenée. Pour la première fois, l'horizon semblait s'éclaircir : notre cycle malchanceux allait prendre fin. Nous avions goûté à la joie de prendre trois vrais repas par jour pendant les trois derniers mois et la vie n'en était que plus belle pour nous tous. J'étais moi aussi reparti au travail et je gagnais depuis un salaire hebdomadaire de 75 francs, sur lesquels je percevais une allocation de 10 francs par semaine.

Ma mère m'avait promis que je pourrais m'acheter un vélo dès que nous en aurions les moyens et, comme notre situation s'était améliorée, c'était désormais possible. Il était hors de question d'en acheter un neuf, mais on pouvait en trouver d'occasion à un prix très raisonnable aux puces de Saint-Ouen. Après deux mois passés à gagner ainsi ma vie, je me suis acheté un vélo de course léger, orange vif. Il comportait trois vitesses, des roues cerclées de bois, deux freins avant, une pompe, des feux à l'avant et à l'arrière et un porte-gourde. Cette liberté nouvellement acquise qui me permettait de participer à des excursions lointaines avec mes amis m'a procuré un immense plaisir.

C'est à peu près à la même époque, en 1936, que nous avons reçu des nouvelles de tante Jennie à Winnipeg. Quel choc! Mon cher cousin Max était mort de leucémie à l'âge de 19 ans. Ce pauvre Max avait connu une mort terrible et lente. Nous étions tellement attachés l'un à l'autre que, même sur son lit de mort, il avait pensé à moi, faisant promettre à sa mère de m'envoyer toutes ses économies, soit 35 dollars. Quelle tristesse de voir s'interrompre si tôt la vie d'une âme aussi douce et bon enfant! Esprit brillant, il s'apprêtait à entreprendre sa deuxième année d'université dans l'espoir de devenir médecin. Toute une foule de gens avait assisté à ses funérailles et de nombreux étudiants de l'Université du Manitoba avaient été présents. Aimé de tous et de moi en particulier, il conservera toujours une place à part dans mon cœur.

Tante Sadie et oncle Morris, désormais sans enfants, étaient si anéantis par le chagrin que, d'après tante Jennie, ils avaient envisagé de se suicider l'un comme l'autre. Seule consolation: lorsqu'elle avait appris la mort tragique de Max, Tzivia, l'une de leurs cousines qui vivait à New York, leur avait demandé de prendre l'un de ses cinq fils en apprentissage et de lui enseigner le métier de fourreur. David, qui avait à peu près le même âge que Max, était un garçon grand et beau qui avait à peine terminé l'école secondaire et souhaitait vivement apprendre un métier. Il avait fallu du temps pour convaincre tante Sadie et oncle Morris, mais ils avaient fini par accepter le geste bienveillant de Tzivia. David était arrivé peu après à Winnipeg pour habiter chez mon oncle et ma tante et apprendre le travail de la fourrure. Cet arrangement s'était révélé idéal. Pour mon oncle et ma tante, la présence de David dans la famille venait combler un abîme de tristesse. Pour David, c'était une occasion en or de vivre ainsi dans l'opulence avec tous les avantages afférents.

～

Dans les années 1930, étant donné l'ampleur de la pauvreté et du chômage, il n'était pas surprenant de voir la plupart des travailleurs chercher des solutions politiques à leur situation. Le Parti communiste était la seule organisation politique qui paraissait apporter des réponses aux besoins des ouvriers frappés par la pauvreté : il leur promettait des emplois, de bons salaires et des conditions de vie décentes. Les communistes promettaient aussi de fournir des permis de travail aux résidents étrangers, engagement qu'aucun parti n'osait prendre. Qui d'autre que le Parti communiste pouvait faire preuve de compassion envers quelqu'un comme mon père, menacé d'expulsion et à qui on interdisait d'assurer légalement la subsistance de sa famille ? À 15 ans, je ne connaissais pas grand-chose à la politique, mais mon intérêt pour un parti qui montrait de la compassion envers les gens comme nous m'a persuadé d'adhérer aux Jeunesses communistes juives. Je m'y suis fait plusieurs amis dont les parents risquaient également l'expulsion.

Maurice Thorez, à l'époque chef du Parti communiste français, avait souligné à plusieurs reprises qu'il fallait d'urgence venir en aide aux Juifs expulsés de France alors qu'aucun autre pays ne souhaitait les accueillir. Une seule autre formation politique française avait eu le courage ou la décence de lancer un appel pour notre cause : le Parti socialiste que dirigeait Léon Blum. Les seuls liens que j'ai eus avec le communisme se résument à ma brève participation aux Jeunesses communistes, mais je ne regrette nullement de les avoir soutenus à une époque où presque personne d'autre n'avait eu la décence et l'humanité de se soucier de notre calvaire.

Chaque membre des Jeunesses communistes juives devait accomplir des travaux bénévoles. On m'avait confié la tâche de vendre le journal des Jeunesses communistes intitulé *L'Avant-Garde*. Chaque jour, pendant la morte-saison, je me postais au coin de la rue Ordener que l'on m'avait assignée et je criais à tue-tête : « *Demandez, lisez* L'Avant-Garde, *organe central des Jeunesses communistes, organe de défense de tous les travailleurs !* » et j'essayais de vendre autant d'exemplaires que possible. Si la police française m'avait demandé mes papiers, j'aurais sans doute été arrêté au motif que j'étais un étranger indésirable.

Pendant toute cette période, notre vie familiale n'avait cessé d'être ponctuée par de terribles crises. À dire vrai, cela semblait empirer. Il se passait rarement une semaine sans quelque bataille atroce et je n'en pouvais presque plus. Mon père devenait de plus en plus violent si bien que la haine profonde que j'éprouvais pour lui ne cessait de croître. J'aurais voulu qu'il disparaisse de nos vies pour de bon. Ma mère, ce qui était compréhensible, refusait de se soumettre aux accès de colère irrationnels de mon père, mais cela ne faisait qu'aggraver une situation déjà tendue. Elle ressortait de chacune de ces confrontations rouée de coups et couverte d'ecchymoses. C'était terrible ! Ces scènes embarrassantes, dont j'étais le témoin impuissant, me déchiraient les entrailles. Je ne pouvais pas supporter de voir ma pauvre mère se faire brutaliser et j'aurais voulu courir à son secours, mais je n'osais pas intervenir.

Je sais à présent que mon père était un homme très perturbé sur le plan émotionnel. Il avait besoin d'un traitement psychiatrique. Évidemment, il n'avait pas cherché à se faire soigner. Nous ne savions même pas qu'il existait des cures. À l'époque, on n'estimait jamais qu'une personne puisse souffrir de troubles mentaux modérés. Si l'on manifestait des symptômes témoignant d'un comportement irrationnel, on était jugé « anormal » et, le plus souvent, enfermé dans un asile psychiatrique pour le restant de ses jours. En général, mes parents se raccomodaient après l'orage, lorsque mon père implorait le pardon de ma mère, mais il ne s'agissait que d'accalmies temporaires.

～

Une fois la saison terminée, je me suis retrouvé de nouveau sans emploi pendant une longue période, ce qui n'a fait qu'empirer notre situation à la maison. Personne d'autre dans la famille ne travaillait et nous avions juste de quoi tenir pendant deux jours. Sans argent ni nourriture, il avait à nouveau fallu demander l'assistance de plusieurs centres juifs. Le problème, c'est que certaines personnes abusaient de ces centres, ce qui les avait conduits à trier soigneusement les candidats pour éliminer les tricheurs. Voilà qui rendait les choses encore plus difficiles pour les gens qui, comme nous, étaient vraiment dans le besoin et qui devaient prouver la réalité de leur situation. Cela a notamment été le cas lorsque nous nous sommes adressés à un nouvel organisme de bienfaisance qui ne nous connaissait pas. Par chance, le personnel qui avait interrogé ma mère n'avait pas tardé à constater la profondeur de son désespoir. Les préposés l'avaient calmée et lui avaient assuré qu'elle ne rentrerait pas chez elle les mains vides.

Pendant ce temps, certains des amis de mon père l'avaient aidé à se lancer dans une nouvelle entreprise. Il s'agissait de vendre des vestes, des salopettes, des jeans et des pantalons américains aux puces. L'une de ses connaissances, qui était antiquaire au marché, avait accepté de lui céder une petite parcelle de son emplacement, tandis qu'un autre ami lui avait prêté une machine à coudre à pédale (nécessaire pour réparer les vêtements) jusqu'à ce qu'il soit en mesure de s'en acheter une.

Les jeans provenaient tous des États-Unis. Ils avaient été portés, puis jetés par des ouvriers. Un grossiste américain les avait récupérés, les avait fait nettoyer, puis les avait expédiés à l'un de ses clients grossistes à Paris. On acceptait les vêtements, quel que soit leur état, ce qui signifiait qu'il fallait le plus souvent les raccommoder. Le grossiste français faisait teindre les vêtements de leur couleur indigo d'origine, puis les revendait au poids à des détaillants comme mon père. Ce dernier avait acheté sa première cargaison de jeans avec l'argent que lui avait prêté un ami, puis il les avait rapportés à la maison pour effectuer les réparations qui s'imposaient sur sa machine à coudre. Une fois les vêtements prêts, il les transportait jusqu'à son emplacement aux puces.

Cette période a constitué un interlude très positif dans le cours de nos vies, ce qui m'a donné l'occasion rarissime de me rapprocher de mon père, car il m'emmenait tous les jours au marché aux puces pour que je l'aide. Il était si fier de moi le jour où j'ai vendu mon premier jean à un couple d'Algériens ! Pendant que nous travaillions ensemble, il veillait à ce que j'aie assez à manger. C'est pourquoi il m'offrait des crêpes et de la grenadine. Il savait que j'adorais ça. Même s'il avait du mal à exprimer son affection, il parvenait à me faire savoir combien il tenait à moi. Ces jours précieux que nous avions passés ensemble aux puces constituent les seuls moments de ma vie où je me suis senti proche de mon père.

Ce travail présentait néanmoins de nets désavantages. L'importateur de jeans se trouvait souvent à court de stock au moment même où nous avions terriblement besoin de sa marchandise. Ses envois nous parvenaient de manière irrégulière, ce qui rendait notre mode de vie chaotique. En fait, notre commerce de jeans s'est arrêté brusquement après huit semaines seulement, quand les marchandises sont venues à manquer. En fait, il s'était agi d'une autre de ces entreprises éphémères au moyen desquelles mon père s'efforçait de gagner sa vie. Celle-ci avait néanmoins rempli son office pendant un temps : nous avions réussi à accumuler un fonds de réserve qui pourrait nous suffire pendant plus d'un mois, c'est-à-dire presque jusqu'au moment où l'on ferait appel à moi pour la nouvelle saison.

À l'âge de 15 ans, j'avais acquis la maîtrise de mon métier et j'étais devenu un tailleur de vestes qualifié et je gagnais 150 francs par semaine, somme plus que suffisante pour nous nourrir. Toute la famille dépendait désormais de moi seul. Quelle chance que d'avoir réussi à apprendre mon métier encore plus vite que ne l'avait anticipé mon patron ! C'est ce qui m'avait permis de toucher presque le même salaire qu'un adulte.

À présent que je gagnais plus, ma mère avait accepté d'augmenter mon argent de poche à 25 francs par semaine. Nous nous retrouvions le samedi soir, mon ami Henri et moi, ainsi qu'une demi-douzaine d'autres camarades juifs, dans notre café préféré pour jouer au billard et à la belote. Celui qui perdait devait payer toutes les boissons, qu'il s'agisse de café ou de panaché (un mélange de bière et de limonade). Vers 23 h 30, nous quittions le café pour aller au cinéma. En général, nous choisissions les films en fonction de nos acteurs et actrices préférés, avec une préférence pour les comédies musicales, qui faisaient fureur dans les années 1930. Comme nous privilégions les productions américaines, données en version originale avec sous-titres français, j'avais un très net avantage sur mes amis qui ne comprenaient pas un mot d'anglais. À cette époque, les séances comportaient deux longs métrages, avec un dessin animé, les actualités mondiales et un documentaire touristique, si bien qu'il était près de 3 heures du matin lorsque nous sortions du cinéma. Je me souviens avec nostalgie du son de nos voix tandis que nous chantions sur le chemin du retour, à tue-tête et en harmonie. Quelques amis faisaient aussi des claquettes en rythme, s'efforçant d'imiter les grands talents de l'époque.

Nous venions tous de milieux extrêmement pauvres, mais, lorsque nous passions ces heures magiques ensemble, tous nos malheurs s'estompaient et nous nous abandonnions au pur plaisir de ces distractions. Paris était une ville fascinante qui avait beaucoup à offrir. Je chérirai toujours le temps que j'y ai passé en compagnie de mes amis.

~

Lorsque mon père se trouvait sans emploi, il passait son temps dans un café avec ses amis. Un jour que la police française effectuait des descentes dans les quartiers de Paris où ils étaient susceptibles de dénicher des étrangers sans papier, il avait été embarqué contre toute attente. Lors de ces opérations surprises, les policiers circulaient dans des fourgons fermés, s'arrêtant devant certains cafés et demandant à chacun de présenter ses papiers d'identité. En général, tout se déroulait si vite que les gens n'avaient pas le temps de s'échapper. Si quelqu'un se trouvait déjà sous le coup d'un ordre d'expulsion, la police lui donnait 24 heures pour quitter le pays. Dans ce cas précis, mon père et ses amis s'étaient trouvés piégés. Étant donné qu'ils étaient déjà sous le coup d'un arrêté d'expulsion, on les avait mis dans le fourgon pour les emmener à la préfecture de police. Ils avaient été détenus pendant une courte période, puis relâchés avec l'ordre de quitter le territoire dans les 24 heures.

La catastrophe que nous redoutions le plus venait de se produire. Mon père est rentré directement à la maison et nous a raconté ce qui s'était passé. Une fois le premier choc passé, nous avons contacté la HICEM qui nous a pressés de nous rendre à leurs bureaux sans tarder. Puisque mon père figurait encore sur leur liste en tant qu'immigrant potentiel à destination de l'Amérique du Sud, cela avait suffi à convaincre la police française que toutes les mesures avaient été prises pour organiser son départ. La HICEM avait réussi une fois encore à annuler l'arrêté d'expulsion sous 24 heures et à obtenir une prorogation de 30 jours. La HICEM considérait que l'heure était assez grave à présent pour redoubler ses efforts en vue d'aider mon père. Il se trouvait dans une situation suffisamment précaire pour figurer en tête sur la liste des immigrés prioritaires parmi ceux qui cherchaient à obtenir un permis d'entrer dans un pays sud-américain. Il ne serait plus possible de continuer à retarder ainsi les arrêtés d'expulsion de mon père sans éveiller les soupçons de la police française.

~

Pendant notre séjour tumultueux en France, nous nous sommes heurtés à de nombreuses situations intolérables, mais ce n'était rien en comparaison de l'humiliation que nous avons subie dans le métro parisien, ma mère et moi. Étant donné que ma mère ne savait pas lire et qu'elle ne parlait pas bien le français, elle avait du mal à se rendre toute seule dans des endroits éloignés qu'elle ne connaissait pas, notamment lorsqu'il y avait une correspondance. C'est pourquoi je l'accompagnais chaque fois qu'elle devait aller au bureau de la HICEM.

Lorsque ma mère parlait yiddish, elle parlait fort en articulant nettement. Alors que nous étions dans le métro, et comme elle ne comprenait pas bien le français, elle ne s'était pas rendu compte qu'une demi-douzaine de Français assis non loin de nous avaient commencé à faire des remarques antisémites à notre encontre. Ils nous traitaient de « sales Juifs » et se montraient de plus en plus insultants. Je me suis efforcé de les ignorer, tout en demandant à ma mère de bien vouloir cesser de parler yiddish devant les autres passagers. Je lui ai expliqué calmement que les hommes nous avaient traités de « sales juifs » et qu'ils avaient dit que si nous voulions parler yiddish, nous pouvions toujours quitter la France et ficher le camp en Palestine. Entendant cela, ma mère leur a lancé un regard noir, puis leur a dit ce qu'elle avait sur le cœur, employant la seule expression française qu'elle connaissait : « *Fermez-la !* » Cela a eu pour effet de mettre les hommes dans une telle rage qu'ils se sont mis à nous adresser les pires insultes antisémites qu'on puisse imaginer. J'ai subi ces invectives sans broncher, injustement agacé que ma mère ait ainsi empiré la situation. Je l'implorais de cesser de parler yiddish, mais ma mère refusait de se taire. C'était le moment ou jamais de nous tirer de ce mauvais pas ! J'ai résolu le problème en racontant à ma mère qu'il fallait descendre au prochain arrêt. J'avais menti, mais j'avais également mis un terme à cette rencontre désagréable.

À la suite de cet épisode, j'ai fait promettre à ma mère de ne plus me parler yiddish en public. Si elle n'avait pas d'autre solution, il fallait qu'elle parle à voix basse pour que personne ne l'entende. Je culpabilise depuis ce jour de ne pas m'être défendu contre de telles manœuvres d'intimidation antisémites. Rétrospectivement, je suis très fier que ma mère ait défié cette attaque verbale injustifiée.

~

Au début de l'été 1936, la France a connu un changement politique important. Partout dans le pays, la classe ouvrière célébrait l'élection, le 4 juin, d'un nouveau gouvernement socialiste, à la tête duquel se trouvait un premier ministre juif, Léon Blum. Le Parti socialiste et le Parti communiste avaient formé une coalition, le Front populaire, qui suscitait de grands espoirs parmi les Juifs étrangers. Nous espérions en effet que, sous ce nouveau gouvernement, nous ne serions plus contraints d'émigrer. Je me souviens des milliers d'ouvriers qui, dans l'euphorie de l'événement, s'étaient rassemblés au bois de Vincennes et au bois de Boulogne pour célébrer la victoire du Front populaire. Nous nous étions rendus à la fête dans un métro bondé.

Outre les ouvriers, il y avait aussi des petits commerçants dans la foule qui jubilaient de voir s'amorcer une ère nouvelle. Lors de ce rassemblement, personne n'aurait pu prévoir la défaite du Front populaire à peine un an plus tard. Conséquence de cette chute, aucune des mesures en faveur des étrangers n'était jamais entrée en vigueur. Tous les espoirs de trouver une solution modifiant notre statut se trouvaient anéantis. Notre statut demeurerait inchangé, et il nous fallait donc prévoir notre prochain coup avec l'aide de la HICEM.

En mai 1937, avant la défaite du gouvernement socialiste, nous avons assisté à l'ouverture de l'Exposition internationale « Arts et techniques dans la vie moderne », et c'est là que j'ai regardé la télévision pour la première fois, comme tout un tas d'autres produits futuristes qui appartiennent désormais à notre quotidien. Tante Jennie nous a également fait l'honneur de sa présence. Elle était venue à Paris pour cet événement spectaculaire, mais son séjour n'avait été fort heureusement que de courte durée. Personne n'avait regretté son départ.

Pendant mes six premiers mois de travail, nous avons mangé à notre faim, mais le reste du temps, ma mère a dû solliciter les œuvres de bienfaisance juives. Mon père ou ma mère trouvaient parfois un emploi à temps partiel, mais cela ne durait pas assez longtemps. Malgré tous nos efforts pour nous mettre à l'abri du besoin, il était fréquent que nous n'ayons ni argent ni nourriture.

À l'automne 1937, au cours de l'une de ces périodes épouvantables, mes parents ont pris contact avec un organisme juif qui, contrairement aux autres, ne semblait pas se limiter à la distribution de nourriture. L'Œuvre de secours aux enfants (OSE) était destinée à aider les orphelins juifs et dirigeait un orphelinat. Mes parents y ont rencontré une comptable, Mme Klatchka, qui parlait couramment yiddish. Le visage ruisselant de larmes, ma mère s'est épanchée auprès d'elle, lui décrivant l'étendue de notre indigence et lui expliquant que nous risquions non seulement la famine, mais aussi l'expulsion car nous avions une année de retard dans le paiement du loyer. Cette femme chaleureuse avait tant d'empathie qu'elle avait dû sécher ses propres larmes avec un mouchoir. Mme Klatchka a alors annoncé qu'elle devait s'entretenir avec l'un des directeurs, M. Millner, et a demandé à ma mère de bien vouloir l'attendre un moment.

Mme Klatchka est revenue avec un grand sourire et, à la surprise de ma mère, elle lui a tendu un billet de 100 francs. Elle lui a également dit que nous recevrions bientôt une aide supplémentaire si aucun membre de notre famille ne trouvait d'emploi. Cette rencontre a marqué le début d'une relation qui devait me conduire à changer de carrière. En effet, ma mère avait dû solliciter l'assistance de Mme Klatchka une seconde fois. Au cours de l'entretien, elle avait demandé à sa bienfaitrice si l'OSE pouvait m'aider à trouver un emploi permanent. Elle lui avait expliqué que j'avais déjà un emploi, mais que je ne pouvais travailler que six mois par an. Mme Klatchka lui avait promis qu'elle se renseignerait.

Peu de temps après, lorsque nous sommes revenus tous ensemble au bureau de l'OSE, nous avons été ravis d'apprendre que Mme Klatchka avait décidé, conjointement avec les directeurs, le Dr Gurevitch et M. Millner, de m'embaucher comme garçon de bureau et réceptionniste. Je devais également occuper d'autres fonctions qui exigeaient une solide formation. J'étais presque ivre de joie devant cette occasion inattendue. Occuper un travail à temps plein, voilà un rêve qui se réalisait enfin ! Ma mère était si heureuse qu'elle avait embrassé Mme Klatchka et l'avait abondamment remerciée.

Je me suis senti moins en danger dès que j'ai commencé mon nouveau travail. Cet emploi me donnait aussi l'occasion unique d'en apprendre plus long sur les divers aspects de la question des réfugiés juifs et, dans une moindre mesure, sur les conditions réservées aux Juifs dans le monde. En tant que garçon de bureau et réceptionniste, je me trouvais chaque jour en contact avec des réfugiés juifs provenant d'autres pays sous contrôle nazi, dont l'Allemagne, bien sûr, mais aussi l'Autriche et la région des Sudètes en Tchécoslovaquie. Pour la première fois, j'entrevoyais l'étendue du calvaire de ces gens qui avaient été forcés de fuir leur patrie. J'ai connu de nombreux réfugiés qui se sont adressés à notre bureau pour obtenir de l'aide et trouver asile dans l'un des quelques pays encore prêts à les accueillir. Beaucoup m'ont renseigné sur la situation qui les avait conduits à fuir. La plupart d'entre eux avaient abandonné l'œuvre de toute une vie. C'est l'aspect qui m'horrifiait le plus : ils étaient si nombreux à avoir laissé tous leurs biens derrière eux, y compris leur maison, leur entreprise prospère, leur cabinet d'avocat, de médecin ou de dentiste, ou encore leur poste dans la haute fonction publique. De nombreux commerçants avaient dû quitter une bonne situation. Certains d'entre eux arrivaient en France dans l'indigence la plus complète. Des familles entières venaient au bureau avec trois, quatre, voire cinq enfants sans avoir de quoi les nourrir un jour de plus. Je m'identifiais à eux avec force compassion.

Mes nouveaux locaux étaient situés sur le plus célèbre des boulevards parisiens, l'avenue des Champs-Élysées. C'était au n° 92, je crois. J'avais pour supérieurs hiérarchiques immédiats deux dames charmantes, des sœurs célibataires, du nom de Levine. Il s'agissait des secrétaires personnelles du Dr Gurevitch et de M. Millner. Elles m'ont initié à ce travail avec une bonne dose de patience, m'apprenant d'abord à utiliser le standard téléphonique qui était très primitif en comparaison aux normes actuelles. J'en ai acquis la maîtrise assez rapidement, puis on m'a confié une machine à écrire pour que je m'entraîne, si bien qu'en l'espace de quelques mois, je tapais assez bien à deux doigts pour pouvoir dactylographier les listes de noms qui devaient être intégrées dans la revue mensuelle de l'organisme et distribuées à ses bienfaiteurs. Mon espace de travail se trouvait au milieu d'un long et étroit couloir à mi-chemin de l'entrée. J'étais la première personne que rencontraient les visiteurs en entrant.

La plupart des membres du personnel, y compris les directeurs, étaient d'origine juive russe, et il s'agissait de gens très cultivés. Ils avaient l'habitude de prendre le thé avec des biscuits à 15 heures. Il m'incombait d'en assurer la préparation et le service. Au bout d'un certain temps, je suis devenu si doué que le directeur me complimentait souvent sur la qualité du thé et du service. Une autre de mes fonctions consistait à livrer des plis scellés. Je ne devais sous aucun prétexte remettre ces plis à quelqu'un d'autre que leur destinataire. Je suivais ces instructions à la lettre, toujours enclin à mener mes missions à bon terme.

Édouard de Rothschild figurait au nombre des philanthropes de premier plan qui soutenaient notre organisme et, un beau jour, à mon grand étonnement, on m'a demandé de lui remettre en mains propres une enveloppe de la plus haute importance. Il habitait avenue de Marigny, dans une maison entourée par un haut mur de briques. Une fois chez lui, j'ai eu le privilège de le rencontrer en personne. J'ai actionné la sonnette et peu après, un domestique est apparu pour me demander quelle était l'objet de ma visite. Je lui ai répondu que j'avais un message confidentiel de l'OSE, ce sur quoi il m'a prié de le suivre à l'intérieur. Il m'a fait entrer dans un hall immense qui menait à une pièce joliment décorée où il m'a demandé de bien vouloir patienter. Au bout de ce qui m'avait paru être une éternité, mais qui n'avait probablement pas duré plus d'une dizaine de minutes, un homme grand et digne est entré et m'a salué à la manière d'un homme d'affaires. Je lui ai tendu l'enveloppe scellée, puis on m'a raccompagné à la sortie. De retour à la maison, j'ai raconté, tout excité, ce qui s'était passé à mes parents. Je me suis vanté le soir même auprès de mes amis d'avoir rencontré Édouard de Rothschild et de lui avoir parlé en personne. Pour un jeune homme de 16 ans, issu de mon milieu, c'était vraiment un événement extraordinaire.

Pendant toute la période durant laquelle j'ai travaillé pour le compte de l'OSE, j'ai rencontré un grand nombre de personnalités éminentes, y compris la baronne de Gunzburg et Mme Praeger, une femme fortunée et mondaine. Il y en avait beaucoup d'autres encore, mais j'ai oublié leurs noms depuis longtemps. J'occupais certes un poste subalterne, mais cet emploi me permettait de rencontrer les Juifs les plus renommés et les plus riches de France. Cela me donnait un sentiment d'importance et de dignité tandis que je gagnais parallèlement le respect de mes supérieurs et bienfaiteurs. Le fait que j'occupe cet emploi sans permis de travail ne semblait pas poser problème. L'OSE m'avait apparemment déclaré comme bénévole. Or, la réglementation du travail ne s'appliquait pas aux bénévoles œuvrant pour des organismes de bienfaisance.

À cette époque de ma vie, les amitiés que j'avais liées avaient pris une grande importance pour moi. Elles faisaient en effet contrepoids à ma vie familiale. Nous nous réconfortions les uns les autres, mes camarades et moi, et notre amitié nous donnait la force d'envisager la vie sous un jour positif. Je rendais souvent visite à mon ami Henri dans son appartement. J'y étais d'ailleurs si souvent que chaque fois que j'entrais chez eux, le père d'Henri déclarait en yiddish : « *Ot gait de kallah !* » (Voici la future mariée !) Henri était mon ami le plus proche. Il était prévenant, doux et honnête, et il avait toujours quelque chose à dire. Nous avions aussi beaucoup de points communs, en particulier un goût partagé pour la musique.

En outre, c'était surtout un fils dévoué. Il aidait ses parents à arrondir les revenus familiaux en passant de longues heures à travailler avec son père, qui était tailleur. Il cousait donc à la main, un travail pénible et fatigant pour les yeux.

À part les gens riches, personne ne possédait de téléphone dans les années 1930, si bien que nous discutions de toutes nos activités en personne. Je rendais d'abord visite à Henri, puis nous allions à la rencontre d'autres amis dans notre café préféré. Comme je l'ai déjà décrit, nous commencions généralement par une ou deux parties de billard, puis nous faisions une partie de belote. Le samedi soir, par contre, nous jouions toujours aux cartes chez l'un de nos amis, dénommé Abramovitch. C'était le plus riche d'entre nous. Sa famille vivait dans un immense appartement. Nous étions 15 et il fallait donc que l'endroit soit assez vaste pour nous accueillir tous. Par chance, les parents de notre ami étaient très hospitaliers et nous servaient toujours du thé et du gâteau. Un jour, nous avons acheté un beau cadeau à la mère de notre ami en gage de notre gratitude.

Au printemps et pendant l'été, nous allions souvent marcher dans les divers parcs de Paris. C'est là que nous avons couru les filles pour la première fois. Les moins inhibés d'entre nous parvenaient à les convaincre de se laisser raccompagner chez elles. J'étais extrêmement timide avec les filles, ce qui était principalement dû, je crois, à mon manque d'assurance. Avec Henri, nous prenions le métro jusqu'au bois de Boulogne ou jusqu'au bois de Vincennes, où nous passions des journées tranquilles : il nous arrivait par exemple de louer une barque pour nous promener sur les différents lacs. Après avoir ramé ainsi, il n'était pas rare que nous cédions à la tentation de nous offrir des mets de choix sans toutefois en avoir les moyens.

Il m'est pénible d'évoquer ces amis chers. La plupart d'entre eux ont été massacrés durant l'Holocauste. C'étaient des jeunes hommes brillants dont l'existence avait à peine commencé à rayonner. Il leur restait tant à vivre et tant à offrir. J'ai passé la plupart de mes moments les plus précieux en leur compagnie.

Nous étions tous très fiers d'être juifs même si, pour la plupart, nous n'avions reçu qu'une éducation juive des plus sommaires. Je me souviens d'un incident antisémite survenu en 1937 à l'occasion du 14 juillet, l'un des jours fériés les plus importants en France. Les gens dansaient dans les rues de Paris. Certains d'entre nous n'avaient pas passé plus de quatre ans en France, voire moins, mais nous étions tous impatients de prendre part à la fête. Cependant, au moment où quelques membres de notre groupe ont abordé des filles pour les inviter à danser, elles ont opposé un refus catégorique et se sont mises à nous traiter de sales Juifs, insultes aussitôt reprises en chœur par la foule tout autour de nous. Il nous a fallu quitter le café, non sans avoir toutefois répliqué à notre tour. Nous avons tous tenu bon aussi longtemps que possible. Puis, résolus à ce que cet incident ne vienne pas gâcher notre soirée, nous nous sommes rendus dans un autre café, plus grand cette fois, dans l'espoir de trouver une compagnie plus conviviale. Par chance, nous avons trouvé un endroit où les gens ne cherchaient qu'à s'amuser et nous avons passé le reste de la soirée à danser avec diverses jeunes filles. La musique, les chansons et les danses, tout a contribué à faire de cette soirée un événement joyeux. On aurait eu du mal à ne pas se laisser entraîner par la joie de vivre qui régnait tout autour de nous.

La musique jouait un rôle important dans nos vies et c'est avec zèle que nous nous tenions au courant de toutes les nouvelles chansons. Au nombre de nos chanteurs préférés figuraient Tino Rossi, Mistinguett, Charles Trenet et Maurice Chevalier. Nous nous amusions beaucoup en les imitant. Hélas, la période où nous avons suivi des cours de danse s'est soldée par un échec lamentable en ce qui me concerne. Au bout de dix cours, je n'avais toujours rien appris.

Le sentiment de sécurité que me procurait mon nouvel emploi est venu renforcer mon estime de moi et atténuer quelque peu les symptômes d'anxiété liés à ma situation familiale et à nos problèmes d'argent. Les choses se sont déjà améliorées lorsque la HICEM nous a informés qu'ils avaient enfin réussi à obtenir un permis autorisant mon père à vivre à Buenos Aires, en Argentine. Nous étions tellement ravis que nous sommes sortis dîner dans un restaurant kasher. Mais, en dépit de ces nouvelles fantastiques, les choses ne sont pas allées aussi vite que nous l'espérions. Il fallait attendre neuf mois avant que le ministre des Affaires étrangères argentin ne sanctionne officiellement l'autorisation d'entrer sur le territoire argentin que l'on délivrerait à mon père. Ma mère était folle de joie de savoir que mon père ait enfin trouvé refuge quelque part, mais mon père, lui, demeurait réticent à l'idée de partir. Il n'avait jamais vraiment voulu quitter Paris, même si son salut en dépendait. Il acceptait néanmoins le fait que son départ pour l'Argentine lui fournirait l'occasion de faire quelque chose de bien pour la première fois de sa vie. Il avait donc entrepris de se préparer à partir.

À mesure qu'approchait la date de son départ, mes parents discutaient de leur nouvelle vie, là-bas, dans ce nouveau pays. Pour la première fois, nous pourrions enfin travailler sans restrictions. Cela semblait presque trop beau pour être vrai. La perspective d'émigrer en Argentine nous donnait un nouveau but dans la vie et nous reprenions enfin espoir. Mon père partirait le premier en Argentine car la HICEM avait réussi à lui obtenir un visa en le présentant comme un homme d'affaires. Il lui faudrait voyager en première, grâce à un fonds d'aide créé par la HICEM. Une fois titulaire d'un emploi et d'une *cédula de identidad*, ou carte d'identité, il déposerait une demande auprès du ministère des Affaires étrangères argentin pour obtenir l'autorisation de faire venir sa femme et ses enfants.

~

Depuis l'annexion de l'Autriche par l'Allemagne, le 12 mars 1938, l'afflux de réfugiés juifs avait augmenté de manière alarmante et la plupart d'entre eux arrivaient en France sans autorisation légale. Par conséquent, de nombreux organismes juifs, y compris l'OSE, travaillaient d'arrache-pied pour leur venir en aide. Étant donné que les fonds de l'OSE étaient principalement destinés aux orphelins juifs et aux familles indigentes, on réorientait ceux qui ne relevaient pas de ces deux catégories vers les organisations appropriées. Nous ne comptions pas nos efforts pour aider ceux qui remplissaient les critères d'immigration vers les quelques pays qui voulaient bien les accepter, comme l'Argentine, le Brésil, le Chili, la Bolivie et la République dominicaine. En dernier recours, certains d'entre eux avaient même choisi de partir pour Shanghai, en Chine.

En tant qu'ancien employé, je peux attester du travail remarquable de l'OSE, qui a contribué à sauver tant de réfugiés venus demander du secours. Je ne jouais qu'un rôle mineur, mais je n'en suis pas moins fier d'avoir appartenu à une organisation qui a tant œuvré pour sauver des Juifs tombés dans l'indigence. Quel privilège que de travailler avec des gens aussi raffinés et de se voir traité avec respect ! Je leur suis également très reconnaissant d'avoir contribué à adoucir une période extrêmement difficile de ma vie et d'avoir permis à ma famille de survivre.

D'après ce qu'on me disait, mes supérieurs avaient l'intention de m'aider à grimper dans la hiérarchie de l'OSE, notamment parce que je parlais bien l'anglais. Je n'en suis pas certain, mais je crois qu'ils voulaient me former en vue d'un poste de collecteur de fonds en Amérique du Nord. La guerre imminente et la perspective de notre émigration en Argentine avaient toutefois sonné le glas de cette carrière qui s'annonçait stimulante. L'OSE était néanmoins restée mon ange gardien. J'étais déterminé à faire tout mon possible pour justifier l'emploi qui m'avait été confié. Entouré de tant de personnes fort instruites, j'en apprenais toujours plus chaque jour sur les gens, les lieux et les événements mondiaux, ce qui me faisait rêver de poursuivre de vraies études.

L'espoir, la paix, la guerre

Au printemps 1938, tous les quotidiens bruissaient de rumeurs au sujet d'une guerre imminente. Les nazis continuaient à prétendre ne poursuivre qu'un seul objectif en envahissant des pays comme l'Autriche ou la Tchécoslovaquie : la libération des Allemands de souche qui y vivaient, non l'expansion territoriale. Ce n'était bien entendu qu'un tissu de mensonges, car ils ne devaient pas tarder à envahir d'autres pays pour les occuper, instaurant un climat de peur sur tout le continent européen.

Comme si la situation n'était pas déjà assez grave, la défaite du second gouvernement de Léon Blum, le 10 avril 1938, m'avait démoralisé un peu plus encore. Le pays était à présent dans le chaos. L'opposition l'avait battu en exigeant avec véhémence que soient engagées des dépenses substantielles en vue d'une guerre avec l'Allemagne. Par ailleurs, c'est à partir de ce moment-là que l'existence d'une « cinquième colonne » allemande est apparue plus que probable, ayant pour mission d'infiltrer différents secteurs de la société française, dont le gouvernement. Pour une raison inexplicable, le gouvernement et le peuple français ont laissé faire. Rien n'a été mis sur pied pour éradiquer l'influence allemande avant qu'elle ne soit fermement implantée. Il y avait de toute évidence un vaste réseau de fascistes et de sympathisants nazis en France.

Les gouvernements français et britanniques menaient une politique de compromis avec les Allemands pour éviter la guerre, allant jusqu'à accepter l'occupation d'un territoire paisible et démocratique comme la Tchécoslovaquie. Son président, Edvard Beneš, avait été contraint de démissionner et de livrer son pays aux Allemands. Rétrospectivement, je n'arrive pas à comprendre comment deux des plus grandes puissances d'Europe ont pu rester passives tandis que l'Allemagne mettait sur pied une formidable machine de guerre.

À la fin du printemps 1938, une lueur d'espoir a toutefois jailli au milieu des ténèbres : les papiers requis pour que mon père puisse émigrer en Argentine étaient enfin arrivés. Malheureusement, il fallait encore que nous trouvions le moyen de lui obtenir un passeport. Or, la H I C E M avait négligé le fait qu'il ne pouvait prétendre à l'obtention d'un passeport polonais : comme il avait quitté la Pologne sans avoir effectué son service militaire, le gouvernement polonais l'avait déchu de sa citoyenneté. En vertu du droit international, cependant, les autorités françaises devaient lui fournir un passeport Nansen, une pièce d'identité internationalement reconnue destinée aux apatrides. Une fois ce document délivré, mon père n'avait plus qu'à se présenter à l'ambassade d'Argentine pour obtenir un visa. Après avoir eu à subir le harcèlement de la police française pendant 16 ans, mon père devenait enfin un homme libre. Il devait partir quelques semaines plus tard et, quelles que soient ses perspectives d'avenir, fort de son statut de résident permanent autorisé à travailler, au moins trouverait-il là-bas une certaine sécurité.

Ma sœur et moi avons été fort soulagés d'apprendre que notre père allait bientôt partir. C'est dire à quel point notre vie avait été traumatisante au cours des cinq dernières années et demie. Ses troubles mentaux le rendaient vraiment difficile à vivre : nous ne savions jamais comment il allait réagir. Nous nous gardions bien de le montrer, mais je me demande s'il savait à quel point sa présence nous dérangeait. Mon attitude envers lui a néanmoins changé de façon radicale au fil des années, à mesure que je suis devenu assez mûr pour comprendre combien sa vie avait été difficile. Je regrette qu'il ait quitté ce monde mal aimé tant par sa femme que par ses enfants.

Peu après le départ de mon père pour l'Argentine, nous avons reçu un avis d'expulsion. Cela nous a fait l'effet d'un coup de tonnerre. Il est vrai que nous n'avions pas été en mesure de payer notre loyer depuis plus d'un an déjà et que, maheureusement, notre seule source de revenus provenait de mon salaire qui suffisait à peine à nourrir une famille de quatre personnes. Il ne nous restait tout simplement pas assez pour le loyer. Nous étions désormais dans une posture très délicate, à devoir chercher ainsi un nouveau logement sans disposer de quoi payer les trois premiers mois. Heureusement, oncle Joseph, le mari de tante Léa, qui s'était établi avec succès dans l'industrie de la chaussure, nous a proposé de nous prêter la somme.

Il est intéressant de noter que mon oncle et ma tante commençaient à peine à connaître une certaine aisance après des années de pauvreté. Grâce à sa détermination et à son travail acharné, oncle Joseph était parvenu à mettre sur pied une manufacture de chaussures pour hommes avec son fils cadet, Pierre. Ce dernier était un élève exceptionnellement doué qui, s'il avait eu la chance de poursuivre ses études jusqu'à l'université, serait sans aucun doute devenu un intellectuel de renom. Cependant, son père ne voulait pas qu'il continue au-delà de l'école secondaire, c'est pourquoi Pierre avait mis toute son énergie et sa grande intelligence au service de l'entreprise paternelle. Au printemps 1938, ils avaient réussi à quitter leur deux-pièces miteux pour emménager dans un grand cinq-pièces qui comportait, outre trois chambres, une salle de séjour, une salle à manger, une cuisine et une salle de bains avec douche, ainsi que des toilettes séparées. Ils ont quitté Montmartre pour s'installer au 5, rue du Soleil, juste à côté de la rue de Belleville. Au moment où la Deuxième Guerre mondiale a éclaté, oncle Joseph était considéré comme un homme riche.

La veille du départ de mon père, en juin 1938, nous nous sommes tous réunis pour fêter l'événement dans l'appartement de tante Léa et d'oncle Joseph. C'était la première fête à laquelle je participais depuis mon retour à Paris et elle a été mémorable. Mon père portait un costume sur mesure flambant neuf, commandé spécialement pour le voyage. Il était magnifique et se plaisait à se retrouver ainsi au centre de l'attention générale, sans doute pour la première fois de sa vie. Le lendemain, toute la famille s'est retrouvée à la gare pour accompagner mon père qui partait pour Marseille, première étape de son périple. Lorsque je lui ai souhaité bon voyage et que je l'ai embrassé pour lui dire au revoir, je ne me doutais pas que je n'allais le revoir que 10 ans plus tard. Je n'éprouvais certainement aucune affection pour mon père, mais il faisait malgré tout partie de la famille. Nous avions également besoin les uns des autres : il avait besoin de notre soutien moral et nous dépendions de lui pour parvenir jusqu'à une terre nouvelle.

Ma mère avait réussi à garder son sang-froid jusqu'aux tout derniers moments et c'est alors qu'elle a éclaté en sanglots. Mes parents se sont embrassés, puis mon père a fait de même avec ma sœur et moi. Enfin, ma mère lui a rappelé de prendre contact avec la HICEM dès son arrivée à Buenos Aires et de les presser afin de hâter la procédure d'obtention de nos visas pour que nous puissions le rejoindre au plus vite. Telles avaient été les dernières paroles que lui a adressées ma mère. Je me suis souvent demandé ce qu'a ressenti mon père au moment où le train a quitté le quai, comment il réagissait à l'idée de devoir se retrouver à nouveau seul, séparé de sa famille.

~

Mon père parti, notre vie a connu une transformation radicale. Nous goûtions enfin au calme paisible que nous n'avions plus ressenti depuis notre départ de Winnipeg. J'étais désormais impatient de rentrer à la maison à la fin de la journée. Nous avions repris notre train-train quotidien, mais notre attitude avait changé du tout au tout. Je continuais à travailler à l'OSE, rentrant chez moi pour y trouver une mère aimante et un repas consistant. Je rejoignais ensuite mes amis pour profiter de quelques heures de distraction agréable.

En dépit de cet environnement insouciant, il était impossible d'ignorer les signes avant-coureurs d'une guerre imminente. Les journaux publiaient chaque jour des rapports qui n'auguraient rien de bon : on ne parlait plus que de la guerre et de la manière dont les Allemands se préparaient à lancer de nouvelles invasions. La Pologne était sans doute leur prochaine cible. Tout le monde était rongé par l'inquiétude et le moral de la population commençait à chuter. Toutes les démocraties libres d'Europe traversaient des temps troubles. La guerre était inéluctable. Personne ne remettait son imminence en question – ce n'était plus qu'une question de temps. Tout le monde avait néanmoins bon espoir que les Français et les Britanniques parviendraient ensemble à vaincre l'Allemagne.

Au début de l'année 1939, on a conduit ma chère tante Pola en urgence à l'hôpital. Elle se trouvait dans un état grave et elle est morte en l'espace d'un mois. C'était une femme intelligente et raffinée, dotée d'une merveilleuse nature et d'une personnalité remarquable. Le genre de personne qui donnait tout sans rien attendre en retour. Pendant son séjour à l'hôpital, elle avait fait preuve d'un courage peu commun. Bien que très faible, elle avait confectionné deux belles robes pour ma mère et ma sœur. Elle avait compris qu'il ne lui restait plus longtemps à vivre et souhaitait que ma mère et ma sœur puissent emporter en Argentine ce cadeau de départ. Je possède encore une photo de ma mère et de ma sœur vêtues de ces robes. Elle avait également réussi à terminer toute une garde-robe pour sa fille, Hélène, dont elle avait cousu les vêtements à la main sur son lit de mort.

La première lettre de mon père n'a pas tardé à arriver. Il nous racontait qu'il était arrivé sans encombres à Buenos Aires après une traversée plaisante. Fidèle à la promesse faite à ma mère, il avait déjà pris contact avec la HICEM qui, en l'espace d'une semaine, l'avait aidé à s'installer et à trouver un emploi d'étalagiste dans un magasin de vêtements pour dames. Il avait même rencontré deux amis, dont l'un d'eux venait d'arriver lui aussi de Paris. La HICEM l'aidait également à obtenir une *cédula de identidad* qui devait lui permettre de solliciter des autorisations d'entrée sur le territoire pour nous. L'avenir n'avait jamais semblé aussi radieux, même si les articles des quotidiens traitant de la manière dont l'Allemagne harcelait les Juifs venaient tempérer quelque peu notre enthousiasme. Nombre d'entre eux s'efforçaient de fuir le pays. Des opérations visant à secourir autant d'enfants que possible étaient en cours et la plupart d'entre eux étaient accueillis par l'Angleterre.

La rumeur selon laquelle les Allemands avaient l'intention d'envahir la France allait bon train. Les Français comptaient sur la ligne Maginot, réputée imprenable, et les gens continuaient à vaquer à leurs occupations quotidiennes avec optimisme, persuadés que la France était invincible. Pendant ce temps, nous avons reçu une autre lettre de mon père, dans laquelle il nous faisait part de son souhait de rentrer à Paris. Cette idée saugrenue nous avait tous profondément troublés, étant donné tous les efforts qui avaient été déployés pour lui trouver un refuge. Nous étions si inquiets que nous avons commencé à presser la HICEM pour qu'ils accélèrent la procédure d'obtention de nos visas. Sans dévoiler la véritable raison de cette urgence subite, nous leur avons dit que mon père était malade de solitude. Les représentants de la HICEM ont donc envoyé un courrier à leur bureau de Buenos Aires, décrivant la détérioration de la santé de mon père et leur demandant d'accorder la priorité maximale à notre dossier.

Quelques mois plus tard, nous avons enfin reçu une réponse nous informant que nos autorisations d'entrée sur le territoire argentin avaient été traitées. Peu après, la HICEM recevait un télégramme indiquant que nos papiers arriveraient quelques semaines plus tard. Ces nouvelles nous avaient littéralement époustouflés. Il restait beaucoup à faire pendant nos quelque trois derniers mois à Paris. Il fallait que nous signalions notre départ à notre bâilleur et puis que nous nous débarrassions de nos quelques meubles et autres biens pour récupérer un peu d'argent supplémentaire. Après nous être occupés de toutes ces affaires, il fallait encore régler le problème suivant : nous n'avions nulle part où habiter pendant un laps de temps indéfini. Cherchant à éviter tout ce qui pourrait nuire à notre départ, ma mère avait décidé de solliciter sa très chère amie d'enfance, Sarah Silberstein.

Sarah était mariée à un homme très bon du nom de Favel. Ils habitaient à Paris depuis longtemps et, comme leurs deux enfants étaient nés en France, on leur avait accordé des permis de travail. Par conséquent, Sarah et son mari avaient de bons emplois, gagnaient confortablement leur vie et occupaient un appartement de taille respectable. Ils se sont réjouis pour nous en apprenant que nous allions gagner l'Argentine, d'autant plus qu'ils étaient au courant de tous nos problèmes d'argent. Sarah était triste de nous voir partir, mais elle était sincèrement heureuse que notre vie puisse s'améliorer. Lorsqu'elle a appris que nous n'avions nulle part où loger dans l'intervalle avant notre départ, elle a insisté pour nous héberger jusqu'à ce que nous quittions la France. Elle nous a non seulement permis de partager son appartement pendant nos six dernières semaines à Paris, mais elle nous a également nourris sans accepter la moindre compensation.

Ce couple merveilleux, ainsi que leur fille, Esther, devaient figurer au nombre des victimes de l'Holocauste. Ils ont connu une fin tragique à Auschwitz. Leur fils, Yosele, a survécu. Il habite à présent en Suisse.

～

Nous avons dû libérer nos chambres au milieu du mois d'août 1939 et nous avons emménagé chez les Silberstein deux semaines à peine avant que la guerre n'éclate. Nos autorisations ne nous étaient toujours pas parvenues, mais on nous avait assurés qu'elles étaient en route.

Le 1er septembre 1939, l'Allemagne nazie envahissait la Pologne. Le 3 septembre, la Grande-Bretagne et la France répliquaient en déclarant la guerre à l'Allemagne. Alors que le conflit entrait dans sa deuxième semaine, les nouvelles que nous attendions désespérément sont enfin arrivées. La HICEM nous a informés que nous détenions nos autorisations d'entrer sur le territoire argentin et, comme cela avait été le cas pour mon père, il nous fallait maintenant des passeports pour nous voir délivrer des visas à l'ambassade d'Argentine. Or, l'ambassade de Pologne a refusé de nous délivrer ces documents car, d'après la loi adoptée par le gouvernement polonais en mars et en octobre 1938, le pays ne nous reconnaissait plus comme citoyens, en dépit du fait que ma mère et moi étions nés là-bas.

La HICEM nous a donc aidés à obtenir des passeports Nansen auprès des autorités françaises, mais nous n'étions pas encore au bout de nos peines... Une fois les documents prêts, on nous a demandé de passer les récupérer à la préfecture. Nous avions présumé que, puisque nous étions des étrangers sans papiers, les autorités françaises ne seraient que trop heureuses de se débarrasser de nous. Eh bien pas du tout ! Au lieu de cela, elles ont décidé – chose incroyable – de ne pas m'accorder l'autorisation de sortir du territoire français afin de me retenir pour le service militaire. Je n'avais que 17 ans et j'étais encore mineur au regard du droit international. J'étais un apatride qui n'avait pas l'autorisation légale de vivre ni de travailler en France et pourtant on refusait de me laisser partir en Argentine avec ma mère et ma sœur. Du point de vue des autorités françaises, comme nous étions des Juifs apatrides, nous étions à la merci des politiques qu'il leur plaisait d'appliquer et ce, sans aucune compassion ni aucun respect pour le droit des personnes.

En octobre 1939, peu avant le départ de ma mère et de ma sœur pour l'Argentine, je me suis porté volontaire pour un projet temporaire. La plupart des hommes jeunes ayant été appelés, il y avait une pénurie de main-d'œuvre qui touchait tout particulièrement les paysans : ils n'avaient personne pour moissonner leur récolte. Les organisations juives avaient répondu à l'appel du gouvernement qui réclamait de jeunes volontaires et elles avaient pris des dispositions pour que les garçons juifs passent deux semaines à aider les paysans.

On m'a envoyé dans une ferme du nord de la France pour ramasser des pommes de terre à la main. Inutile de préciser que c'était une tâche épuisante, notamment pour quelqu'un qui n'avait pas l'habitude du travail physique. Cela mis à part, les autres bénévoles et moi avons développé un esprit de camaraderie. Nous chantions en accomplissant ce labeur éreintant qui s'achevait par un repas gratifiant, suivi par quelques heures de loisir. Nous nous retirions ensuite dans la grange où, épuisés, nous passions la nuit sur un lit de paille tendre. Nous nous levions dès l'aube, vers 5 heures du matin, après quoi nous nous lavions, puis prenions un petit déjeuner consistant dans la maison du paysan. Juste après cela, vers 6 heures, nous nous mettions en route pour les champs. À part quelques courtes pauses qui nous donnaient le temps de savourer un peu de cidre maison, nous travaillions jusqu'à midi et déjeunions dans les champs. Après une pause déjeuner d'une heure, nous poursuivions notre travail jusqu'à l'heure du dîner.

Ces deux semaines ont représenté une expérience difficile et j'ai le plus grand respect pour les paysans depuis. Nous n'avons certes pas travaillé très longtemps à la ferme, mais, lorsque nous déterrions des pommes de terre à mains nues 10 heures par jour, le temps nous paraissait interminable. Quel soulagement nous avons tous ressenti quand est enfin venu le temps de rentrer chez nous !

De retour à Paris, j'ai appris que ma mère refusait de partir en Argentine sans moi. Je savais qu'il fallait que je trouve un moyen de la convaincre d'emmener Clarice et de quitter le pays. Un soir, alors que je me trouvais chez tante Léa avec mes cousins et un certain nombre d'amis à l'occasion de notre partie de cartes du samedi soir, j'ai discuté de cette affaire avec ma tante et je suis parvenu à la conclusion suivante : cela ne marcherait pas à moins de trouver quelque chose de radical et de quelque peu mensonger. J'avais vraiment honte de tout cela, d'autant plus qu'il fallait impliquer ma tante dans cette conspiration. C'était une femme extrêmement orthodoxe qui ne transgressait jamais la loi juive. Elle m'a toutefois assuré que ce stratagème servait une cause juste et qu'il ne s'agissait donc pas d'un péché. Elle a allégé le poids de la culpabilité que j'éprouvais alors. Comme je le crois encore aujourd'hui, tante Léa et moi avons sauvé la vie de ma mère et de ma sœur.

La HICEM avait compris que ma mère refusait de se rendre en Argentine à moins de persuader les autorités françaises de me laisser partir avec elle. Ils savaient par ailleurs qu'il n'était pas en leur pouvoir de modifier cette décision. Ils lui ont expliqué qu'ils avaient déjà obtenu un droit de traversée pour deux personnes sur un cargo français et que si elle n'embarquait pas, elle perdrait son unique chance de quitter le pays. Il n'y en aurait pas d'autres. Il me revenait désormais de faire tout mon possible pour m'assurer que ma mère et ma sœur se trouveraient bien à bord. Il fallait agir rapidement. Je ne pouvais me laisser influencer ni par ses pleurs, ni par sa crainte de me laisser seul ainsi en temps de guerre.

Au fil des jours, nous n'avons cessé de tourner en rond, ma mère et moi : nous avions toujours les mêmes discussions futiles sans qu'elle cède d'un pouce. J'ai fini par bien lui faire comprendre que si les Allemands franchissaient les défenses françaises et que par malheur ils occupaient la France, nous nous retrouverions tous pris au piège. Or, il serait beaucoup plus facile à une seule personne de s'échapper. C'est alors que j'ai sorti mon arme la plus puissante. Je lui ai annoncé sans détour que, si elle persistait à refuser de partir sur-le-champ avec Clarice, je quitterais la maison pour ne jamais plus revenir. J'ai ajouté que, si elle doutait de ma détermination à mettre ma menace à exécution, tante Léa pourrait toujours la lui confirmer. Bien entendu, ma mère ne m'a pas pris au sérieux. En revanche, elle en a parlé à tante Léa dès le lendemain matin qui lui a tout confirmé.

Lorsque ma mère a enfin compris que je ne plaisantais pas, elle s'est sentie blessée, ce qui n'avait jamais été mon intention. Mais je n'avais pas le choix. Pour la première fois, ma mère a été forcée de revoir sa position. Ce soir-là, lorsque je suis rentré du travail, elle m'a déclaré qu'elle avait décidé à contrecœur de suivre mon conseil et de partir pour l'Argentine avec Clarice. Je savais que j'avais remporté une victoire importante, mais le choc de devoir rester seul à Paris n'en a pas été moins rude. Cette question enfin réglée, nous avons commencé à préparer leur départ et c'est alors que ma mère a soudain changé d'avis et qu'elle a éclaté en sanglots. J'ai bien failli me mettre à pleurer moi aussi. Elle a néanmoins réussi à surmonter ses doutes lorsque je lui ai rappelé les graves dangers qui nous guettaient si d'aventure elle restait en France. Le jour suivant, nous nous sommes rendus dans les bureaux de la HICEM pour récupérer leurs billets, ainsi que tous les autres documents requis.

Ma mère, tante Léa et oncle Joseph avaient déjà décidé que je vivrais avec ma tante et mon oncle, ce qui a rassuré ma mère : on s'occuperait bien de moi. Nous avons profité des quelques jours qui nous restaient pour discuter des nouvelles possibilités qui s'offraient à nous, imaginant une vie nouvelle et un avenir meilleur. Cependant, l'heure du départ de ma mère et de ma sœur est arrivée bien trop vite. En octobre 1939, l'ensemble de la famille ainsi que de nombreux amis se sont rassemblés à la gare pour accompagner ma mère et ma sœur. Je me suis efforcé de dissimuler mon angoisse du mieux que j'ai pu pour ne pas fournir de prétexte à ma mère qui aurait pu changer d'avis à la dernière minute. Je me souviens de m'être tenu sur le quai de la gare, à serrer ma sœur dans mes bras pour l'embrasser. Je lui ai chuchoté à l'oreille qu'il fallait qu'elle me promette de consoler notre mère chaque fois qu'elle serait triste de m'avoir laissé en France. Les yeux remplis de larmes, ma mère a posé les mains sur mes joues, m'embrassant encore et encore sans cesser de répéter : « Comment puis-je partir sans toi, mon fils chéri ? » Elle serrait le tout premier cadeau que je lui avais offert, un magnifique sac à main en cuir verni, acheté pour lui souhaiter bon voyage.

Ma mère et Clarice sont enfin montées à bord du train et je les ai regardées le cœur serré tandis qu'elles s'éloignaient lentement. J'ai continué à les saluer de la main alors que le train disparaissait, sans savoir quand nous nous reverrions. C'est alors que j'ai fondu en larmes, comme un bébé. Tante Léa est restée à mes côtés et elle a essayé de me réconforter, les joues noyées de larmes. J'étais parvenu à mes fins : ma mère et ma sœur étaient en route vers un pays où elles seraient en sécurité. Maintenant, il fallait que j'apprenne à me débrouiller tout seul.

L'Occupation et la fuite

Je me suis installé dans ma nouvelle vie avec tante Léa et sa famille. Ma tante m'a traité comme son propre enfant et non comme un simple neveu, devenant ma conseillère et confidente quand j'en avais le plus besoin. J'avais aussi l'avantage de vivre avec quatre cousins fantastiques et un oncle qui était un homme bon. Je partageais un canapé-lit avec mon cousin Pierre dans le séjour. Il avait trois mois de moins que moi. Son frère, Philippe, de quatre ans notre aîné, disposait de sa propre chambre. La plus jeune de mes cousines, Chai Liba, ou Luba comme nous l'appelions, partageait une chambre avec notre cousine Hélène, qui était venue vivre avec eux après le décès de tante Pola. Je n'étais pas aussi proche de Pierre, mais Philippe et moi étions très bons amis. J'avais un léger béguin pour ma délicieuse cousine Luba, mais je m'étais assuré que personne ne s'en rende compte car elle n'avait que 14 ans alors que j'en avais déjà 18.

Chez tante Léa, je menais une vie assez semblable à celle que j'avais menée à la maison. Tous les matins après le petit déjeuner, je prenais le métro pour me rendre au travail. Je le prenais jusqu'aux Champs-Élysées, où se trouvaient les bureaux de l'OSE, mais, au lieu de partir de la station Simplon près de Montmartre, je montais désormais place des Fêtes, à Belleville.

En rentrant du travail, un jour, j'ai découvert que tante Léa m'avait préparé une surprise. Elle faisait de son mieux pour maintenir le suspense et me taquinait en gardant les mains derrière le dos pour que je ne voie pas ce qu'elle cachait. J'ai deviné que ce devait être une lettre de ma mère et de Clarice et, en effet, lorsque tante Léa a jugé qu'elle m'avait fait attendre assez longtemps, elle m'a présenté la lettre que ma sœur avait écrite pour le compte de ma mère. Tante Léa jubilait. Quant à moi, je brûlais d'impatience de la lire.

Leur traversée en cargo avait pris plus longtemps que prévu, et il leur avait fallu un bon mois pour arriver à Buenos Aires où mon père et plusieurs de ses amis les avaient accueillies sur le quai. Ma mère écrivait qu'elle avait vraiment apprécié leur voyage. Le bateau avait fait escale dans de nombreux ports, parmi lesquels Lisbonne, Casablanca, Dakar, Rio de Janeiro et Montevideo. Il y avait deux photos jointes à la lettre, une pour ma tante et une autre pour moi. Ma mère, mon père et Clarice y étaient magnifiques et j'étais particulièrement ravi de voir que ma mère tenait le sac à main que je lui avais offert.

Clarice avait également écrit une partie de la lettre en son nom propre. Elle me parlait d'une Française qu'elle avait rencontrée à bord. Elle s'appelait Mme Dalière et elle avait une fille de l'âge de ma sœur. Mme Dalière était en visite chez des parents en France lorsque la guerre avait éclaté. Elle avait donc décidé de repartir pour Buenos Aires où elle vivait avec sa famille depuis un bout de temps. Mme Dalière a apporté une aide inestimable à ma sœur. C'est grâce à elle que Clarice a obtenu son premier emploi de gouvernante chez une riche famille argentine qui possédait une vaste propriété à la campagne. Elle avait pour seule responsabilité l'enseignement du français aux enfants.

Ma sœur écrivait également que ma mère avait trouvé un travail à temps plein en tant que finisseuse de fourrures, mais que la santé physique et mentale de mon père laissait encore beaucoup à désirer. Il fallait qu'il consulte fréquemment divers médecins. D'après ma sœur, il ne s'était pas donné la peine de chercher un logement avant leur arrivée si bien qu'elles avaient dû passer leur première nuit à l'hôtel. Le lendemain, l'ami de mon père, un dénommé Shloime, les avait aidés à trouver un logement convenable. La lettre s'achevait sur un mot de ma mère qui exprimait son inquiétude à mon égard. Je lui manquais beaucoup et elle espérait me voir bientôt. Quel soulagement que de les savoir hors de danger ! Peu de temps après nous sont parvenues de nombreuses autres lettres qui montraient toutes que la situation ne cessait de s'améliorer pour ma famille.

La vie a suivi son cours pendant plusieurs mois après le départ de ma mère et de ma sœur. Alors que l'année 1939 touchait à sa fin, la situation politique était certes instable, mais la plupart des gens continuaient à vaquer à leurs occupations quotidiennes, moi comme les autres. J'avais adopté la même attitude insouciante. Personne ne voulait croire que c'était le calme avant la tempête. Cependant, le pays semblait grouiller de membres de la « cinquième colonne » et de sympathisants nazis. Qui plus est, les Allemands répandaient des rumeurs selon lesquelles ils avaient l'intention d'attaquer la ligne Maginot et d'en franchir les défenses en frappant un grand coup. Mais, à la surprise générale, lorsqu'ils ont lancé l'offensive au printemps 1940, ils ont d'abord envahi la Belgique, les Pays-Bas, le Danemark et la Norvège, et sont entrés en France en passant par la Belgique, contournant tout simplement la ligne Maginot. Les Français n'étaient pas du tout préparés à une telle stratégie.

L'invasion allemande du Danemark et de la Norvège a eu lieu le 9 avril 1940 et, en dépit de la vaillante résistance des forces françaises et britanniques, les nazis ont réussi à percer grâce à leur machine de guerre, entrant en Belgique, au Luxembourg et aux Pays-Bas le 10 mai. Pour la première fois, l'opinion publique a commencé à exprimer son inquiétude, mais le malaise n'a pas tardé à céder la place à un optimisme retrouvé lorsque le gouvernement français s'est mis à placarder d'immenses affiches dans tout Paris sur lesquelles on lisait le slogan suivant : « *Nous vaincrons parce que nous sommes les plus forts.* » Figurait également sur l'affiche une carte du monde sur laquelle se distinguaient, en rouge, la France et la Grande-Bretagne, ainsi que leurs empires coloniaux, témoignant des ressources immenses des deux pays. Il est étrange de voir comment l'on peut bercer d'illusions dangereuses un peuple tout entier.

Au cours des quelques semaines suivantes, c'est un tout autre scénario qui s'est fait jour. Sur leur lancée, les Allemands ont progressé rapidement grâce au soutien et à la supériorité de leur aviation. Autour de nous, tout le monde était terrassé par la peur, la tristesse et le sentiment d'insécurité. Le gouvernement français faisait les préparatifs pour quitter Paris et s'installer à Tours. Même l'OSE s'apprêtait à déménager ses bureaux à Vichy. Comme je ne pouvais pas les accompagner dans leurs nouveaux locaux, ils m'ont affecté à un autre de leurs établissements encore actifs à Paris, sous la direction d'un Français non juif du nom de M. Chevrier.

Après avoir travaillé pour M. Chevrier pendant à peine plus d'un mois, j'ai été convoqué dans son bureau. Il m'a alors demandé comment je m'en sortais avec mon maigre salaire et, au cours de notre entretien, il a appris que j'avais été séparé de ma famille et que je vivais chez une tante. Ce Français a fait preuve d'une grande prévenance et m'a annoncé qu'il allait augmenter mon salaire à 1 000 francs par mois au lieu de 600. Je n'en serai jamais certain, mais je soupçonne l'un de mes chers collègues de l'OSE, un réfugié juif autrichien du nom de M. Brandeis, d'avoir pesé sur la décision de M. Chevrier.

Il y avait un autre Juif dans nos rangs, M. Bloch, dont la famille vivait en France depuis des générations. Il était responsable de l'approvisionnement en vêtements et en d'autres biens essentiels pour les réfugiés juifs détenus par les autorités françaises dans des camps au sud de la France. Je travaillais en étroite relation avec lui. Au cours de nos nombreuses conversations, il avait appris que mon oncle était fabricant de chaussures et m'avait prié de lui demander s'il accepterait une commande de bottes pour hommes. C'est ainsi qu'il m'a convaincu de servir d'intermédiaire dans la négociation d'un marché avec oncle Joseph en vue d'une commande substantielle. C'était la première transaction commerciale à laquelle je prenais part personnellement et mon oncle m'a versé une commission non négligeable pour mes efforts.

Il y avait deux autres personnes qui travaillaient pour notre organisme. Je ne me souviens plus de leurs noms, mais il s'agissait de notre comptable – un homme qui arrivait toujours au bureau en tenue impeccable – et d'une jeune femme, plutôt jolie, qui travaillait comme sténographe.

Un matin, la terrible nouvelle est tombée, nous tirant de notre routine habituelle : les Allemands avançaient rapidement sur Paris. Toutes les communications étaient coupées. Nous n'étions plus en mesure d'aider les réfugiés juifs. Il fallait que nous fermions nos bureaux. Je me suis retrouvé sans emploi, sans revenu, face à la plus grave crise de mon existence. Par chance, j'avais réussi à mettre de côté une belle somme d'argent.

La perspective sinistre d'une occupation allemande avait fini par devenir réalité. À peine quelques mois plus tôt, cette possibilité semblait lointaine, mais, à présent, le découragement et la confusion s'étaient abattus sur les Français qui cherchaient des responsables et reprochaient au gouvernement sa mauvaise gestion et son manque de préparation. La population paniquait maintenant et des centaines de milliers de personnes ont commencé à fuir la ville, en voiture, en train ou à pied. Celles qui sont restées craignaient le pire, se résignant à ce que leur réservait l'avenir. Ma tante, mon oncle, leurs enfants et moi étions du nombre. Paris baignait dans une atmosphère lugubre et sinistre. Les gens se demandaient ce qui allait se passer et comment parvenir à subvenir à leurs besoins comme à ceux de leur famille.

Le matin du 14 juin 1940, réveillés par un grondement, nous nous sommes précipités dehors pour constater qu'un détachement de la cavalerie allemande remontait lentement la rue. De temps à autre, ils entraient dans les cours intérieures pour faire boire leurs chevaux. Les Français, d'ordinaire expansifs, observaient la scène d'un air hébété. C'est l'un de mes souvenirs les plus vifs du premier jour où les Allemands ont occupé Paris.

Maintenant que l'Occupation était devenue un fait accompli, ma vie allait connaître un changement radical. Il fallait que je trouve le moyen de subvenir à mes besoins pour ne pas dépendre de ma tante et de mon oncle. Je devais trouver du travail, puis le moyen de rejoindre mes parents et ma sœur en Argentine. J'étais convaincu que les Allemands ne m'accorderaient jamais de visa de sortie. Il me fallait donc envisager d'autres solutions, aussi périlleuses soient-elles.

Pendant les premiers mois de l'Occupation, les nazis n'ont pas tardé à instaurer des mesures restrictives à l'encontre des Juifs étrangers, parmi lesquelles l'interdiction de se rendre en zone non occupée, alors sous le contrôle du gouvernement de Vichy. Les Allemands n'avaient en effet occupé que la moitié de la France ainsi que toute la côte atlantique jusqu'aux frontières de l'Espagne. On désignait le centre-sud et la partie sud-est de la France du nom de « Zone libre ». Elle tombait sous la juridiction du gouvernement français collaborateur dirigé par le maréchal Pétain. La ville de Vichy en constituait le centre administratif.

L'industrie française s'est presque entièrement arrêtée de fonctionner à la suite de l'Occupation, tandis que la crise économique subséquente a touché toute la population. Je parlais quasiment tous les jours à mon ami Avrom Kirsch de la façon dont nous pourrions gagner notre vie et c'est ainsi que j'ai eu la malheureuse idée du plan suivant : il s'agissait d'acheter autant de tablettes de chocolat que possible dans les boulangeries du quartier. Nous savions en effet que les nazis achetaient tout le chocolat sur lequel ils tombaient pour l'expédier en Allemagne. Nous avons donc accumulé plusieurs centaines de tablettes chacun, puis nous nous sommes mis en route pour le campement militaire allemand situé à la périphérie de Paris.

Une fois sortis du métro, il nous restait encore un long trajet à pied jusqu'au campement. Une fois devant le portail, nous avons été accueillis par plusieurs gardes qui nous ont dit que l'endroit était interdit aux civils. Je leur ai expliqué dans mon meilleur allemand (j'avais appris cette langue auprès des réfugiés juifs allemands que j'avais rencontrés à l'asile) que nous étions venus leur vendre des tablettes de chocolat, puis j'ai ouvert une petite valise pour étayer notre histoire. La vue de tout ce délicieux chocolat a suffi à les convaincre et peu après est apparue une foule de soldats trop contents d'acheter jusqu'à la dernière de nos tablettes. Nous avons quitté le campement avec une belle somme en liquide, ravis de notre réussite.

Une dizaine de minutes plus tard, cependant, alors que nous étions en route vers le métro, la police française nous a interceptés. Les agents nous ont priés de leur montrer notre permis de vente et, comme nous n'étions pas en mesure d'accéder à leur demande, ils nous ont conduits au poste de police du coin. Une fois là-bas, ils ont ouvert nos valises. Constatant qu'elles étaient vides, ils nous ont alors demandé à notre grand étonnement ce que nous avions fait du chocolat. Nous avons été si surpris qu'ils soient au courant que nous avons aggravé un peu plus encore notre cas en niant en avoir jamais eu. Les policiers nous ont alors battus jusqu'à ce que nous avouions, puis, en guise de punition complémentaire, ils nous ont confisqué tout notre argent. Heureusement, ils nous ont laissé quelques tickets de métro pour rentrer à la maison.

Ainsi s'est achevée notre entreprise. Pour le prix de nos efforts, nous n'avions réussi à obtenir qu'une rossée. Non seulement tous nos profits s'étaient envolés, mais aussi notre investissement de départ. Je ne doute pas un instant que les Allemands, sachant que nous étions juifs, ont informé eux-mêmes la police après notre départ. Conclusion : les nazis avaient eu leur chocolat et la police française notre argent. Je devrais sans doute m'estimer chanceux, car les Allemands et les Français n'avaient pas encore commencé à déporter les Juifs. Par la suite, Avrom a été massacré à Auschwitz.

Lorsque je suis rentré ce soir-là après ma mésaventure, ma tante et mes cousins ont été horrifiés de me voir couvert d'ecchymoses. Le soir même, j'ai décidé de leur parler de mon projet : solliciter un visa de sortie auprès de la *Kommandantur*. Je possédais déjà le document officiel délivré par le gouvernement argentin qui m'autorisait à entrer dans leur pays et j'espérais que les Allemands m'accorderaient l'autorisation de sortir sur cette base. J'ai trouvé où il fallait se rendre et l'on m'a conseillé d'y être dès 4 heures du matin, car la file d'attente des personnes qui cherchaient à obtenir l'autorisation de quitter le pays s'étirait sur plusieurs pâtés de maisons. Je me suis donc levé très tôt le lendemain matin pour me rendre à la *Kommandantur*, mais, même à cette heure-là, il y avait déjà des centaines et des centaines de gens devant moi dans la queue. J'ai attendu six longues heures épuisantes avant qu'on me laisse entrer dans une immense salle où travaillaient des centaines d'employées de bureau et de militaires allemands.

J'ai été aussitôt frappé à la vue de tant d'hommes grands, beaux et bronzés, qui respiraient littéralement la santé et puis de toutes ces jeunes femmes tout aussi belles et bronzées. On m'a fait entrer dans le bureau d'une fonctionnaire allemande, une jeune femme plutôt jolie qui m'a demandé ce qui m'amenait là. Elle parlait couramment français sans la moindre trace d'accent allemand. Je lui ai dit que mes parents et ma sœur vivaient déjà en Argentine et que je souhaitais les y rejoindre. Je lui ai ensuite montré le document stipulant que l'on m'avait accordé l'autorisation d'entrer sur le territoire argentin. La fonctionnaire a pris quelques notes, puis elle m'a posé des questions. Elle voulait notamment savoir si j'étais juif, ce à quoi j'ai bien entendu répondu par l'affirmative. Elle a quitté son bureau pour s'entretenir avec ses supérieurs puis elle est revenue cinq minutes plus tard m'informer que les Juifs étrangers n'étaient pas autorisés à voyager au-delà d'un périmètre de 20 kilomètres autour de Paris et qu'elle ne pouvait absolument rien faire d'autre pour moi. J'étais vraiment bouleversé car c'était là ma dernière chance de quitter légalement le pays.

En me rendant à la *Kommandantur*, je ne me berçais certes pas d'illusions quant à mes chances de succès, mais je me devais de tenter le coup. Lorsque la fonctionnaire allemande a confirmé mes doutes, je n'en ai pas moins eu le cœur serré. Je ne savais plus quoi faire et j'ai imploré Dieu de m'éclairer et de me montrer le chemin pour que je puisse revoir un jour mes parents et ma sœur. Ma situation devenait chaque jour plus précaire. Comme s'il ne suffisait pas d'être sans emploi, je me sentais désormais démoralisé. Âgé de 18 ans, j'étais néanmoins devenu suffisamment autonome. J'ai donc commencé à discuter avec tante Léa de différents plans en vue de fuir la France. En dépit des risques, elle ne m'a jamais découragé. Bien au contraire, elle a soutenu mes projets même si la perspective de mon départ devait lui arracher des larmes, à elle, comme à mes cousins.

Un soir de la mi-août 1940, j'ai causé une grande surprise lorsque j'ai annoncé à ma tante et à sa famille que j'avais acheté un billet de train pour Bordeaux. J'avais pour projet de partir de Paris vers le sud-ouest pour rallier Bordeaux qui se trouvait à une distance d'environ 600 kilomètres, puis de pousser jusqu'à Bayonne et, enfin, à partir de là, de me rendre jusqu'à Hendaye, dernière ville frontière entre la France et l'Espagne. Après Hendaye, de l'autre côté de la frontière espagnole, il y avait les villes d'Irún et de Saint-Sébastien. De là, je pourrais poursuivre ma route jusqu'au Portugal, un pays neutre. Même si je les avais tous pris au dépourvu et qu'ils s'inquiétaient des risques que je m'apprêtais à prendre, ma décision soudaine n'était pas complètement fortuite. J'espérais qu'au moins l'un de mes proches compagnons voudrait bien m'accompagner, mais, comme aucun d'eux ne partageait ma situation – leurs parents n'étaient pas dans un pays lointain – il fallait que je parte seul.

La veille de mon départ, ma famille et mes amis m'ont fait des adieux festifs. On avait recommandé à tous de ne pas m'accompagner à la gare pour ne pas attirer l'attention, ce qui aurait alerté la Gestapo ou la police française. Autre mesure de précaution : je ne transportais aucun bagage, à l'exception d'un sac à dos. Outre l'argent liquide dont m'avait fait cadeau ma famille, mes économies suffiraient largement à payer ma traversée jusqu'en Argentine.

Lorsque je suis arrivé à la gare le lendemain, je suis monté à bord du train et j'ai choisi un compartiment où se trouvait un certain nombre d'autres passagers français. Pendant toute la durée du voyage, tout m'avait semblé normal et j'en avais donc conclu que j'atteindrais ma première destination – Bordeaux – sans encombre. Mais cette idée a bien vite été démentie par l'arrivée soudaine d'un contrôleur demandant à voir nos cartes d'identité. Nous n'étions alors plus très loin de Bordeaux et je me retrouvais coincé. Je suis sorti dans le couloir, où j'ai vu trois ou quatre hommes qui vérifiaient les compartiments dans la voiture suivante. Je n'ai guère eu le temps de réfléchir. Nous avancions très lentement et ma seule chance d'échapper à l'inspection, c'était de sauter du train en marche. Apeuré et le cœur battant la chamade, je suis allé dans la voiture suivante, tournant le dos aux inspecteurs, puis j'ai ouvert la porte et j'ai sauté. Secoué, j'ai réussi malgré tout à me relever et je me suis mis en marche vers Bordeaux.

Une fois arrivé à destination, restait encore à trouver un hôtel, ce qui n'était pas chose facile car la loi exigeait que je dépose mes papiers d'identité à la réception au moment de m'inscrire. La police me les rendrait le lendemain matin après les avoir examinés. Je savais qu'ils découvriraient que j'avais quitté Paris sans autorisation officielle et m'arrêteraient. C'est pourquoi j'ai eu l'idée de déclarer au réceptionniste que j'avais oublié ma valise dans le train et que, par manque de chance, elle contenait ma carte d'identité. Je me présenterais donc en personne à la police le lendemain. Le gros pourboire que je lui avais laissé l'avait convaincu de fermer les yeux sur cette affaire.

Le lendemain matin, je lui ai demandé de m'indiquer comment me rendre à Bayonne, puis à Hendaye. Il m'a répondu qu'il y avait des trains réguliers qui ralliaient Bayonne, située à environ 200 kilomètres de là. Une fois arrivé dans cette ville, il faudrait que je demande comment me rendre à Hendaye, à 35 kilomètres seulement de Bayonne. On m'avait assuré à Paris qu'il n'y avait pas de contrôle d'identité sur ce trajet. J'ai acheté un billet et, quelques heures plus tard, je roulais vers Bayonne.

À Bayonne, je me suis arrêté pour déjeuner, puis on m'a indiqué comment me rendre à Hendaye en bus et je suis rapidement arrivé à destination. Je n'étais plus qu'à quelques kilomètres de l'Espagne. Si je parvenais à franchir la frontière, il ne me resterait plus qu'à prendre un train pour Barcelone et, de là, je pourrais gagner Lisbonne. On m'avait dit que, si j'atteignais Barcelone, il y aurait des gens qui me viendrait en aide pour me faire passer clandestinement au Portugal où je pourrais alors trouver un navire en partance pour l'Argentine.

Je suis parti d'Hendaye et j'ai parcouru à pied le kilomètre et demi qui me séparait de la frontière espagnole. Avant mon départ, j'ai eu la chance de rencontrer des habitants d'Hendaye qui m'ont donné quelques renseignements pratiques. Pour éviter d'être repéré par les gardes-frontière nazis qui, contrairement à ce que j'avais imaginé, ne gardaient pas uniquement les principaux points de traversée, j'ai effectué un détour de plusieurs kilomètres pour trouver un endroit isolé où le passage serait sûr. J'ai marché et marché, jusqu'à l'épuisement, à la recherche d'un point de passage non surveillé. Alors que je poursuivais ma quête, j'ai soudain entendu des coups de feu. Je ne pouvais pas savoir s'ils m'étaient destinés, mais je n'allais certainement pas prendre le temps de vérifier ! Je me suis jeté à terre et me suis réfugié dans les hautes herbes qui m'ont protégé des regards. Je n'ai pas osé remuer ne serait-ce qu'un orteil.

Je ne sais toujours pas si c'était moi qu'on avait visé, mais je n'avais jamais frôlé la mort d'aussi près, ni été terrassé par la peur de la sorte. Une fois remis de mes premières frayeurs, je me suis dit qu'ils allaient venir à ma recherche. C'est pourquoi je me suis mis à ramper aussi vite que possible à travers l'herbe. Après avoir parcouru une distance que j'espérais assez grande pour être en sécurité, je me suis allongé sur le dos, sans oser bouger pendant l'heure suivante. C'est alors que je me suis légèrement redressé pour jeter un coup d'oeil aux alentours puis aussitôt rabaissé, reprenant la manoeuvre plusieurs fois pour me faire une idée de la situation. Quelle déception que de voir des soldats allemands à perte de vue ! Voilà qui contrecarrait manifestement mon plan. Je ne parviendrais jamais à franchir la frontière espagnole. Il semblait même futile de tenter le coup. Mon principal souci était désormais de sortir vivant de cette situation dangereuse.

À mon grand désarroi, il me fallait accepter le fait que ma route s'arrêtait là. La frontière était trop bien gardée et il aurait été suicidaire de chercher à la traverser. Il aurait été même trop dangereux de me relever pour avancer en marchant. Je n'avais pas d'autre alternative que d'attendre la nuit ou de continuer à ramper à travers les herbages. J'ai opté pour les deux solutions : je ramperais aussi loin que possible, puis j'attendrais la nuit pour m'enfuir. Afin d'être sûr que j'allais bien dans la bonne direction, je jetais des coups d'œil de temps à autre, me rabattant rapidement sur le sol pour ne pas être vu. J'ai continué ainsi jusqu'à ce que le soleil commence à se coucher si bien que les soldats allemands m'étaient désormais invisibles.

Cela peut sembler étrange, mais, alors même que j'étais couché dans l'herbe, le cœur palpitant, terrifié à l'idée de me faire prendre, je ne pouvais m'empêcher de m'émerveiller devant le paysage magnifique qui s'étendait tout autour de moi : la beauté grandiose des Pyrénées qui s'élançaient vers le ciel d'un azur transparent était à couper le souffle. Ce paysage et le traumatisme qui lui est lié sont restés indissociables dans ma mémoire.

Le soir tombant, j'ai décrété que j'étais assez loin des gardes allemands pour prendre la fuite. Il me faudrait encore pas mal de temps pour rejoindre la route et encore plus longtemps pour atteindre Hendaye. Il fallait que je file sans quoi il ferait trop sombre pour que je puisse retrouver mon chemin. J'ai hésité pendant très longtemps, sans savoir quelle marche suivre. J'ai fini par décider de tenter ma chance en m'enfuyant dans la pénombre plutôt que d'attendre l'aube. Je voulais juste sortir de la situation dans laquelle je me trouvais. J'ai pris la direction de la route, avançant avec peine, déprimé d'avoir échoué dans ma mission.

Je suis arrivé à Hendaye quelques heures plus tard, j'y ai pris le premier bus en partance pour Bayonne et, de là, je suis retourné à Bordeaux où j'ai découvert que le prochain train pour Paris ne partait pas avant plusieurs heures. Pendant que je faisais passer le temps, j'ai rencontré deux jeunes hommes qui m'ont dit, à mon grand soulagement, que les Allemands n'inspectaient pas les trains à destination de Paris.

Durant le voyage du retour, j'ai ressassé tout ce qui s'était passé, me demandant comment j'allais faire face à ma famille alors que je n'étais pas parvenu à passer en Espagne. Je me suis endormi en songeant encore à tout cela. Épuisé par les efforts fournis au cours des dernières 48 heures, je ne me suis réveillé que lorsque le train s'est arrêté brusquement dans une banlieue de Paris. Quelques minutes plus tard, je suis descendu à la gare d'Austerlitz et je me suis dirigé vers le métro. En l'espace d'une demi-heure, je suis parvenu place des Fêtes, où mon arrivée inopinée chez ma tante a causé quelques remous. Je leur ai décrit ce qui s'était passé en expliquant combien il était difficile de traverser la frontière espagnole, trop bien gardée. Cette information n'a pas tardé à se répandre dans la communauté, dissuadant de nombreux autres Juifs d'effectuer la même tentative. Je ne voulais pas les décourager totalement – il y avait peut-être des endroits où la traversée était plus facile.

Pendant les deux semaines suivantes environ, j'ai consacré toute mon énergie à trouver un moyen sûr de franchir la Ligne de démarcation qui séparait la France occupée par les Allemands de la Zone libre sous le contrôle de Vichy, si bien que j'ai rapidement rassemblé assez d'informations nouvelles pour planifier une autre évasion. Cette fois-ci, il faudrait que je me montre beaucoup plus prudent. J'ai appris que certains de ceux qui aidaient les Juifs étrangers à passer clandestinement en Zone libre avaient été trahis. Par chance, ceux dont nous connaissions l'existence s'étaient montrés plus malins que les informateurs : ils avaient battu en retraite à la hâte au tout dernier moment. J'ai pris la résolution de réussir, quels que soient les dangers, mais, en dépit de ma témérité, la simple idée de devoir les affronter seul n'avait rien d'aisé.

À l'époque, la distribution du courrier transatlantique s'était tant espacée qu'elle en était devenue rare. La dernière lettre d'Argentine que j'avais reçue m'avait réconforté car tout semblait bien se passer. Lorsque mes parents l'avaient envoyée, ils savaient toutefois que les Allemands n'allaient pas tarder à occuper la France et, contrairement à leur précédent courrier, ils s'inquiétaient à propos de ma sécurité. J'étais loin de me douter que cette lettre serait la toute dernière que mes parents seraient en mesure de m'adresser à Paris.

À la fin du mois d'août 1940, alors que cela faisait déjà trois mois que la France était sous occupation allemande, j'ai échafaudé un nouveau plan d'évasion pour rejoindre la Zone libre. Ce sont les informations qui filtraient à Paris qui m'avaient donné cette idée. Il y avait en effet des gens qui, pour une raison ou pour une autre, avaient dû franchir la Ligne de démarcation dans les deux sens et qui faisaient part à leurs amis des moyens de s'y prendre en réduisant les risques au maximum. Cependant, comme ces renseignements n'étaient pas complètement fiables, je les ai pris avec circonspection, les considérant comme des conjectures plutôt que des faits avérés.

Les mesures restreignant les déplacements des Juifs étaient de plus en plus strictes. Il fallait donc que je prenne ma décision en fonction des sources les plus sûres et que je mette sur pied une stratégie qui me permettrait de franchir la Ligne de démarcation comme je l'espérais. Je craignais qu'en attendant plus longtemps, il ne me devienne impossible de sortir de la Zone occupée : il fallait donc que j'agisse rapidement. Je n'avais pas le choix.

Tant de Juifs n'ont hélas pas vu qu'il fallait fuir. Ils comptaient sur la providence, avec l'espoir que le Seigneur, dans sa miséricorde, veillerait sur eux pendant cette période si difficile. Même après avoir compris qu'il était dangereux de rester, nombreux sont ceux qui ont choisi d'ignorer la situation, refusant d'abandonner tout ce pour quoi ils avaient travaillé si dur, refusant de partir les mains vides vers un destin inconnu. Ma propre tante, mon oncle et leurs trois enfants ont été de ceux-là. Ils vivaient dans un charmant appartement avec tous les avantages d'un avenir assuré sur le plan économique et c'est pourquoi ils ont choisi de rester à Paris. En 1942, la Gestapo est venue frapper à leur porte. Les trois membres de la famille qui se trouvaient à la maison, c'est-à-dire ma tante Léa, son fils Philippe et sa fille Luba ont été internés dans un camp de transit à Drancy, puis déportés à Auschwitz où ils ont péri dans les chambres à gaz.

La veille de mon second départ de Paris, tous mes amis se sont encore rassemblés pour me souhaiter bon voyage. Nous avons parlé jusque tard dans la nuit en nous rappelant les nombreux bons moments que nous avions passés ensemble. Je n'oublierai jamais mes bons et loyaux amis. J'entends encore leurs dernières paroles à mon adresse : « *Bonne chance, mon vieux*. On se reverra après la guerre. »

Quelques amis sont venus à la gare, cette fois-ci, pour m'aider à acheter mon billet au cas où l'employé me demanderait une pièce d'identité. L'un d'eux était né en France, ce qui signifiait qu'il n'était pas concerné par les mesures visant à limiter les déplacements des Juifs étrangers. Peu après, je montais à bord d'un train en partance pour Moulins-sur-Allier, à environ 300 kilomètres au sud de Paris. En route, j'ai eu le temps de réfléchir au moment où je devrais quitter le train, décision cruciale si je voulais éviter le contrôle allemand qui aurait très probablement lieu à la gare principale.

Lorsque le train s'est trouvé à une trentaine de kilomètres de Moulins, je me suis concentré sur les petites gares et les zones intermédiaires situées entre deux arrêts, où il ne serait pas dangereux de sauter du train en marche. Je ne transportais rien d'autre que mon sac à dos qui ne contenait que le strict nécessaire. On m'avait recommandé de voyager léger et c'est le meilleur conseil qu'on m'ait jamais donné. J'ai jeté un coup d'œil par la fenêtre. Le train entrait lentement dans une petite gare, sans doute Saint-Imbert, puis il s'est arrêté complètement. L'endroit était quasi désert : il n'y avait qu'un seul cheminot et deux autres personnes. Nul soldat allemand en vue. Je me suis rapidement dirigé vers la sortie et je suis descendu du train juste avant qu'il ne quitte la gare. Je suis parti prudemment à pied vers Moulins, vers le point de passage de la Ligne de démarcation, où je comptais évaluer mes chances de passer en Zone libre. Inutile de dire que le poste de contrôle grouillait de gardes allemands répartis à perte de vue sur toute la longueur des berges de l'Allier. Dans ces conditions, ma situation semblait désespérée, mais, cette fois-ci, j'étais déterminé à ne pas rebrousser chemin.

De là où j'étais, j'observais avec envie la facilité avec laquelle les Français passaient en Zone libre. Même si j'avais eu la moindre velléité d'essayer d'obtenir légalement une autorisation de passage, ils m'auraient arrêté sur-le-champ pour avoir violé la règle qui restreignait le droit de circulation des apatrides à un périmètre de 20 kilomètres autour de Paris. En outre, les Juifs étrangers avaient interdiction d'entrer en Zone libre sans avoir préalablement obtenu un permis délivré par la *Kommandantur*.

Parmi les quelques objets que j'avais emportés, il y avait des jumelles que j'avais achetées au marché aux puces juste avant de quitter Paris. Ma première tentative de fuite m'avait permis de comprendre à quel point elles seraient utiles pour repérer les soldats allemands de loin. Étant donné que toute tentative de franchir la Ligne de démarcation à Moulins serait, sans conteste, futile, j'ai décidé de suivre un itinéraire qui descendait vers le sud en suivant le cours de la rivière. Après avoir marché sur des routes de campagne et traversé des champs pendant quatre heures environ, je suis tombé sur un pré qui m'a paru être un bon endroit pour me reposer.

J'ai fait une importante découverte en scrutant la zone qui entourait le pré avec mes jumelles : les postes d'observation allemands s'espaçaient de plus en plus à mesure que l'on s'éloignait de la ville. Ces intervalles me fourniraient peut-être l'occasion dont j'avais besoin pour traverser la rivière sans être vu. Depuis ma cachette, je pouvais observer chacun des mouvements des Allemands et apprendre ainsi leur routine. Je les ai regardés pendant des heures jusqu'à ce que j'aie les mains presque engourdies à force de tenir les jumelles. Cependant, ma persévérance a fini par payer. J'ai réussi à comprendre le rythme de leurs déplacements et c'est ainsi que j'ai su exactement à quel moment je pourrais me précipiter vers la rivière pour la franchir à la nage, en route vers la liberté.

J'ai remarqué que les gardes allemands flânaient jusqu'au poste suivant, qui se trouvait assez loin, puis s'arrêtaient pour bavarder, parfois pendant près d'une demi-heure. Tout semblait jouer en ma faveur si ce n'était que le soleil n'allait pas tarder à se coucher et qu'il me serait beaucoup plus difficile de faire la traversée dans le noir. Je n'avais pas envie de passer la nuit au beau milieu d'un champ, mais je n'avais guère le choix. Requinqué par les merveilleux sandwiches que ma tante avait préparés pour mon voyage, je me suis installé pour ce qui allait sans doute être la nuit la plus longue de ma vie. Alors que le crépuscule cédait peu à peu aux ténèbres les plus noires et que je ne voyais plus rien derrière mes jumelles, j'ai essayé de me servir de mon sac à dos comme oreiller et j'ai tenté de dormir. En dépit de tous mes efforts, je n'arrivais pas à trouver une position confortable. Étant de plus complètement frigorifié, j'ai passé une nuit plutôt agitée. L'aube n'arriverait-elle donc jamais ?

Lorsque le jour s'est enfin levé, je n'avais qu'une seule envie : boire un café au lait. Ma montre indiquait 5 heures et il commençait à faire assez clair. Lorsque j'ai regardé à travers les jumelles, je me suis demandé si j'avais des hallucinations. Il n'y avait pas un seul Allemand en vue. Par quelque étrange miracle, ils avaient tous disparu, me laissant libre de m'enfuir et de franchir la rivière en toute sécurité. J'étais si nerveux que je n'arrêtais pas de vérifier pour bien m'assurer qu'ils n'étaient pas juste en train de faire un somme ou de se cacher, prêts à bondir pour m'arrêter. J'ai rassemblé tout mon courage, ramassé mon sac que j'ai remis sur mon dos, puis je me suis avancé prudemment vers le poste de contrôle allemand jusqu'à ce que j'en sois suffisamment près pour constater qu'effectivement, sans l'ombre d'un doute, la sentinelle allemande n'était pas à son poste.

J'étais franchement perplexe, c'est le moins qu'on puisse dire ! Cependant, sans hésiter plus longtemps, j'ai tiré parti de la situation et j'ai foncé droit vers la rivière. J'ai enlevé tous mes vêtements, à l'exception du maillot de bain que je portais en dessous, puis j'ai rangé le tout dans mon sac à dos avant de le sangler solidement sur mes épaules. Après un dernier coup d'œil alentour à travers mes jumelles pour m'assurer que j'étais bien seul, j'ai plongé dans les eaux glacées de la rivière. Le choc brutal m'a coupé le souffle. Mon sac à dos qui était encombrant rendait chaque brasse plus laborieuse que la précédente.

N'étant pas particulièrement bon à la nage, je n'étais capable de couvrir que de courtes distances avant de m'essouffler. J'avais aussi tendance à paniquer dès que je m'éloignais du bord. Dans ces circonstances, je ne pouvais compter que sur ma volonté pour continuer. La température glaciale de l'eau ne représentait qu'un souci mineur comparé au problème nettement plus sérieux consistant à me maintenir à flot. À mesure que je faiblissais, mes bras semblaient être de plomb, m'obligeant à marquer une pause. J'ai alors réellement cédé à la panique après avoir bu plusieurs fois la tasse. Lorsque j'ai vérifié où j'en étais après ces incidents, j'ai constaté à mon grand désarroi que je n'avais franchi qu'un tiers de la distance. Puisant dans toutes les réserves d'énergie qui me restaient, et malgré ma crainte de voir mes forces me lâcher, je me suis forcé à accélérer et à continuer à nager machinalement.

Je me suis dit que les Allemands pouvaient me repérer et m'abattre, ce qui m'a donné l'élan dont j'avais besoin pour poursuivre. Cependant, alors que j'avais couvert les deux tiers de la distance et que je me trouvais à portée de la Zone libre, mes forces ont commencé à me faire réellement défaut. J'étais submergé par la peur et tellement épuisé que je ne parvenais qu'à battre sporadiquement des pieds. Au moment même où je me suis senti complètement vidé, incapable de me maintenir à flot une seconde de plus et sur le point de sombrer, j'ai trouvé au fond de moi une énergie nouvelle tenant de la pure détermination. J'ai réussi à surmonter l'épuisement et, quelques instants plus tard, je touchais la berge opposée. J'entrais enfin en Zone libre, en terre de liberté.

La traversée des Pyrénées

Caché dans un coin isolé par-delà les berges de l'Allier, en Zone libre, je me suis reposé jusqu'à ce que je recouvre mes forces. J'ai attendu qu'il fasse jour pour sécher mes vêtements avant de me diriger vers la ville de Vichy pour entrer en contact avec l'O S E. Lorsque le soleil s'est enfin levé, je suis resté allongé là, absorbant sa chaleur, tandis qu'un sentiment de quiétude envahissait tout mon être. J'étais, du moins temporairement, hors de portée des Allemands.

Une fois mes vêtements secs, je me suis senti complètement revigoré, prêt à entamer ma marche vers Vichy, soit une bonne quarantaine de kilomètres encore. J'avais la faim au ventre cependant et je ne savais pas du tout à quelle distance se trouvait la ville la plus proche. J'ai marché aussi vite que possible et, deux heures plus tard, je me suis retrouvé confortablement installé dans un café. Après mon repas, j'ai demandé au serveur comment me rendre à Vichy et j'ai repris la route, dans une véritable course contre la montre car je voulais arriver avant la fermeture des bureaux de l'O S E. J'ai marché si vite sous le soleil brûlant que j'en ai eu des ampoules aux pieds. J'ai d'ailleurs dû me reposer à l'ombre d'un arbre. Il fallait toutefois que je continue mon voyage et ce, en dépit de mes ampoules. Peu de temps après, je suis arrivé devant un panneau indiquant que Vichy n'était pas loin.

Je garde de Vichy le souvenir de beaux bâtiments blancs, d'un lieu de villégiature propre et hors du commun. Ma priorité numéro un était de trouver un bureau de poste pour y obtenir l'adresse de l'OSE. Lorsque je suis arrivé devant le bâtiment de l'organisme, je me suis senti quelque peu anxieux. Non pas que j'avais peur, loin de là, mais je n'en revenais pas d'être parvenu jusque-là, à tel point que j'en avais le vertige. J'étais néanmoins soulagé à l'idée de me retrouver parmi des amis qui m'aideraient à franchir la prochaine étape sur le chemin de la liberté. J'ai frappé à la porte et voilà que tout à coup se tenait devant moi Mlle Levine. On aurait dit qu'elle venait de voir un fantôme. Après s'être remise du choc, elle m'a tendu les bras pour m'accueillir avec enthousiasme, puis elle m'a fait entrer dans le bureau principal. Ils se sont tous rassemblés autour de moi pour me demander comment diable j'avais réussi à franchir la Ligne de démarcation sans me faire intercepter par les Allemands. J'avais l'impression d'être une célébrité.

Une fois nos échanges finis, un silence gêné s'est abattu sur la pièce lorsque Mlle Levine m'a expliqué à regret qu'en raison des lois antisémites extrêmement strictes que le gouvernement de Vichy avait promulguées, je ne pouvais pas rester là. Entre autres restrictions, les Juifs n'avaient pas l'autorisation de travailler à Vichy ni de changer de résidence sans en référer à la police dans les 24 heures, sous peine d'arrestation. Compte tenu de la situation, le personnel de l'OSE a décidé de m'envoyer dès que possible dans l'un des bureaux qu'ils avaient établis depuis peu à Marseille. Les employés de l'OSE avaient reçu une exemption temporaire des lois mentionnées ci-dessus car ils travaillaient pour un organisme de bienfaisance qui recevait la plupart de ses fonds de sources juives américaines.

Même si mon objectif principal restait d'aller à Lisbonne et, de là, de rallier l'Argentine, j'étais outré et déçu d'apprendre que je ne pouvais en aucune façon rester à Vichy et reprendre mon ancien emploi, ne serait-ce que de façon temporaire. Pire encore, j'ai appris que le gouvernement de Vichy ne m'accorderait pas de visa de sortie, ni ne me délivrerait de passeport Nansen pour me rendre dans un pays désigné comme neutre. J'étais convaincu jusqu'alors qu'une fois dans la Zone prétendument libre, les Français n'auraient plus de raison de m'empêcher de quitter le pays. Il était désormais clair que je ne pouvais plus avoir recours à aucune solution légale. Il fallait que je trouve une manière de m'échapper illégalement, comme je m'étais enfui de la France occupée.

Mon séjour à Vichy a été de courte durée et je me suis bien vite retrouvé dans un train en partance pour Marseille. Avant de me laisser partir, cependant, les employés de l'OSE m'ont offert un superbe repas dans un restaurant élégant, puis ils m'ont accompagné jusqu'à la gare et remis une lettre de recommandation à l'attention de leur succursale marseillaise. Je suis heureux de pouvoir dire que la plupart d'entre eux ont pu s'échapper en Suisse à la fin de l'année 1942 et qu'ils y ont passé le reste de la guerre.

Une fois le train en route, je me suis légèrement assoupi, songeant au fait qu'aucun homme n'est une île – la bonne volonté d'autrui avait joué un rôle essentiel dans ma fuite vers la liberté. On pourrait penser que j'avais pris tous les risques possibles, mais, en vérité, nombreux étaient ceux qui m'avaient aidé tout au long du chemin, notamment les membres du personnel de l'OSE et tant d'autres encore. Sans eux, ma vie se serait sans doute achevée sur une catastrophe. Je ne saurais assez souligner le rôle que la chance et la sollicitude humaine ont joué dans ma survie.

Lorsque le train est entré en gare de Marseille à l'automne 1940, j'ai été frappé par le contraste qu'il y avait entre ce voyage-ci et les nombreux autres qui avaient précédé au cours des trois derniers mois. Je me sentais complètement détendu, libéré de la peur de croiser des Allemands. Comme c'était bon de pouvoir enfin respirer ce que je percevais comme l'air de la liberté, même si le gouvernement de Vichy collaborait avec les nazis. Une fois à Marseille, j'ai remis ma lettre de recommandation à la succursale de l'OSE qui m'a proposé un emploi. On m'a dit de revenir prendre mon poste le lendemain matin. L'organisme m'a non seulement fourni un travail, mais on y a également pris des dispositions pour que je reste à

l'hôtel du Levant, où des centaines de réfugiés juifs étaient accueillis gratuitement.

À l'hôtel, j'ai rencontré un jeune Juif du nom de Wolf. Il n'avait
que 16 ans, mais venait de vivre une aventure incroyable. Plus extraordinaire encore, il était arrivé récemment d'Argentine. Quelle
étrange coïncidence ! Comme moi, Wolf était né en Pologne, mais
il n'avait que 4 ans lorsque sa famille avait émigré en Argentine.
Ses deux parents avaient travaillé dur pour offrir une vie confortable à la famille, mais ils étaient néanmoins restés stricts et distants
dans leur manière de traiter Wolf. Après la mort de son père et le
remariage de sa mère, il s'était senti si peu aimé qu'il s'était enfui de
chez lui. Sioniste convaincu, son vœu le plus cher était de se rendre
en Palestine. Il avait essayé de parvenir à son but en se rendant au
port tous les jours, se liant d'amitié avec des hommes de la marine
marchande avec l'intention de voyager clandestinement. Il voulait
défendre la cause sioniste et espérait rejoindre la *Haganah*, la force
de défense juive.

Wolf avait quitté l'Argentine avec l'aide d'un marin qui travaillait dans les docks de Buenos Aires et qui lui avait parlé d'un navire
qui devait bientôt appareiller à destination du Moyen-Orient. Il
s'était glissé sur le bateau et y avait trouvé une cachette sûre. Il s'était
profondément endormi et, lorsqu'il s'était réveillé le lendemain
matin, il se trouvait en pleine mer, passager clandestin. Il ne pouvait
plus revenir en arrière. Tiraillé par la faim, il avait pris le risque de
sortir de sa cachette et avait été surpris en train de piller la cuisine
par l'un des cuisiniers qui s'était empressé de signaler sa présence à
l'un des officiers. Pendant son interrogatoire, l'officier l'avait pris en
pitié et lui avait promis de ne pas le livrer aux autorités. Au lieu de
cela, il avait accepté de le laisser à quai lorsqu'il entrerait à Marseille.
C'est ainsi que Wolf était arrivé là où nous nous sommes rencontrés, nous, les deux Juifs de Pologne dont les parents vivaient en
Argentine. Nous sommes devenus d'excellents amis.

Je suis gêné de devoir dire que je ne comprenais pas l'importance de sa noble cause. Je ne savais même pas qu'un État juif était

en cours de constitution. C'était la première fois que je rencontrais quelqu'un avec une telle connaissance du sionisme, prêt à agir pour défendre ses convictions. Wolf avait reçu une éducation juive traditionnelle et on lui avait enseigné la philosophie sioniste, mais, en dehors de ce que m'avait appris mon oncle Morris lorsque j'étais enfant à Winnipeg, je n'avais pas eu cette chance. À mon éternel regret, je n'en savais pas assez pour répondre à l'appel de Wolf qui me demandait de rejoindre nos compatriotes juifs dans la défense de notre cher pays. Au lieu de poursuivre la voie courageuse dans laquelle il souhaitait s'engager, je lui conseillais plutôt de rentrer en Argentine avec moi.

Depuis le premier jour où j'avais commencé à travailler pour l'ose à Marseille, j'éprouvais le besoin irrépressible de m'enfuir, de conserver l'élan qui m'avait conduit à m'échapper de Paris et de tenir bon jusqu'à ce que mes parents et moi soyons de nouveau réunis. L'idée de voir les jours défiler sans faire quoi que ce soit qui me rapproche de mon but m'était intolérable. Après avoir longuement discuté du problème, Wolf et moi avons décidé de nous enfuir en Espagne, où nous espérions gagner le Portugal, puis l'Argentine. Chacun de nous avait quelque chose à offrir à l'autre : Wolf parlait espagnol et j'avais assez d'argent pour couvrir nos dépenses. Wolf était arrivé à Marseille sans un sou et au moment de notre rencontre dépendait entièrement des œuvres de bienfaisance juives.

Au cours de ma cinquième ou sixième semaine à Marseille, tandis que je mangeais dans un restaurant clandestin que tenait un couple de réfugiés juifs dans un appartement, des membres du Groupe spécial de sécurité (l'équivalent de la Gestapo à Vichy) ont soudain fait irruption dans la pièce. Tous ceux qui étaient présents ce jour-là ont été pris dans cette *rafle*, traînés jusqu'en bas des escaliers et mis dans un fourgon. La plupart d'entre nous n'avaient pas de papiers d'identité prouvant que nous étions à Marseille en toute légalité. Notre plus grande peur était qu'on nous renvoie en Zone occupée. Le pauvre couple qui tenait le restaurant illégal figurait au nombre de ceux qui avaient été arrêtés.

Une fois au commissariat central, on nous a interrogés séparément, puis on nous a envoyés dans un camp dont j'ai oublié le nom. Je n'ai passé que peu de temps là-bas car j'ai réussi à filer sans être vu, puis à me frayer un chemin jusqu'à la ville la plus proche et à monter dans le premier véhicule pour rentrer à Marseille. Mon statut était soudain devenu encore plus précaire : j'étais un fugitif échappé d'un camp d'internement. Chaque jour qui passait m'exposait à des dangers toujours plus grands, notamment à une époque où le gouvernement de Vichy introduisait des mesures encore plus strictes à l'encontre des Juifs en général et des Juifs étrangers en particulier. Je n'étais plus en sécurité.

Pendant ce temps, je continuais à travailler pour l'OSE. Ils étaient au courant de mes difficultés et il m'arrivait de parler avec les autres employés de mon idée de m'enfuir en Espagne juste pour voir leur réaction. Ils ne se prononçaient pas, mais ne cherchaient pas à m'en dissuader. Plus j'évoquais mon projet, plus ils comprenaient que j'avais pris ma décision et que seul un désastre pouvait m'arrêter.

Nous nous retrouvions tous les jours, Wolf et moi, pour élaborer notre plan d'évasion. Une fois le projet suffisamment détaillé, nous avons commencé à nous préparer pour la longue traversée à pied des Pyrénées (la chaîne de montagnes qui sépare la France de l'Espagne). Étant donné que Wolf parlait couramment l'espagnol, nous avons décidé de nous faire passer pour des Catalans, soit des membres de la communauté qui vivait dans cette région. Il fallait que nous nous habillions en conséquence et, notamment, que nous portions le traditionnel béret noir. Puisque je ne connaissais pas un mot d'espagnol, je ferais semblant d'être sourd et muet. Mes économies suffiraient amplement pour traverser l'Espagne et rallier le Portugal. Elles couvriraient également le prix de notre voyage jusqu'à Buenos Aires. Il ne restait plus qu'à choisir la date de notre départ.

À peine avions-nous arrêté la date que nous avons appris par un ami juif de l'hôtel du Levant qu'il y avait un moyen beaucoup plus facile et moins risqué de quitter la France. Il connaissait un Français qui pouvait garantir le transport des Juifs en toute sécurité jusqu'à Casablanca sur un cargo, car c'était un ami du capitaine. La seule condition était la suivante : il lui fallait un minimum de 50 passagers qui soient tous en mesure de s'acquitter d'un acompte de 50 dollars américains. Ils régleraient le reste à bord le soir du départ. Cette proposition était trop alléchante pour qu'on la laisse filer, si bien que le nombre de passagers potentiels avait rapidement dépassé le minimum requis. Le capitaine avait accepté d'accueillir les 53 personnes en question et nous avait dit de nous tenir prêts à embarquer à 2 heures le lendemain matin. Nous savions tous que le navire ferait escale à Lisbonne. Par conséquent, nous avions déjà commencé à échafauder des plans pour y débarquer d'une façon ou d'une autre.

Il avait été convenu que nous nous retrouverions près d'un entrepôt sur les docks où serait amarré le bateau. Lorsque nous sommes arrivés à l'heure dite, nous avons attendu avec impatience que le capitaine se montre enfin. Il n'y avait aucun navire en vue et un certain nombre d'entre nous ont commencé à se faire du souci. Le capitaine n'est pas arrivé à l'heure prévue, ce qui n'a fait que renforcer nos soupçons. Les plus patients d'entre nous ont suggéré que nous attendions encore une heure, après quoi nous désignerions quelqu'un qui irait aux nouvelles. Plusieurs hypothèses circulaient quant à la raison de son absence, mais la plupart des gens pensaient que nous nous étions fait piéger par le capitaine.

Nous avons fini par nous incliner devant les faits : nous avions manifestement été victimes d'un escroc expérimenté, ce dont nous avons eu confirmation en apprenant que notre bateau avait en fait appareillé plus de 12 heures auparavant. Et voilà que nous nous retrouvions là, 53 personnes effrayées et désespérées cherchant refuge, dépouillées d'un argent durement gagné. Nombreux étaient ceux à qui il ne restait plus grand-chose pour assurer leurs arrières. Je venais de recevoir la première d'une longue série de leçons sur la confiance.

Nous n'avions pas d'autre choix que de revenir à notre plan de départ, Wolf et moi. Puisque nous partions de Marseille, notre itinéraire passerait d'abord par Perpignan, dernière grande ville française sur la côte méditerranéenne, et nous traverserions ensuite les Pyrénées. Je savais qu'il fallait que je parle de mon évasion imminente aux employés de l'OSE avant mon départ puisqu'ils se souciaient de mon bien-être. Mais je n'en ai rien fait, car je n'étais pas certain qu'ils soient d'accord avec mon plan. Au lieu de cela, je leur ai envoyé un pneumatique (une sorte de télégramme) pour leur faire mes adieux et leur exprimer ma plus profonde gratitude pour tout ce qu'ils avaient fait pour moi. Je leur promettais de leur écrire dès mon arrivée à Buenos Aires. Je regrette encore de ne pas leur avoir fait des adieux dignes de ce nom étant donné tout le mal qu'ils s'étaient donné pour nous aider, ma famille et moi.

J'avais quitté Winnipeg sept ans auparavant et beaucoup d'eau avait coulé sous les ponts depuis. Il s'était agi des années déterminantes de mon adolescence, une phase de la vie pendant laquelle se développent la personnalité et l'estime de soi. C'est aussi à ce moment-là que l'on apprend à s'exprimer et que l'on acquiert un métier. Dernier point non négligeable, c'est aussi la période des premières expériences amoureuses, expériences qu'hélas il ne m'avait pas vraiment été donné de vivre encore. À 18 ans, j'étais en fuite tel un criminel recherché, absorbé tout entier par ma simple survie. Pendant les années 1930, j'avais passé mon adolescence à Paris qui m'a toujours semblé être la ville romantique par excellence, ce qui avait constitué une certaine forme d'éducation, mais tout cela était désormais derrière moi.

Un mois environ après mon dix-neuvième anniversaire, en décembre 1940, nous sommes montés à bord d'un train, Wolf et moi, en direction de Perpignan. Nous disposions d'un compartiment pour nous tout seuls, ce qui nous a donné l'occasion de revoir nos plans concernant la traversée des Pyrénées et ce que nous ferions une fois en Espagne. Nous ne savions pas s'il valait mieux utiliser un moyen de transport ou bien y aller à pied. Il fallait aussi que nous trouvions une façon d'échanger nos francs français contre des devises espagnoles. Il serait très risqué de traverser l'Espagne sans monnaie espagnole et puis il nous faudrait de l'argent liquide pour acheter de la nourriture.

Nous avons discuté exclusivement en yiddish puisque c'était la seule langue que nous avions en commun. Nous étions tellement absorbés par notre conversation passionnée que nous n'avons pas vu le temps passer jusqu'à notre arrivée en gare de Perpignan. Nous sommes descendus du train et nous nous sommes rendus dans la salle d'attente où nous avons continué à échanger nos idées. Nous sommes arrivés à la conclusion suivante : le mieux était de trouver un rabbin à Perpignan pour lui demander conseil, selon les traditions de nos ancêtres. Nous avons donc cherché l'adresse d'un rabbin dans l'annuaire et, peu après, nous sonnions à sa porte.

L'homme qui nous a ouvert était très digne, mais manifestement perplexe de voir deux adolescents sur le pas de sa porte. Cependant, après avoir entendu nos explications et appris que nous étions juifs, il nous a immédiatement accueillis chez lui. Il nous a fait entrer dans son bureau et nous sommes allés droit au but. Nous lui avons expliqué que nous projetions de fuir en traversant la frontière espagnole. Il nous a alors clairement indiqué que cette entreprise serait extrêmement dangereuse; toutefois, lorsqu'il a compris que nous étions déterminés à poursuivre, il nous a recommandé de faire preuve d'une très grande prudence. Il nous a également conseillé d'aller trouver des paysans catalans qui vivaient de part et d'autre de la frontière espagnole et de solliciter leur aide pour changer notre argent. Il nous a expliqué qu'ils étaient nombreux à arrondir leurs revenus grâce à la contrebande. Ils avaient donc toujours des *pesetas* espagnoles.

Nous sommes partis en le remerciant de ses conseils et de l'intérêt qu'il avait très gentiment porté à nos problèmes. Je me suis souvent demandé ce qu'il était advenu de ce bon rabbin de Perpignan. Je ne suis pas fichu, hélas, de me souvenir de son nom. Mais pour les deux jeunes Juifs que nous étions, la discussion que nous avons eue avec lui nous a rappelé la sagesse et le réconfort que l'on trouve lorsque, avant d'entreprendre une démarche périlleuse, on sollicite l'avis de ceux qui nous enseignent le Talmud.

Peu après avoir quitté la maison du rabbin, nous nous sommes prudemment mis en route vers la frontière qui séparait la France de l'Espagne, à l'affût des gardes-frontière. Dans le lointain, les magnifiques montagnes pyrénéennes s'élevaient vers le ciel, majestueuses, tandis que se diffusait dans l'atmosphère le frais parfum de la végétation. C'était une belle journée ensoleillée, rehaussée par la vue splendide des collines moutonnantes couvertes de fleurs aux douces odeurs. Nous étions si captivés par le paysage alentour et notre détermination à réussir était si forte que cette journée de marche laborieuse s'est presque transformée en une simple promenade. Nous n'avons pas tardé à approcher d'une ferme catalane.

Le paysan est venu à notre rencontre pour nous saluer. Il s'est montré si amical que nous nous sommes aussitôt sentis les bienvenus. Nous avons engagé une conversation informelle, car nous ne voulions pas dévoiler ce qui nous amenait là. À notre surprise, il a néanmoins deviné nos intentions. Nous n'étions visiblement pas les premiers fugitifs juifs qui étaient venus le trouver et sans doute pas les derniers non plus. Une fois sa confiance acquise, il nous a avoué qu'il avait aidé de nombreux autres Juifs à traverser la frontière jusqu'en Espagne. Rien n'aurait pu mieux nous remonter le moral. Jusqu'alors, nous avions dû nous en remettre à nous-mêmes. La gentillesse de ce paysan nous a profondément émus, de même que sa proposition de nous venir en aide. Il nous a dit qu'il pouvait changer nos devises françaises contre des *pesetas* espagnoles et nous a invités à nous joindre à lui et à sa famille à la table du dîner, puis à passer la nuit chez eux pour que nous puissions entamer notre longue marche le lendemain matin. Nous l'avons bien entendu payé en retour de son hospitalité généreuse. Il le méritait amplement. Nous étions tout joyeux, Wolf et moi, allongés dans nos lits ce soir-là, à discuter et à rire de combien ce premier segment de notre voyage se révélait simple.

Après une nuit paisible, nous nous sommes réveillés sous un soleil radieux qui brillait dans un ciel d'un bleu profond. Après un petit déjeuner copieux, notre hôte a changé mes 5 000 francs en *pesetas* espagnoles. J'avais tiré cette somme de mes réserves, ce qui me laissait encore un petit pécule réparti à parts égales entre les dollars américains et les francs suisses que j'avais obtenus à Marseille. Le tout constituait une somme considérable à l'époque. Nous avons fait nos adieux à tous les membres de la famille de notre hôte et nous sommes partis avec le paysan. Il nous a conduits dans une zone sûre qui devait nous mener jusqu'à la frontière espagnole, puis il s'est arrêté au beau milieu d'un endroit complètement isolé pour nous dire qu'il n'irait pas plus loin. Il nous a donné des indications très compliquées, puis nous a tendu la main en guise d'adieux, nous souhaitant bonne chance. Nous l'avons remercié sincèrement et, en gage de notre gratitude, nous lui avons donné 50 francs de plus.

Maintenant que nous devions nous débrouiller seuls, j'ai commencé à angoisser à l'idée que nous nous apprêtions à nous aventurer illégalement dans un pays étranger. Au début de notre expédition, nous avions l'impression de pouvoir marcher ainsi pour l'éternité, mais notre énergie apparemment inépuisable a commencé à diminuer peu à peu. Nous nous sommes donc arrêtés pour nous reposer. D'après nos montres, cela faisait plus de six heures que nous marchions à une allure régulière si bien que, outre la fatigue, nous commencions à avoir faim. Nous nous sommes assis en haut d'une montagne, où nous avons pris notre déjeuner accompagné d'un peu de vin. Ce repas substantiel nous a rapidement revigorés et nous étions prêts à continuer.

Il n'y avait que des montagnes à perte de vue, des kilomètres durant, si bien que nous avons forcément commencé à nous demander si nous ne nous étions pas perdus. Un drôle de sentiment nous a soudain envahis – comme si nous avions été perdus dans l'une de ces forêts ou de ces jungles denses que nous avions vues si souvent au cinéma – et nous nous sommes mis à avoir un peu peur.

Heureusement, cette sensation s'est estompée rapidement. Nous ne savions pas du tout si nous avions réellement franchi la frontière ou si nous étions encore en territoire français et c'était bien là une partie du problème. Et pour compliquer le tout, nous avons commencé à nous disputer, Wolf et moi, sur la direction à prendre, chacun essayant avec entêtement de persuader l'autre qu'il avait raison. Nous avons failli en venir aux mains ! Dans ces cas-là, la raison ne prend pas nécessairement le dessus sur l'émotion et nous avons pris la décision stupide de partir chacun de notre côté, sans dire un mot. Je ne sais pas lequel de nous deux était le plus effrayé à l'idée de se retrouver tout seul au milieu de nulle part. J'avais le cœur serré et j'aurais voulu crier à l'aide. Jamais de ma vie je n'avais ressenti pareil abattement.

J'étais de plus en plus angoissé à mesure que nous nous éloignions l'un de l'autre. J'étais trop obstiné pour céder, mais je n'arrêtais pas de regarder par-dessus mon épaule pour ne pas perdre Wolf de vue. J'espérais qu'il reviendrait à la raison et rebrousserait chemin, ne serait-ce que parce que c'était moi qui détenais tout l'argent. Malheureusement, mon ami a disparu. Pris de panique et alors même que je commençais à revenir sur mes pas, j'ai entendu, à mon grand soulagement, quelqu'un qui criait mon nom d'une voix puissante et stridente. J'ai répondu à mon tour en criant à tue-tête jusqu'à ce que je voie Wolf au loin. Nous nous sommes mis à courir l'un vers l'autre, puis nous nous sommes embrassés et avons convenu de trouver une forme de compromis.

Après avoir marché encore cinq heures durant dans une direction choisie d'un commun accord, il n'y avait toujours pas le moindre signe de civilisation et le soleil était sur le point de se coucher. Nous étions parvenus au compromis suivant : nous marcherions dans une direction pendant un certain nombre d'heures avant de revenir à notre point de départ, puis nous changerions de direction jusqu'à ce que nous atteignions un village ou une ferme. Si nous avions suivi précisément les instructions de notre guide catalan, nous aurions déjà dû être à Figueras. Nous nous étions manifestement perdus. Épuisés et affamés, nous nous sommes arrêtés pour manger. Ayant presque épuisé toute notre nourriture, il fallait donc absolument que nous trouvions une zone habitée ce soir-là, ou le jour suivant. Nous avons évalué notre situation et décidé qu'il serait plus sûr de continuer à marcher pendant la nuit plutôt que de perdre un temps précieux à dormir. Nous avons donc suivi un sentier qu'on discernait à peine, car il faisait déjà nuit.

Les heures s'écoulaient, mais nous ne voyions toujours rien. Nous avons continué à marcher dans la nuit, scrutant les ténèbres dans l'espoir de voir les signes d'une présence humaine. Nous marchions d'un pas lourd, gravissant colline après colline, et notre angoisse ne cessait d'augmenter. À mesure que la fatigue nous envahissait, nous ralentissions l'allure, de plus en plus démoralisés. Nous commencions à désespérer de revoir jamais âme qui vive. D'énormes nuages noirs s'accumulaient au-dessus de nous et il n'y avait autour de nous que des collines dénudées qui n'offraient aucun abri en cas d'averse.

La pluie a fini par arriver entre 1 heure et 2 heures du matin. Cela a commencé par une légère averse, puis elle est tombée de plus en plus drue, nous trempant jusqu'aux os. Lorsqu'elle s'est enfin arrêtée temporairement, Wolf a vu les contours d'une maison qui se dessinaient vaguement dans le noir. Nous sommes aussitôt passés du pessimisme le plus noir à un optimisme radieux. Portés par notre enthousiasme, nous nous sommes élancés vers la maison, qui se trouvait à un kilomètre à peine de l'endroit où nous étions et, dans son ardeur, Wolf a bien failli en perdre l'équilibre. J'espérais qu'il ne s'agissait pas d'un mirage. Par chance, cette maison était bien réelle, ce qui nous a fait progressivement oublier la pluie battante à mesure que nous nous en approchions.

Nous ne savions pas si nous étions en Espagne, mais nous étions trop trempés, épuisés et rompus pour nous en préoccuper. Lorsque nous avons enfin atteint la maison de ferme, nous avons rassemblé notre courage et nous avons frappé quelques coups hésitants à la porte. Comme personne ne répondait, nous avons frappé un peu plus fort. Toujours rien. Nous avons tapé encore, frénétiquement cette fois, pendant près de cinq minutes. Puis, alors que nous étions sur le point d'abandonner, quelqu'un nous a crié quelque chose en espagnol depuis une fenêtre à l'étage pour nous demander ce qu'on voulait. Wolf a répondu en espagnol au paysan, lui demandant s'il pouvait nous abriter pour la nuit. Nous étions prêts à le payer généreusement en échange. Le paysan s'est excusé en nous répondant qu'il ne pouvait laisser entrer des inconnus chez lui à cette heure de la nuit, mais il nous a proposé de nous abriter dans un minuscule appentis jusqu'au matin. J'ai rappelé à Wolf de lui demander où nous nous trouvions et, à notre très grand soulagement, il nous a répondu que nous étions à un kilomètre à l'intérieur du territoire espagnol. Les mois de préparation pour essayer de quitter la France venaient enfin d'aboutir. Tout semblait se dérouler comme prévu.

La capture

Wolf et moi nous sommes précipités vers l'appentis. Une fois à l'intérieur, nous nous sommes retrouvés dans un espace exigu, juste assez large pour pouvoir tenir à deux, sur une planche étroite. Mais même cela n'a pas suffi à nous décourager. Nous étions tellement heureux d'être en Espagne, dans un pays qui n'était pas sous contrôle allemand. Nous avons tiré des vêtements secs de nos sacs à dos pour nous changer, puis nous avons discuté de nos projets immédiats. Nous étions épuisés, mais trop fiers et trop joyeux pour dormir. Nous avons passé le restant de la nuit à rire et à parler.

Vers 5 h 30 environ, le paysan est venu nous chercher pour nous inviter à entrer chez lui. Nous accueillant par un « *Buenos días* » (bonjour), il s'est excusé d'être arrivé plus tard qu'il ne l'avait prévu, nous expliquant qu'il avait fallu une demi-heure de plus à sa femme pour préparer notre petit déjeuner. Affamés comme nous l'étions tous les deux, nous ne pouvions qu'en être des plus reconnaissants. La femme du paysan nous a servi un petit déjeuner très substantiel avec café à volonté. Pendant le repas, Wolf a demandé au paysan comment aller à Barcelone. Notre hôte lui a donné des instructions très détaillées sur la manière de se rendre là-bas en passant par Figueras, puis il a proposé de nous emmener sur une partie du trajet dans son chariot tiré par un cheval. Nous étions sensibles à sa générosité et nous avons été quelque peu gênés lorsqu'il a refusé d'accepter tout paiement pour nous avoir nourris et ainsi aidés à commencer notre voyage. Nous sommes montés à l'arrière de son chariot et c'est ainsi que nous avons cheminé à travers la campagne espagnole vallonnée.

Au bout d'un certain temps, le paysan nous a dit qu'il ne pouvait aller plus loin et nous a montré le chemin vers Figueras. Nous avons tenté une dernière fois de lui proposer de l'argent, mais, devant son nouveau refus, nous lui avons témoigné encore une fois toute notre gratitude et lui avons serré la main. Seuls à présent, c'est pleins d'entrain que nous avons pris la route qui menait à Figueras et Barcelone et nous nous sommes mis à chanter. Cette magnifique journée ensoleillée nous paraissait absolument idéale.

Après de nombreuses heures de marche, nous sommes arrivés à Figueras. Vêtus comme des Catalans et avec Wolf qui parlait couramment espagnol, il ne nous était jamais venu à l'idée que nous pourrions éveiller les soupçons. Cette longue marche nous ayant donné faim et soif, nous avons décidé de chercher un bistrot ou un restaurant. Non loin du centre de la ville, nous sommes tombés sur plusieurs bistrots et nous avons décidé d'entrer dans l'établissement le plus bondé afin de ne pas attirer l'attention. À notre grande déception, aucune table n'était libre et nous avons dû nous asseoir au comptoir. Wolf a pris un menu et me l'a traduit en yiddish à voix basse, puis il a passé notre commande en demandant beaucoup d'eau. Nous avons bien profité de notre repas et une demi-heure plus tard environ, nous avons réglé la note et sommes sortis.

Alors que nous étions si heureux et que l'avenir ne nous avait jamais semblé plus radieux, tout s'est soudain effondré. Nous venions de nous arrêter pendant 5 à 10 minutes à l'extérieur de la ville pour consulter nos cartes et décider de la distance à parcourir ce jour-là quand, surgis de nulle part, deux *carabineros* (des gardes-frontière espagnols), fusils à la main, nous ont sommés de mettre les mains en l'air. J'étais pétrifié. Ils nous ont fouillés et ils ont pris mon portefeuille qui contenait tout l'argent que je possédais (soit l'équivalent de plus de 1 000 dollars). On ne m'a jamais rendu un seul sou. Ces soi-disant garants de l'ordre public m'ont volé tout mon bien.

Après notre arrestation, on nous a emmenés au commissariat de Figueras où j'ai été séparé de Wolf. Nous ne nous sommes jamais revus. Il m'a fallu des années pour comprendre pourquoi les *carabineros* m'avaient séparé de mon cher ami. Je suis à présent convaincu qu'ils ne souhaitaient pas que leurs supérieurs sachent qu'ils avaient dérobé le contenu de mon portefeuille. Sachant que Wolf parlait espagnol et moi non, ils voulaient s'assurer que je ne pourrais pas accuser les deux officiers qui avaient procédé à notre arrestation d'avoir pris mon argent.

Ce vol était certes grave, mais ce n'était rien comparé à la tristesse que j'éprouvais d'avoir été séparé de Wolf et à l'idée que tous mes efforts pour rejoindre ma famille à Buenos Aires semblaient désormais anéantis. Enfermé dans une cellule et laissé seul pendant ce qui m'a paru être une éternité, j'ai perdu peu à peu tout espoir de revoir mes parents et ma sœur. Je ne pouvais qu'imaginer le pire – qu'on me renverrait en France ou qu'on me livrerait aux Allemands. Il aurait fallu un miracle pour changer le cours des choses.

J'ai tenté en vain de comprendre ce qui s'était passé. Peut-être aurions-nous dû éviter cette escale à Figueras. Peut-être aurions-nous dû emprunter les transports locaux et voyager en car ou en train. Nous nous étions très certainement fait repérer parmi la petite population locale qui avait dû tout de suite remarquer la présence d'étrangers en son sein. Étant donné qu'on nous avait attrapés si près de la ville, je ne peux qu'en déduire que des locaux ou bien le propriétaire du restaurant nous avaient dénoncés à la police. Nous ignorions alors que les autorités espagnoles avaient renforcé les contrôles aux frontières étant donné que tant de gens passaient par l'Espagne pour fuir en Angleterre et s'enrôler dans les forces armées alliées. Il fallait qu'un étranger traversant illégalement la frontière franco-espagnole soit exceptionnellement aguerri pour ne pas se faire prendre par les *carabineros*.

Le premier jour de mon arrestation a duré jusque tard dans la nuit. On m'avait mis en isolement, mais, le plus dur, c'était encore de ne pas savoir ce qui allait se passer. Alors que je commençais à m'endormir, épuisé par les événements de la journée, j'ai été réveillé par le bruit sourd de la porte de ma cellule qui s'ouvrait. Plusieurs gardiens sont alors entrés et m'ont fait signe de les suivre à l'extérieur jusqu'à un fourgon de police où se trouvait déjà une douzaine de prisonniers. Nous avons roulé dans la nuit jusqu'à ce que le véhicule s'arrête devant une immense et vieille prison grise. Nous sommes sortis et les policiers nous ont alignés en rang, puis nous ont fait entrer dans un vaste couloir qui menait à un escalier en colimaçon. L'ascension jusqu'au dernier étage du bâtiment m'a semblé interminable. Nous avons fini par entrer dans un couloir sombre et, à mi-chemin, les officiers ont déverrouillé une porte en apparence ordinaire. Mais quel choc que de voir au moins 70 personnes ainsi pressées dans une seule grande pièce bondée ! Il y avait à peine assez d'espace pour bouger et encore moins pour s'allonger sur le sol carrelé afin de dormir un peu.

J'ai passé 12 des jours et des nuits les plus tristes de toute ma vie dans ces conditions déplorables. Outre le fait que je ne dormais pas, les trois repas quotidiens qu'on nous servait se résumaient à un peu plus que ce qui est nécessaire pour survivre. Je leur étais malgré tout reconnaissant de ne pas m'avoir renvoyé en France ou remis aux Allemands. C'est pourquoi je me suis résigné à affronter ce que le sort me réserverait. J'ai accepté la difficulté de ma nouvelle situation. Chaque jour qui passait devenait une épreuve d'endurance alors que je mourais de faim. Nous attendions tous nos maigres rations avec une telle impatience que nous étions presque devenus des animaux sauvages.

Pendant ces 12 jours d'enfermement à Figueras, j'ai rencontré un certain nombre de gens, parmi lesquels un Belge, deux Français et un Anglais. Chaque journée était semblable à la précédente : nous passions tout notre temps dans cette pièce bondée. Lors de la douzième de ces journées atroces, on m'a sélectionné avec quelques autres qui devaient être transférés à Barcelone à bord d'un train de marchandises. Nous n'avons pas su où nous allions avant d'entrer dans la gare principale de Barcelone. De là, on nous a fait marcher jusqu'à une prison. C'était tellement bon de marcher ainsi librement aux premières lueurs de l'aube dans les rues de cette ville après 12 jours d'emprisonnement! Alors que je respirais l'air frais et que j'admirais les bâtiments et leurs rangées innombrables de magasins, j'ai compris à quel point la liberté que j'avais perdue était précieuse, mais aussi tout ce que j'étais prêt à accomplir pour la recouvrer.

Nous sommes arrivés bien trop vite à la prison. Nous avons franchi d'énormes portes de fer, puis on nous a conduits vers l'entrée. Une fois à l'intérieur, on nous a emmenés dans ce qui ressemblait à une cellule carcérale, mais qui en fait n'était autre qu'une pièce immense remplie de centaines de prisonniers. Nous venions de perdre notre liberté temporaire. Plus tard le même jour, j'ai rencontré un prisonnier espagnol qui parlait français. Au cours de notre conversation, j'ai eu la surprise de découvrir que c'était un soldat républicain qui s'était battu contre Franco pendant la guerre civile espagnole. Il faisait partie des centaines de milliers de combattants républicains qui se trouvaient encore en prison. Il était choquant de découvrir que, près de deux ans après la guerre civile, le régime de Franco maintenait encore tant d'Espagnols en détention. Les familles des prisonniers avaient au moins l'autorisation de leur apporter des vivres tous les jours. Cela faisait peine à voir : tous ces gens, amers et pleins de ressentiment d'avoir soutenu le parti légitimement élu par le peuple espagnol pour le voir violemment renversé par des armes et des hommes que les complices de l'Axe, Hitler et Mussolini, avaient fournis à Franco.

J'ai commencé à accuser le coup à force de passer mes nuits et mes jours dans cette prison de Barcelone. Stressé à l'idée de ne pas savoir combien de temps je resterais enfermé ainsi, je me suis mis à m'imaginer attablé dans un luxueux restaurant français où je commandais des plats de choix, ou encore débarquant à Buenos Aires où ma mère, mon père et ma sœur m'attendaient sur le quai. Je vivais une tout autre réalité cependant : j'avais perdu tout entrain, j'étais triste et frustré et puis, surtout, j'avais très faim. La faim vous conduit au point où vous pourriez manger n'importe quoi pour la calmer. En outre, j'étais contraint de coucher à même le sol de ciment avec une seule couverture étalée sous moi et une autre pour me couvrir, me servant de mon sac à dos comme d'un oreiller. À un certain stade, incapable de supporter la faim plus longtemps, j'ai proposé de vendre la seule paire de chaussures que je possédais à l'un de mes codétenus espagnols en échange de trois miches de pain et d'une paire de sandales. J'ai caché le pain dans mon sac à dos pour qu'on ne me le vole pas.

Je me sentais très seul sans Wolf. Je possédais l'adresse de sa mère, c'est pourquoi j'ai pensé à écrire à la mienne pour lui demander de prendre contact avec elle. Mais, après y avoir réfléchi, je me suis dit que je ne tenais vraiment pas à ce que ma mère sache que je me languissais dans une prison espagnole perdue.

Alors que je m'étais presque habitué aux rigueurs de mon incarcération, apprenant à vivre avec la faim au ventre, la solitude et un sol de pierre pour toute couchette, un policier est venu me sortir de cette geôle. J'avais déjà passé un total de 24 jours en détention, dont la moitié à Barcelone, et la police espagnole me transférait maintenant dans une nouvelle prison. Une fois encore, on m'a tiré de ma cellule sans ménagement, puis on m'a conduit dans un wagon de marchandises avec d'autres prisonniers. Nous ne savions pas où l'on nous emmenait. Nous ne pouvions qu'espérer que ce qui nous attendait ne serait pas pire que ce dernier endroit. Certains se demandaient même si nous ne faisions pas route vers la frontière française, où l'on nous livrerait aux Allemands, ou si l'on n'allait pas nous relâcher sous réserve que nous quittions le pays. Il était évidemment ridicule d'espérer pareille chose, mais que reste-t-il quand tout espoir a disparu ?

Après un long voyage cahoteux, nous nous sommes retrouvés sur le quai de la gare, remplissant nos poumons de l'air frais et vif de l'hiver, profitant du bout de campagne que nous pouvions y apercevoir. Pendant un bref instant, nous avons goûté à la liberté avant que l'on ne nous emmène jusqu'à la prison de Saragosse, à environ 300 kilomètres à l'ouest de Barcelone. En arrivant là-bas, j'ai constaté quelques améliorations par rapport à la prison précédente : on nous a donné des lits de camp et la nourriture était bien meilleure. Cependant, je ne savais pas encore que j'allais être incarcéré dans une cellule où je ne pourrais effectuer plus de cinq pas dans un sens et trois dans l'autre, tout seul, sans voir ni entendre aucun autre être humain, à l'exception, bien sûr, du gardien qui m'apportait mes rations de nourriture. Cela m'a rendu fou de n'avoir personne à qui parler tout au long de la journée, ni même ne serait-ce qu'un livre ou un journal à lire. À mesure que s'égrenaient les jours, le découragement et la désillusion sont devenus mes compagnons de cellule et ils ne m'ont plus jamais quitté.

Après une douzaine de jours, alors que je commençais à perdre tout espoir d'être jamais relâché de la prison de Saragosse, la situation a connu un nouveau revirement. Comme pour répondre à ma prière, j'ai entendu le bruit de pas lourds qui se sont arrêtés devant la porte de ma cellule. Pour la première fois depuis mon arrivée à Saragosse, j'ai souri, en apprenant que l'on me transférait. Cela faisait 36 jours que j'avais été incarcéré.

Pendant toute la durée de mon incarcération dans trois prisons espagnoles, j'ai été constamment exposé à la langue du pays et j'ai réussi par conséquent à en acquérir quelques rudiments. Étant elle aussi une langue latine, l'espagnol comporte de nombreuses similitudes avec le français, ce qui la rend d'autant plus facile à apprendre pour un francophone. Je ne l'ai jamais parlée couramment, mais j'en ai appris assez pour me faire comprendre.

Lorsque j'ai quitté la prison, on nous a mis en rangs, quelques autres prisonniers (qui s'étaient presque tous enfuis de France) et moi-même, avant de nous conduire jusqu'à la gare. Après environ une heure d'attente, nous sommes montés à bord d'un train qui partait pour une nouvelle destination. Pendant le voyage, les prisonniers se demandaient tous où nous allions. Une fois encore, certains craignaient qu'on ne nous ramène en France, tandis que d'autres prédisaient que nous allions être transférés dans une autre prison. Il allait s'avérer que nous nous étions tous trompés. Notre destination demeurait un mystère et les gardes espagnols ne nous ont bien entendu rien dit. J'ai passé la plupart du temps à parler avec mes nouveaux compagnons, refusant de m'étendre sur toutes ces incertitudes. Au lieu de cela, je leur ai raconté comment j'avais vécu la traversée de la frontière espagnole. Nous avons également discuté de plans d'évasion potentiels, mais nous avons fini par conclure que les risques l'emportaient sur les chances de réussite.

Après avoir voyagé vers l'inconnu pendant plusieurs heures marquées par l'angoisse, nous sommes entrés en gare et nos craintes ont été quelque peu apaisées. Nous n'étions pas en France : le panneau indiquait que nous nous trouvions dans la ville de Miranda de Ebro, dans la province espagnole de Burgos.

Miranda de Ebro

Nous sommes arrivés à Miranda de Ebro par une froide journée de janvier 1941. On nous a fait attendre dans le train pendant environ une demi-heure avant de nous laisser descendre. Il y avait du soleil, mais l'air était vif et nous ne portions pas de vêtements adaptés à la saison. Affamés et frigorifiés, nous nous sommes mis en rangs, puis on nous a conduits jusqu'au portail d'un camp identifié par un panneau sur lequel était écrit « *Campo de concentración de Miranda de Ebro* ». De cette entrée, nous pouvions déjà apercevoir assez de casernes militaires pour accueillir des centaines de prisonniers. Et, à peine en avions-nous franchi le seuil que nous avons vu des détenus à l'air miteux, vêtus d'uniformes gris terne et coiffés d'un calot estampillé à l'avant de la lettre noire P, pour *prisionero* (prisonnier). Je n'avais jamais entendu parler de camps de concentration, mais l'endroit n'était manifestement guère accueillant.

Dès notre arrivée au camp, on nous a fait sentir l'indignité associée au statut de prisonnier. Les officiers militaires ont commencé par nous raser la tête. C'était une véritable humiliation, mais j'essayais de me convaincre que le fait d'être rasé n'était pas la fin du monde – après tout, il n'y avait aucune fille dans le camp. Après notre coupe de cheveux, on nous a tous conduits dans une autre pièce où l'on nous a remis nos uniformes grisâtres, deux couvertures et un plat de métal rond ainsi qu'une cuiller. Comme on approchait de midi, les gardes nous ont emmenés tout au bout du terrain, là où se trouvait la cuisine. Nous y avons vu des prisonniers qui installaient deux immenses marmites placées au même niveau mais à trois mètres d'écart l'une de l'autre. Les autres détenus ont formé deux files devant les marmites, puis les gardes nous ont ordonné de nous joindre à eux. Lorsque nous sommes arrivés en tête de file, un soldat espagnol nous a tendu de minuscules petits pains de maïs, tandis qu'un autre nous servait de la soupe tirée de la marmite. La portion de chacun se résumait à deux pleines louches de soupe et à une minuscule miche de pain que nous devions partager entre deux personnes. Nous étions consternés par la maigre ration qui constituait notre déjeuner, mais quel n'avait pas été notre choc en découvrant que nous n'aurions pour tout dîner que deux autres louches de soupe, mais sans pain cette fois-ci ! Le lendemain matin, le petit déjeuner devait être encore pire : deux louches d'ersatz de café sans rien de plus substantiel.

Étant donné que les prisonniers n'avaient pas le droit d'avoir de couteaux, il n'y avait qu'une seule façon de diviser notre pain en deux : soit à l'aide du manche d'une cuiller, soit à la main. Les parts inévitablement inégales causaient de fréquents accès de colère, c'est pourquoi quelques semaines plus tard, j'ai suggéré au détenu avec lequel on m'avait apparié que chacun prenne le tout à tour de rôle pour éviter les conflits, ce à quoi il a immédiatement acquiescé.

Après un déjeuner qui nous a laissés presque encore plus affamés qu'avant, un homme à l'allure distinguée, aux cheveux gris et portant la moustache a procédé à l'appel des prisonniers qui venaient d'arriver et nous a demandé de le suivre. Il avait un accent allemand. Nous nous sommes arrêtés devant l'une des baraques et il s'est présenté sous le nom de *señor* Pfefferkorn, puis il nous a expliqué brièvement le fonctionnement du camp. C'était un kapo, c'est-à-dire un détenu chargé de la surveillance des prisonniers et du maintien de l'ordre dans notre baraque. À chaque nouvelle arrivée au camp, c'était apparemment *señor* Pfefferkorn qui devait s'occuper des prisonniers juifs pour la baraque dont il avait la charge. Juif né en Allemagne et ayant vécu pendant 25 ans en Espagne, *señor* Pfefferkorn m'a dit qu'il y avait environ 25 000 Juifs en Espagne, dont bon nombre y étaient nés, le reste de cette population étant composé de ressortissants étrangers.

Dès l'arrivée de Pfefferkorn à Miranda, les autorités militaires espagnoles avaient remarqué ses capacités intellectuelles et linguistiques. Il était en effet très instruit et parlait plusieurs langues, dont l'espagnol, le français, l'anglais et l'allemand. Il n'avait donc pas fallu longtemps pour qu'on en fasse un kapo. Ce statut lui conférait un certain nombre d'avantages auxquels les autres prisonniers n'avaient pas droit, comme un vaste espace personnel à l'entrée de la baraque, séparé des autres détenus par des couvertures de l'armée. Il jouissait également du luxe d'avoir un petit poêle et des rations de nourriture beaucoup plus substantielles que les nôtres. C'était un homme à la stature imposante dont seule présence, conjuguée à son intelligence supérieure, forçait le respect de tous dans le camp, y compris du commandant.

Pfefferkorn m'a attribué un espace à l'étage inférieur d'un bat-flanc situé à peu près aux trois quarts de la longueur de la baraque. Je partageais cette couchette avec deux autres prisonniers : un Juif allemand à ma gauche, qui avait vécu en Espagne aussi longtemps que Pfefferkorn, et un Juif danois à ma droite, qui n'était autre que le président de la Fédération sioniste danoise. Je ne sais pas très bien comment il s'était retrouvé à Miranda. Nous dormions sur des planches de bois nues sur lesquelles nous étalions l'une des couvertures qu'on nous avait allouées, tandis que l'autre servait à nous couvrir. L'hiver était froid et le sol couvert de neige. Les baraques n'étaient pas du tout chauffées.

Il ne m'a pas fallu longtemps pour me faire de nouveaux amis. Ce premier jour, j'ai discuté avec mes voisins, ainsi qu'avec d'autres prisonniers de la baraque. Nous étions tellement absorbés par le récit des autres que nous en avons oublié un temps nos conditions de vie déplorables. À la nuit tombée, nous sommes tous retournés à nos couchettes. Mais, avant d'aller au lit, le Juif allemand à ma gauche a cherché à nous faire rire. Il m'a tendu un miroir de métal, puis m'a ôté le calot avant de déclarer : « Aimeriez-vous voir à quoi ressemble un beau singe ? » Le réveil a été brutal lorsque je me suis vu dans le miroir. Je n'ai pas trouvé cela drôle du tout, mais, ne voulant pas gâcher le plaisir des autres, j'ai joué le jeu en feignant de ne pas être affecté par mon apparence, riant même en chœur avec eux.

J'ai eu du mal à m'installer sur les planches de bois dur, me retournant sans cesse pour tenter de soulager mon inconfort. J'ai fini par sombrer dans un profond sommeil et je ne me suis réveillé qu'au son de la voix puissante de *señor* Pfefferkorn qui nous ordonnait de le suivre jusqu'à la vaste place de rassemblement à 6 heures pile pour y écouter l'hymne national espagnol. Après une nuit aussi peu confortable, j'ai eu du mal à me lever. J'avais tout le corps endolori et je me sentais aussi raide que les planches sur lesquelles j'avais dormi. Je me suis joint néanmoins à mes camarades sur l'esplanade où l'on nous a disposés en rang face au commandant et à l'orchestre militaire. Le commandant se tenait au garde-à-vous sur une tribune et, tandis que l'orchestre jouait, les prisonniers devaient lever la main droite pour faire le salut fasciste et ce, pendant toute la durée de l'hymne national. Puis, chaque fois que le commandant criait *España* (Espagne), nous devions répondre à l'unisson « *Una !* » (Une !), puis « *Grande !* » (grande) et enfin « *Libre !* » (libre). Après quoi nous pouvions rompre les rangs.

Nous sommes retournés à la baraque pour récupérer notre gamelle et faire la queue pour recevoir le petit déjeuner, c'est-à-dire deux louches d'ersatz de café. Il a fallu ensuite nous rendre aux travaux forcés. Vers 7 heures, un détachement de gardes nous a emmenés à l'extérieur du camp pour nous conduire jusqu'à une carrière où nous avons passé la matinée à ramasser de lourdes pierres que nous mettions dans des paniers tressés jusqu'à ce qu'ils soient remplis à ras bord. Il fallait ensuite les transporter sur nos épaules sur une distance considérable avant d'en déverser le contenu. Ce travail extrêmement ardu nous faisait suer abondamment, mais nous n'étions pas autorisés à boire avant d'avoir atteint notre quota ou bien la fin de la journée.

La carrière se trouvait assez loin du camp. C'est pourquoi nous étions sous la surveillance de gardes lourdement armés qui veillaient à ce que personne ne s'échappe. S'ils estimaient que quelqu'un se dérobait à la tâche ou qu'il allait trop lentement, ils n'hésitaient pas à lui donner des coups de crosse dans le dos ou dans les jambes. C'est ce qui m'est arrivé le tout premier jour. Me voyant peiner à soulever le lourd panier de pierres pour le hisser sur mes épaules, l'un des gardes m'a flanqué un grand coup de crosse dans le dos. J'ai eu mal pendant des semaines et, sans même avoir eu le temps de m'en remettre, je subissais le même traitement au cours d'une autre période de corvée. À 11 heures, nous avons cessé le travail et on nous a escortés jusqu'au camp. Que Dieu soit loué pour la sieste espagnole ! On nous a épargné le travail forcé pendant le restant de la journée. Ces quatre heures de dur labeur le ventre vide m'avaient enlevé presque toute mon énergie.

Le camp de Miranda, qui se trouvait sur un plateau dominant l'Èbre, ressemblait à une forteresse. Il était encerclé par des gardes et des clôtures de barbelés au-delà desquelles coulait le fleuve. De l'autre côté, il y avait encore d'autres gardes. Certains prisonniers pensaient que les clôtures étaient électrifiées : quiconque y touchait risquait l'électrocution. Toute tentative d'évasion semblait suicidaire, même si à l'époque de mon incarcération à Miranda, un prisonnier juif a réussi à s'échapper et à atteindre le Portugal.

Les détenus du camp étaient de différentes nationalités et ils s'étaient fait prendre pour la plupart en train d'essayer de fuir la France. Parmi les quelque 900 ressortissants, dont seulement 90 Juifs environ, il y avait des Britanniques, des Français, des Polonais, des Belges, des Tchécoslovaques et des Néerlandais, ainsi que quelques autres nationalités. À ce stade de la guerre – nous n'étions qu'en 1941 – l'ambassade de Grande-Bretagne à Madrid avait appris que des citoyens britanniques étaient détenus à Miranda et le pays avait donc entamé une procédure pour obtenir leur libération en échange d'essence dont les Espagnols manquaient cruellement.

Cette procédure s'est hélas avérée d'une extrême lenteur. Nous avions accès aux journaux fascistes espagnols grâce à la cantine du camp où l'on pouvait acheter des biens de première nécessité si on avait de l'argent. Il nous est apparu que, à mesure que les Allemands l'emportaient sur les forces britanniques dans la campagne nord-africaine, Franco accordait sa préférence aux vainqueurs, ce qui avait un effet négatif sur les négociations britanniques. Le feld-maréchal allemand Erwin Rommel et son corps d'armée, l'Afrikakorps, avaient débarqué en Afrique le 12 février 1941 et, dès le 14 février, il lançait sa campagne. Le 24 mars, à la faveur d'une offensive, les Allemands avaient reconquis El-Agheila, mettant les Britanniques en déroute jusqu'à Tobrouk. Cependant, la grave pénurie d'essence qui frappait l'Espagne incitait fortement les autorités à procéder quand même à l'échange de prisonniers.

Cela faisait environ deux mois que j'étais à Miranda lorsqu'un émissaire britannique est venu interroger les détenus non britanniques qui souhaitaient se rendre en Grande-Bretagne pour s'engager dans leurs armées respectives. Les entretiens avaient lieu dans notre baraque où les quartiers de *señor* Pfefferkorn faisaient office de bureau tandis qu'il jouait les interprètes. N'étant plus en âge de porter les armes, *señor* Pfefferkorn n'était donc pas admissible à ce départ pour la Grande-Bretagne. Lorsque mon tour est venu, bien que je n'aie pas eu besoin de ses services, *señor* Pfefferkorn est néanmoins resté à mes côtés pour m'apporter son soutien moral. Il avait perçu ma timidité et ma gêne devant cet émissaire et sa présence m'avait mis à l'aise. Il avait également fait quelques plaisanteries qui avaient fait rire jusqu'au Britannique. Je n'ai donc pas tardé à déposer ma candidature pour partir en Grande-Bretagne.

Au cours de notre entretien, l'émissaire a été très surpris d'apprendre comment j'en étais arrivé à passer la moitié de ma vie au

Canada. Une fois qu'il a été parti, j'ai eu le temps de réfléchir à la pertinence de mon départ pour l'Angleterre. Le cours de ma vie avait pris une tout autre orientation. Après tout, mon avenir n'était-il pas en Argentine avec ma famille ? D'un autre côté, l'idée de partir en Angleterre était bien plus réjouissante que de vivre dans les conditions déplorables du camp de concentration. On venait de m'offrir une chance formidable, comme tombée du ciel.

Alors que j'avais déjà largement entamé mon quatrième mois d'incarcération et après avoir enduré un hiver rude, je ne savais toujours pas si on allait me libérer. Il était impossible de se réchauffer. Non seulement il n'y avait pas de chauffage dans la baraque et je n'avais qu'une seule couverture, mais il fallait en outre que je marche tous les jours dans la neige avec des sandales aux pieds. Pire encore, je subissais plusieurs fléaux – puces et poux – et, pour couronner le tout, je souffrais d'une dysenterie grave. Plus le temps passait, plus je m'affaiblissais. Tous les jours nous subissions la même parade matinale assortie du même salut fasciste, puis nous marchions jusqu'à la carrière pour y accomplir notre labeur pendant quatre à cinq heures. Ensuite, comme d'habitude, nous nous mettions en rang pour recevoir nos rations dérisoires et passions le restant de la journée à bavarder avec des amis ou à dormir pour oublier nos souffrances.

Heureusement pour tout le monde, l'arrivée du printemps a rendu les choses plus faciles, tandis que la chaleur du soleil et l'air frais de la montagne contribuaient à nous redonner de l'énergie. J'avais encore plus d'amis à cette époque, des Juifs comme des non-Juifs. Mon plus proche ami parmi les non-Juifs était un Écossais du nom de Jock. J'ai encore une photo sur laquelle nous figurons tous les deux avec un autre ami juif du nom de Hershorn. Comme la plupart d'entre nous au camp, Jock avait été appréhendé en Espagne après s'être échappé de France où on l'avait pris au piège alors qu'il était rattaché à une unité de combat des forces britanniques. Nous avions à peu près le même âge et nous nous entendions extrêmement bien – si bien, d'ailleurs, qu'il passait plus de temps en ma compagnie qu'avec ses camarades britanniques. Par certains aspects, nous avions la même histoire : il avait grandi dans la pauvreté, son père parvenant à peine à gagner sa vie en tant que chiffonnier. Jock était gentil et attentionné. Il faisait preuve d'un réel intérêt pour tout ce que j'avais enduré.

Hélas, mon amitié avec Jock n'a duré qu'une douzaine de semaines. Alors que nous nous apprêtions à entamer notre quatrième mois dans le camp, en avril 1941, *señor* Pfefferkorn a été convoqué dans le bureau du commandant pour en revenir avec une liste établie par l'ambassade britannique indiquant le nom des premiers prisonniers britanniques qui devaient être libérés. Or, en tant que soldat britannique, mon ami Jock figurait parmi eux. Il a sauté de joie en entendant *señor* Pfefferkorn appeler son nom et je l'ai félicité chaleureusement. Désolé d'apprendre que je n'étais pas sur la liste, il a essayé de me réconforter, m'assurant que mon tour viendrait bientôt.

En l'espace de quelques jours, l'émissaire britannique est revenu pour escorter les prisonniers libérés hors du camp. Tous ceux qui restaient ont soudain connu un regain d'optimisme, car ils avaient désormais l'espoir d'être libérés eux aussi. Les détenus qui n'étaient pas britanniques ont également célébré l'événement, car ils pouvaient prétendre à une remise en liberté par l'entremise de leurs ambassades, même si les listes suivantes ne devaient comporter aucun nom de prisonniers juifs, comme nous devions le découvrir par la suite. Étant apatride, sans ambassade vers laquelle me tourner, je n'avais aucune idée de quand mon tour viendrait. Avant le départ de Jock, nous nous sommes dit que nous espérions nous revoir bientôt en Grande-Bretagne. Il m'avait appris des chansons et réciproquement. Les siennes parlaient de son Écosse natale, tandis que je lui enseignais des chansons françaises. Chaque fois qu'il essayait de chanter en français, son accent me faisait hurler de rire, mais, cela mis à part, il apprenait ces airs très rapidement. Alors que je repense à lui maintenant, je me demande s'il se rappelle encore certaines des chansons que je lui avais apprises, car je me souviens de plusieurs des siennes. La vie étant ce qu'elle est, nous ne nous sommes cependant jamais revus.

Peu après la première vague de libération de prisonniers britanniques, au début du printemps 1941, mon voisin de baraque, natif d'Allemagne, a subi un dur coup du sort. Des officiers de la Gestapo sont venus à Miranda pour connaître le nombre de ressortissants juifs allemands qui y étaient enfermés. Parmi les 90 prisonniers juifs environ, deux seulement étaient nés en Allemagne : mon compagnon de baraque et notre kapo, *señor* Pfefferkorn. Pour une raison que j'ignore, on n'avait pas donné le nom de ce dernier à la Gestapo. Je crois que le commandant espagnol, qui l'appréciait et le respectait vraiment, ne voulait pas le livrer aux Allemands. Quoi qu'il en soit, le seul ressortissant allemand identifié comme tel avait été mon compagnon de baraque et les officiers de la Gestapo avaient insisté pour l'interroger. Lorsque nous avons eu vent de cela, tous les détenus juifs se sont mis à craindre pour sa sécurité. Nous étions terrorisés.

Mon ami allemand a été convoqué dans le bureau du commandant pour son entretien avec la Gestapo. Plusieurs heures plus tard, il est revenu à la baraque totalement anéanti. Quelle horreur que de voir cet homme digne et intelligent bouleversé au point de se jeter sur le sol en sanglots ! Je ne savais pas quoi faire devant cet adulte qui pleurait ainsi à chaudes larmes. Je ne savais pas comment le consoler. Lorsqu'il s'est enfin relevé, il m'a dit : « Max, mon cher ami, ils viennent me chercher dans quelques jours. Pardonne mon drôle de comportement, a-t-il alors ajouté. J'ai l'impression d'être un innocent qu'on vient de condamner à mort. J'ai le net sentiment que le voyage que je m'apprête à accomplir vers l'Allemagne sera le dernier. Seule la mort m'attend au bout du périple. » Comment répondre à quelqu'un qui sait précisément quel sort l'attend ? J'ai posé la main sur son épaule et j'ai fait de mon mieux pour le réconforter.

Juste avant que les Allemands ne l'emmènent hors du camp, cet homme merveilleux (je regrette d'avoir oublié son nom) a passé un bon moment à me parler de l'histoire juive et de la façon dont nous avions été chassés de notre mère patrie et forcés à l'exil. Ses paroles m'ont beaucoup impressionné. J'ai été particulièrement marqué par ses fortes convictions quant à la nécessité d'avoir notre propre État. Il m'a fait comprendre que pour pouvoir survivre en tant que peuple, il fallait que le plus grand nombre d'entre nous atteignent la Palestine par quelque moyen que ce soit.

La veille de son départ, mon ami m'a demandé l'adresse de mes parents. Il me ferait savoir ce qui lui arrivait. À ma grande peine, je n'ai jamais plus entendu parler de lui, ce qui m'a porté à conclure qu'il a fait partie des victimes de l'Holocauste comme il l'avait prédit. Il m'a laissé une partie de ses biens, y compris le miroir en métal dont il s'était servi pour se moquer de moi lors de ma première nuit à Miranda. En me confiant ces objets, il a remarqué avec tristesse : « Je n'aurai pas besoin de tout ça là où je vais. » Au moment où il s'apprêtait à partir, je n'ai pas résisté à l'envie de le serrer une dernière fois dans mes bras. Son dernier geste a été de me tendre 25 *pesetas*. J'ai tenté de décliner son offre, mais en vain. Il a insisté pour que je les garde. C'était la première fois qu'on me donnait de l'argent depuis que les gardes civils m'avaient dépouillé à Figueras et je m'en suis servi pour acheter de la nourriture à la cantine.

Alors que les semaines traînaient en longueur, de nombreuses autres listes sont arrivées de l'ambassade britannique en vue de la libération de prisonniers. Or, même s'il y figurait parfois les noms de plusieurs détenus non britanniques, le mien n'apparaissait jamais. Pas plus, convient-il d'ajouter, que ceux des autres prisonniers civils juifs. La plupart du temps, l'attente n'excédait pas un mois ou deux pour les civils non juifs. Après six mois sans nouvelles, j'ai commencé à vraiment angoisser. Parmi les hommes qui sont arrivés au camp à cette époque, il y avait un capitaine juif de l'armée française qui s'appelait d'Alsace. J'ai donc décidé de lui demander de l'aide. J'espérais en effet que, s'il émettait une requête pour mon compte auprès du représentant britannique, elle aurait plus de poids étant donné qu'il était lui-même officier. Je m'étais lié d'amitié avec le capitaine d'Alsace le jour de son arrivée et il avait décidé de me prendre sous son aile. Il chercherait l'occasion de rencontrer l'émissaire britannique pour défendre ma cause.

Le capitaine d'Alsace a donc fini par s'entretenir avec le représentant britannique. Il a attiré son attention sur le fait que de nombreux prisonniers civils non britanniques arrivés bien après moi avaient déjà été libérés. Le capitaine d'Alsace lui-même ne devait pas passer plus de trois semaines à Miranda avant d'être libéré. Évidemment, il s'agissait d'un ressortissant français détenant le grade de capitaine. Il est revenu de son entretien avec l'émissaire britannique pour m'annoncer une bonne nouvelle : l'émissaire lui avait promis d'examiner ma requête et d'essayer d'accélérer ma libération.

Au cours de l'après-midi qui a suivi la libération du capitaine d'Alsace, je me suis retrouvé assis tout seul, par terre, non loin de la baraque et j'ai ôté ma veste de prisonnier pour m'épouiller (c'était un rituel quotidien). Soudain, submergé par la solitude, la frustration et la faim incessante, je me suis mis à sangloter sans pouvoir m'arrêter. J'ai compris qu'il était temps de révéler à mes parents l'endroit où je me trouvais, quitte à leur causer encore plus de souci. Il fallait rompre mon silence, qui devait être une véritable torture pour mes parents, et m'autoriser à demander de l'aide. À l'origine, ne rien leur dire partait d'une bonne intention, mais cela avait duré bien plus longtemps que prévu. Mes parents n'avaient reçu aucune nouvelle de ma part depuis plus de huit mois.

Il fallait que je trouve un moyen d'obtenir un stylo et du papier, ainsi qu'un timbre postal. Or, tout cela nécessitait une somme d'argent dont je ne disposais pas. Mes biens n'avaient aucune valeur et mon seul espoir restait de trouver quelque chose à troquer avec les prisonniers qui avaient encore de l'argent. Ce que je possédais aurait-il la moindre valeur aux yeux d'un autre détenu ? La seule chose que j'avais trouvée, c'était la ration de pain quotidienne qui assurait ma survie, seule nourriture substantielle qu'on nous donnait. Il fallait du courage pour l'échanger contre de l'argent, voire un immense effort de volonté. Il faudrait que je cède ma ration pendant toute une semaine pour pouvoir réunir assez d'argent pour acheter ce dont j'avais besoin. Il serait extrêmement difficile de vivre sans pain pendant tout ce temps, mais avais-je seulement le choix ?

Je ne saurais décrire ce que c'est que de vivre toute une semaine sans pain. Le manque de nourriture affectait mon moral et le vide qui me rongeait les entrailles me causait de terribles crampes. Je n'avais qu'une idée en tête : dormir pour trouver quelque soulagement à la faim débilitante qui me tenaillait. J'ai malgré tout réussi à atteindre l'objectif que je m'étais fixé et je suis parvenu à obtenir assez d'argent pour envoyer une lettre à mes parents.

Au cours de la semaine pendant laquelle je m'étais privé de pain, deux autres incidents stressants se sont produits au camp. Il y a eu pour commencer l'évasion d'un Juif que je connaissais à peine (j'ai déjà mentionné plus haut ce prisonnier qui avait réussi à s'échapper du camp). Son absence est passée inaperçue pendant un temps, mais la nouvelle n'a pas tardé à se répandre et tous les autres prisonniers parlaient de sa fuite. Nous étions tous étonnés de la manière dont il s'y était pris. À ma connaissance, personne d'autre n'était parvenu à déjouer les défenses du camp. Le commandant espagnol a été furieux lorsqu'il avait découvert son évasion, d'autant plus qu'il a reçu une lettre dans laquelle l'évadé protestait contre la manière dont on l'avait traité durant son incarcération à Miranda. C'est *señor* Pfefferkorn qui nous a parlé de cette lettre rédigée en français, car il l'avait traduite en espagnol pour le commandant. L'évadé n'avait pas du tout conscience des répercussions que pourrait avoir sa lettre sur les autres prisonniers : le commandant s'est en effet vengé sur nous en allongeant nos heures de travail à la carrière et en réduisant nos rations de nourriture pendant une semaine.

Quant au second incident, il est également lié à l'évasion de ce même prisonnier. Il y avait un type juif tranquille du nom de Silverman dans notre baraque. Âgé d'une cinquantaine d'années, il avait une santé vacillante (surtout à cause des terribles conditions de vie au camp) et des problèmes de vessie. Comme il lui était difficile de marcher jusqu'aux toilettes, il avait dû se résoudre à uriner dans une boîte de conserve, surtout la nuit. C'était désagréable pour les hommes avec lesquels il partageait son espace, mais ils avaient pitié de lui et le laissaient faire. De son côté, par considération pour eux, M. Silverman cachait cette boîte du mieux qu'il pouvait.

L'inspection quotidienne des baraques figurait parmi les nouvelles mesures sévères instaurées par le commandant après l'évasion et la lettre qui avait suivi. Les inspections ont d'ailleurs commencé dès le lendemain matin. Personne n'y était donc préparé. Trois officiers sont entrés dans la baraque sans prévenir, puis, après avoir échangé quelques mots avec *señor* Pfefferkorn, ils se sont mis à inspecter les quartiers de tous les prisonniers. Commençant par la gauche, c'est-à-dire de mon côté, ils ont continué jusqu'au bout du bâtiment avant de repartir en sens inverse de l'autre côté, vérifiant méticuleusement tous les objets qu'ils voyaient. Après avoir parcouru entre la moitié et les deux tiers du côté droit, l'un des officiers a découvert la boîte de conserve de M. Silverman qui contenait encore de l'urine.

En règle générale, M. Silverman se levait tôt pour vider la boîte dans les toilettes. Mais, ce jour-là, les officiers étaient arrivés avant qu'il n'ait eu le temps de le faire. Lorsque l'officier a inspecté la boîte d'un peu plus près et qu'il en a découvert le contenu, il est entré dans une rage folle. Sans lui laisser le temps de chercher le coupable, M. Silverman s'est avancé pour indiquer que cette boîte lui appartenait. L'officier lui a ordonné de la ramasser en ricanant d'un air de dégoût et de l'emporter dehors. Le pauvre Silverman tremblait déjà de peur.

L'officier a réprimandé *señor* Pfefferkorn de son laxisme, mais, lorsque ce dernier lui a expliqué que M. Silverman avait des problèmes de vessie, cela n'a fait qu'accroître sa colère. On a donné l'ordre à tous les prisonniers de quitter la baraque sur-le-champ et de former un cercle à l'extérieur. J'ai été complètement abasourdi par ce qui s'est passé ensuite. C'est le spectacle le plus perturbant dont j'aie jamais été témoin. L'un des officiers espagnols a attrapé M. Silverman par le col de sa veste, puis l'a brutalement poussé à l'intérieur du cercle de prisonniers. Le plus gradé des officiers a ensuite creusé un petit trou dans le sol, y a versé une partie du contenu de la boîte de conserve de M. Silverman et a ordonné au pauvre homme de se mettre à quatre pattes et de laper sa propre urine. Une fois l'urine bue, l'officier en a versé encore un peu dans le trou, puis il a sommé M. Silverman de continuer à laper encore, tout en se moquant de lui. Il a répété l'opération à plusieurs reprises. Pendant ce temps, il ricanait en lui demandant si cela avait bon goût. Les officiers ont forcé M. Silverman à boire l'urine que contenait la boîte jusqu'à la dernière goutte. Mais la terrible humiliation de cet homme ne s'est pas arrêtée là car, durant tout l'épisode, ses bourreaux lui ont lancé des insultes antisémites. Quand M. Silverman s'est effondré sur le sol, malade et pris de crampes, ils ont finalement décidé de mettre un terme à la séance de torture.

M. Silverman a été très malade après cette terrible expérience, mais nous avons fait notre possible pour l'aider à récupérer. Nous l'aidions tour à tour à se rendre aux toilettes, même en plein milieu de la nuit. Il était gêné de recevoir ainsi notre soutien, mais ne manquait jamais de nous témoigner sa reconnaissance. Grâce à la sollicitude de tous, il ne devait plus jamais subir un traitement aussi atroce.

Les jours passaient et je n'avais toujours aucun espoir de quitter Miranda. J'avais du mal à voir tous ces prisonniers qu'on libérait sans que ne vienne jamais mon tour. J'étais certes heureux de voir quelqu'un sortir du camp, mais je ne pouvais réprimer un certain sentiment d'envie. Je désespérais de fuir cet enfermement et de connaître à nouveau la liberté. De temps en temps, nous étions au moins libérés de l'emprise de la faim : les jours fériés, on nous donnait du riz espagnol traditionnel au lieu de la soupe claire habituelle. Même si les rations étaient loin d'être suffisantes, le riz tenait mieux au corps et c'était un plat plus nourrissant. Mais j'accusais le coup après six mois dans un camp de concentration auxquels s'ajoutaient les 36 jours d'emprisonnement qui avaient précédé. Il y avait six mois que j'avais écrit à mes parents et, au lieu d'y trouver quelque espoir, cela n'avait fait qu'accroître ma frustration. La plupart du temps, le sommeil était la seule façon d'échapper à mes souffrances.

Les amitiés que j'ai nouées avec mes camarades prisonniers ont été ma planche de salut à Miranda. Nous parlions de nos expériences et nous nous amusions beaucoup en riant les uns des autres, mais aussi de la situation intolérable qui était la nôtre. Nous trouvions ensemble la force de tenir encore un jour de plus. Je m'estime heureux d'avoir été entouré de gens aussi remarquables avec qui partager ces expériences abominables. Sans leur compagnie, ma vie aurait été bien plus sinistre.

La routine du camp ne changeait pratiquement jamais. On faisait parfois appel à nous pour éplucher les pommes de terre dans les baraques où elles étaient stockées, et que Dieu vienne en aide à quiconque se serait avisé d'en voler une. Avant d'aller au lit, les gens se rassemblaient pour bavarder tout en s'acquittant d'une corvée répugnante mais nécessaire consistant à ôter nos vêtements pour nous débarrasser des sempiternels poux et puces. Et la chaleur de l'été a aggravé la situation car le nombre de ces insectes nuisibles a tellement augmenté qu'il était difficile de dormir et qu'ils nous rendaient presque fous.

Vers la fin du neuvième mois de mon incarcération, à l'automne 1941, un rayon de soleil est soudain venu égayer mon quotidien. *Señor* Pfefferkorn m'a fait signe de venir le voir et, plus je me rapprochais, plus il souriait. « Bornstein, m'a-t-il dit, présente-toi tout de suite au bureau du commandant pour récupérer le mandat que tes parents t'ont envoyé d'Argentine. » J'étais aux anges, non seulement en pensant à la nourriture que j'allais pouvoir acheter, mais aussi au fait que mes parents savaient que j'étais vivant et en bonne santé.

Je suis allé directement au bureau du commandant où j'ai changé le mandat contre de l'argent liquide. Les poches pleines d'argent, je me suis d'abord précipité à la cantine pour m'offrir tout ce qui me faisait envie. Après avoir connu la faim si longtemps, quel plaisir que de pouvoir se gaver enfin ! Et la satisfaction n'en a été que plus intense lorsque j'ai compris que je pourrais recommencer le lendemain. Évidemment, mon estomac n'avait pas l'habitude d'une telle quantité de nourriture et, bien sûr, je me suis senti mal après avoir tant mangé. Mais je n'arrivais pas à résister à la tentation et je me fichais pas mal d'être malade. Après quelques jours à céder à toutes mes envies, j'ai bien cherché à modérer mon appétit et la quantité que j'ingurgitais. Le pain du camp était de piètre qualité et extrêmement lourd, ce qui le rendait difficile à digérer. Mais cela n'avait guère d'importance à mes yeux. Ma seule obsession, c'était de satisfaire ma faim et j'étais insatiable.

Plusieurs jours après l'arrivée du mandat, *señor* Pfefferkorn m'a informé qu'une lettre recommandée m'attendait au bureau. J'ai tout de suite remarqué les timbres argentins en prenant l'enveloppe. C'était la première lettre de mes parents ! Souhaitant un peu d'intimité, je suis allé directement dans mes quartiers avant de l'ouvrir. C'était tellement merveilleux de pouvoir lire les premières nouvelles de ma famille depuis plus d'un an. Pendant les deux jours suivants, j'ai lu et relu cette lettre d'innombrables fois, savourant chaque mot et notamment les nouvelles encourageantes qu'elle contenait. Ma mère avait, semblait-il, informé tante Sadie par câble de ma situation dès qu'elle en avait eu connaissance. Tante Sadie avait aussitôt réagi en s'efforçant de trouver une solution par tous les moyens. Elle avait essayé d'obtenir l'autorisation de me faire venir au Canada et, après avoir échoué, elle était allée voir des parents du côté de la famille de mon père à New York dont l'un occupait un poste important à Washington. Par conséquent, on avait fait suivre au département d'État américain une demande d'admission pour raisons familiales. Ces efforts avaient été vains, mais tante Sadie n'en avait pas moins bombardé l'ambassade britannique à Madrid de demandes écrites. Elle m'a envoyé plusieurs lettres à Miranda dans lesquelles elle résumait tous les efforts accomplis pour mon compte. Même si elle avait tardé à réagir, elle me témoignait enfin de la compassion et chacune de ses lettres contribuait à apaiser mon angoisse.

Alors que je m'apprêtais à répondre à mes parents, il m'est apparu que je pourrais essayer de découvrir ce qu'il était advenu de mon ami Wolf. Je leur ai donc envoyé l'adresse de ses parents dans l'espoir qu'ils obtiennent des nouvelles de lui et qu'ils m'en fassent part.

~

Tant que l'argent de mes parents a duré, mon régime alimentaire a connu une amélioration considérable. Cependant, à mesure que mes fonds s'épuisaient et qu'il m'était désormais impossible d'acheter un supplément de nourriture, ma santé a soudain décliné. Cette fois-ci, les tiraillements d'estomac étaient encore plus difficiles à tolérer. Qui plus est, je me suis à nouveau retrouvé en proie à la solitude, à l'angoisse et à la frustration. J'avais vu passer un hiver, un printemps et un été, et voilà que l'automne 1941 s'achevait sans aucune nouvelle concernant ma libération. L'idée de devoir passer un autre hiver dans cette baraque glaciale m'était presque insupportable. L'un de mes amis, le Juif danois d'âge mûr, redoutait encore plus que moi la dureté d'un autre hiver à Miranda. Il n'était pas bien portant et sa santé ne cessait de se détériorer en raison des rudes conditions de vie de Miranda.

À cette époque, la population du camp comptait environ 90 Juifs et 800 non-Juifs. Sans tenir compte de notre nationalité ni de notre religion, nous avions tous une chose en commun : nous étions tous les victimes innocentes d'un fou, Adolf Hitler, et de ses hommes de main nazis. Nous nous étions retrouvés ensemble dans de terribles conditions, piégés dans un pays prétendument neutre, car son dictateur fasciste, Francisco Franco, dit le Caudillo, accordait sa préférence aux puissances de l'Axe.

J'étais de nouveau abattu lorsqu'un beau jour, alors que je rentrais de ma journée de travail forcé, j'ai vu *señor* Pfefferkorn qui se tenait là, dans l'entrée de la baraque, avec un sourire espiègle. Il a fait durer le suspense aussi longtemps que possible, puis il m'a demandé de le suivre dans ses quartiers. Il y a ramassé un document posé sur sa table, puis il a déclaré : « Ton nom figure parmi ceux des prisonniers qui doivent être libérés et remis à l'ambassade britannique dans les deux semaines à venir. Vois par toi-même ! » J'ai parcouru nerveusement la liste jusqu'à ce que j'y trouve mon nom, Max Bornstein. Je ne saurais décrire la joie que j'ai éprouvée à cet instant. Incapable de me contenir, j'ai fondu en larmes et j'ai pris *señor* Pfefferkorn dans mes bras. Il m'a dit que l'heure était à la fête et non aux pleurs, puis il a ajouté : « Tu es le premier des 90 civils juifs à qui l'on accorde cet honneur. » Il a poursuivi en me disant que, compte tenu de ma bonne fortune, il me revenait d'aider le reste des prisonniers juifs en essayant d'obtenir leur libération par l'intermédiaire des organisations appropriées en Angleterre. Il fallait que je les informe des terribles conditions dans lesquelles nous vivions à Miranda. Je lui ai fait la promesse solennelle que je ne connaîtrais pas le repos tant que les organisations juives ne m'auraient pas donné l'assurance qu'elles nous aideraient.

Nous ignorions que, pendant la guerre toutes nos lettres étaient censurées par les autorités espagnoles. Si quelqu'un osait écrire quoi que ce soit de négatif au sujet des conditions de vie dans le camp, sa lettre se trouvait automatiquement détruite. De nombreux prisonniers juifs avaient écrit à diverses organisations juives en leur demandant de nous venir en aide, mais, à notre insu, aucune de ces lettres n'était jamais parvenue à destination. Nous ne savions pas non plus qu'en 1941, la plupart des organisations juives de France avaient été évacuées. La seule manière de les informer de la situation qui régnait à Miranda, c'était de vive voix. Je ne savais que trop bien que 90 Juifs dépendaient de moi et du compte rendu non censuré que je livrerais de leur terrible situation.

Le jour où j'ai appris que j'allais être libéré, la rumeur s'est répandue dans tout le camp : tous les autres Juifs enviaient mon sort. Ils se sont tous rassemblés autour de moi pour me souhaiter bonne chance et ils m'ont demandé le secret de ma réussite. J'aurais voulu pouvoir leur apporter des réponses magiques, mais il se trouvait que je n'étais pas vraiment en mesure d'expliquer ma bonne fortune. Je leur ai dit qu'il était très probable que ma tante canadienne de Winnipeg soit à l'origine de ma libération, ainsi que le capitaine d'Alsace, ce à quoi s'ajoutait ma propre diligence. Je me suis mis à penser à mes projets, mais j'avais du mal à croire que la liberté que j'attendais depuis si longtemps était désormais à portée de main.

Avant de quitter Miranda, j'ai reçu une dernière lettre de mes parents. J'étais impatient de leur dire que j'étais sur le point d'être relâché et je me suis dit qu'il fallait que j'envoie un câble à ma mère le jour même de mon arrivée en Angleterre. Mes parents m'écrivaient toutefois qu'ils avaient rendu visite aux parents de Wolf qui leur avaient dit n'avoir reçu aucune nouvelle de lui depuis le jour où il s'était embarqué clandestinement sur un bateau. Ces nouvelles étaient inquiétantes, mais je ne savais que faire de plus pour lui. Je me sentais particulièrement coupable de l'avoir entraîné dans une situation aussi terrible. Partant du principe que tous les étrangers arrêtés en Espagne échouaient tôt ou tard à Miranda, le fait qu'il ne soit jamais arrivé au camp au cours des 11 mois que j'y avais passés m'avait conduit à penser qu'on l'avait renvoyé en France et qu'il avait été arrêté par les Allemands. Je ne voyais pas d'autre explication à son silence prolongé.

Enfin, il ne me restait plus qu'un jour à attendre avant de recouvrer la liberté. Malgré tout, je ne voulais y croire qu'une fois libéré pour de bon. L'optimisme de mes amis sur ce point était toutefois inébranlable. Ils avaient écrit des lettres à l'intention de diverses organisations juives et me les avaient confiées pour que je les sorte clandestinement du camp et que je les transmette à leurs destinataires une fois en Angleterre. Celle qu'avait écrite mon ami juif danois était cruciale, car il avait présidé la Fédération sioniste danoise. Outre le récit glaçant des conditions de vie à Miranda de Ebro (les travaux forcés, la dysenterie, la sous-alimentation, les poux et les puces, les baraques non chauffées), il avait rédigé une supplique dans laquelle il indiquait que, compte tenu de son âge, il n'était pas certain de pouvoir survivre à un autre hiver – il fallait qu'une organisation vienne à son recours, comme à celui des autres Juifs du camp : sa vie en dépendait.

J'ai passé ma dernière soirée à Miranda à faire mes adieux tant à mes amis qu'à ceux qui n'étaient que de simples connaissances. Beaucoup d'entre eux ont pleuré ouvertement et j'ai pleuré avec eux. Il était pénible de briser des liens d'amitié noués dans des conditions aussi difficiles, même si la raison de cette séparation était heureuse. C'était très perturbant de savoir que les prison-niers continueraient à avoir faim et à passer leurs nuits à dormir sur des planches de bois nues, alors que moi, je serais bien nourri et je dormirais dans un lit confortable. Pour avoir travaillé au sein d'un organisme de bienfaisance juif, j'étais néanmoins quelque peu ras-suré car je savais que ces organisations travailleraient sans relâche pour venir en aide aux Juifs en détresse.

Cette nuit-là, j'ai eu du mal à dormir. J'étais trop excité, et les pensées se bousculaient dans ma tête dans l'attente de ce que l'ave-nir me réservait. Toutefois, terrassé par la fatigue, j'ai fini par som-brer dans un profond sommeil et je me suis réveillé euphorique le lendemain matin. Je venais de passer ma toute dernière nuit dans cet endroit perdu. Cependant, aussi humiliante que notre vie à Miranda avait pu être, je ne puis faire abstraction du fait que c'est ce qui nous a involontairement sauvés des nazis.

Dans la matinée, *señor* Pfefferkorn m'a annoncé l'arrivée du représentant de l'ambassade britannique qui m'a prié de me prépa-rer à partir rapidement. Hélas, mes amis se trouvaient à l'extérieur du camp à ce moment-là, en train d'accomplir leur part quotidienne de travail forcé. Je n'ai donc pas pu leur faire mes derniers adieux. Il ne restait que *señor* Pfefferkorn, qui était dispensé de ces travaux, pour me souhaiter bonne route vers l'Angleterre, me prenant dans ses bras et m'embrassant comme si j'étais son propre fils. Je lui ai promis que je n'oublierais pas mon engagement et que j'essaierais d'obtenir sa libération, comme celle des autres prisonniers juifs. Il m'a accompagné au bureau du commandant où une trentaine d'autres prisonniers attendaient d'être libérés comme moi. Moins d'une heure plus tard, le représentant britannique nous a annoncé avec un grand sourire que nous étions à présent officiellement libres, puis il a ajouté : « Je suis sûr que vous êtes impatients de partir, les gars, alors filons d'ici sans perdre une seconde ! »

Lorsque nous sommes arrivés devant le portail, *señor* Pfefferkorn m'a salué une dernière fois de la main et je l'ai salué en retour. Nous étions au début du mois de décembre 1941 et cet épisode marquait la fin de mon expérience éprouvante dans le camp de concentration de Miranda de Ebro.

Enfin libre !

À peine avions-nous franchi les portes du camp de concentration de Miranda de Ebro que notre groupe s'est mis à lancer des vivats. Je n'en croyais pas mes yeux : nous étions bien libres ! Une fois dans la ville de Miranda proprement dite, le représentant britannique nous a fait la surprise de nous emmener dans un restaurant douillet aux tables dressées de nappes à carreaux rouges et blancs. Imaginez un peu ce que j'ai pu ressentir devant mon premier repas normal depuis près d'un an, et dans un restaurant qui plus est ! Pour les détenus d'un camp de concentration, le luxe d'un repas normal ressemblait à un festin. Nous savourions chaque plat, espérant que ce moment ne s'achèverait jamais, mangeant jusqu'à ne plus pouvoir avaler la moindre bouchée.

Après ce merveilleux repas, nous sommes allés à la gare, où nous avons attendu le train qui devait nous emmener à Madrid. J'ai passé le temps à parler au représentant britannique et il s'est trouvé que j'étais le seul des prisonniers libérés à savoir parler l'anglais. Tous les autres étaient Français, Polonais ou autres. Il n'y avait aucun Britannique. Par conséquent, on m'a chargé de servir d'interprète.

Nous avons chanté, ri et conversé en français tout au long du voyage vers Madrid. Notre humeur contrastait nettement avec ce que nous avions ressenti dans le camp. Nous étions ivres de liberté si bien que rien n'aurait pu tempérer notre exubérance. Arrivés à destination, nous sommes descendus du train, puis nous avons suivi le représentant britannique jusqu'à un véhicule qui devait nous conduire dans une section à l'intérieur de l'enceinte de l'ambassade britannique où l'on nous épouillerait et où nous prendrions une douche et obtiendrions des vêtements neufs. Il est si difficile de décrire la sensation apaisante d'une douche chaude après en avoir été privés pendant presque un an.

Après avoir accompli toutes les formalités à l'ambassade britannique, on nous a conduits dans un hôtel où l'on nous a servi un autre repas fantastique et où nous avons passé la nuit. Tout ce luxe était presque excessif. Le lit avait l'air si accueillant, mais je me sentais coupable, songeant qu'il ne m'était certainement pas destiné. Une réclusion prolongée peut vous ravager le cerveau. Après une longue incarcération, il vous semble qu'il ne peut plus jamais rien arriver de bon. Il faut du temps pour recouvrer sa confiance en soi. Au bout du compte, j'ai fini par profiter de cette nuit dans le confort du lit de cet hôtel et, le lendemain matin, je me suis réveillé rassuré : tout ce qui se passait était bien réel.

Les autorités britanniques présumaient que tous les prisonniers non britanniques relâchés de Miranda s'enrôleraient dans les forces de leurs pays respectifs une fois arrivés en Angleterre. Ce qui s'appliquait également à moi, même si le fait que je sois officiellement apatride venait compliquer mon statut. Étant donné que j'étais né en Pologne, j'aurais dû logiquement me joindre aux forces polonaises libres basées en Angleterre. Or, les fonctionnaires polonais avaient refusé de me délivrer un passeport polonais à Paris, m'indiquant très clairement qu'ils ne me reconnaissaient plus en tant que citoyen polonais. J'avais donc l'intention, une fois en Angleterre, de déclarer mon allégeance au Canada et de m'engager ainsi dans les forces canadiennes.

J'étais encore étonné de voir qu'outre la liberté de mouvement, j'avais également la liberté d'action qui me permettait de fixer des objectifs et de les atteindre. Après mon incarcération, j'ai eu l'impression de me rétablir d'une longue maladie, un peu comme si, émergeant des ténèbres, je respirais soudain un air frais dans la lumière d'un soleil éclatant. Quand je me suis réveillé après ma première nuit d'homme libre et que j'ai vu le jour filtrer à travers la fenêtre, j'ai compris que je n'étais plus prisonnier et ce sentiment m'a submergé. Je suis sorti du lit, je me suis rendu directement à la fenêtre et je me suis délecté de voir les gens qui allaient et venaient librement. Rarement avais-je connu pareil transport! Sentiment d'autant plus intense lorsque j'ai découvert la salle de bain où m'attendaient un lavabo ordinaire, propre, en émail blanc, avec un robinet d'eau froide et un robinet d'eau chaude, du savon parfumé, ainsi que des serviettes douces et fraîches.

Après avoir fait ma toilette, j'ai rejoint les autres dans la salle à manger de l'hôtel pour y prendre mon petit déjeuner. Nous ne savions pas à quoi nous attendre et les spéculations allaient bon train. Certaines suggestions étaient d'ailleurs très drôles. Au milieu de toute cette hilarité, le représentant britannique nous a annoncé qu'il fallait que nous nous préparions pour nous rendre à la gare où nous devions monter à bord d'un train en partance pour Gibraltar. Nous étions tous surpris que notre voyage vers la Grande-Bretagne – qui nous avait déjà conduits de la province de Burgos, au nord de l'Espagne, à Madrid, au centre du pays – nous entraîne à présent au sud jusqu'à la frontière avec Gibraltar. Grâce à ma formation à l'OSE à Paris, j'avais une très bonne connaissance de la géographie et je savais où se trouvait Gibraltar. Cette péninsule rocheuse sous souveraineté britannique était considérée comme la porte de la Méditerranée. Elle revêtait donc une grande importance stratégique.

Pleins d'entrain, nous sommes montés à bord du train pour Gibraltar afin d'entreprendre le dernier tronçon de notre voyage vers la liberté. Alors que nous filions vers notre destination, je ne parvenais pas à réprimer ma peur d'être intercepté par la garde civile espagnole et ramené à Miranda. Il n'y avait aucun risque qu'une chose pareille se produise, mais mes expériences passées m'avaient rendu anxieux. Mes craintes ont été bientôt levées lorsque nous avons franchi la frontière et que nous sommes entrés en toute sécurité à Gibraltar. Tout le groupe a lancé des « Hip, hip, hip, hourra ! » assourdissants dans différentes langues lorsque nous avons posé le pied sur le sol libre du territoire britannique.

Une fois à Gibraltar, on nous a conduits dans un camp militaire où l'on nous a assigné nos quartiers et donné un repas. Nous avions droit aux mêmes rations de nourriture que les soldats. Pendant toute la durée de notre séjour, les autorités militaires n'ont restreint en rien notre liberté de mouvement et nous avons donc pu explorer la plus grande partie de la région. Mon souvenir le plus vif de cette visite reste celui des célèbres magots de Gibraltar (ou singes de Barbarie), les seuls singes vivants à l'état sauvage en Europe. Nous nous sommes bien amusés, surtout lorsque deux comiques de notre troupe se sont mis à imiter les singes. Au bout d'une semaine à peine, passée à prendre du repos, à manger et à profiter de notre liberté, nous étions devenus une bande de joyeux lurons pleins de vie. Je me souviens de Gibraltar comme d'un havre de paix où le soleil brillait dans le ciel bleu. J'avais l'impression d'être en villégiature.

On ne nous a informés de l'heure du départ qu'à la dernière minute et nous avons éprouvé quelques regrets de devoir faire ainsi nos adieux à Gibraltar. Les mesures strictes imposées en temps de guerre stipulaient que personne ne devait connaître l'heure exacte du départ, ni le nom du navire sur lequel nous naviguerions. Ce n'est que le jour suivant, une fois que notre bateau a été en pleine mer, que nous avons découvert que nous faisions partie d'un convoi de onze vaisseaux sous bonne escorte en raison de la lourde menace que faisaient peser sur nous les sous-marins allemands.

Pendant que nous étions à Gibraltar, j'ai décidé qu'il était de mon devoir de faire tout mon possible pour servir les Britanniques afin de vaincre les nazis et ce, au mépris du danger. Pour un Juif, tout spécialement, aucun sacrifice n'aurait été trop grand dans la bataille qui devait les défaire. C'est donc sans réserve que j'ai proposé mes services au personnel du camp militaire, estimant qu'il s'agissait d'un honneur et d'un privilège que de servir ainsi. Mais, à peine avais-je eu le temps de m'habituer à la routine militaire qu'il nous fallait déjà apprendre la vie de marin. La transition s'est effectuée tout en douceur, mis à part ma première nuit dans un hamac. Il n'est pas facile de dormir suspendu au-dessus du sol entre deux piliers si vous n'en avez jamais fait l'expérience. J'avais toujours l'impression que le hamac allait se retourner pendant mon sommeil et que j'allais m'écraser sur le sol dur, face contre terre. J'ai donc connu de longues heures d'insomnie avant que l'épuisement n'ait enfin raison de moi. Mais, au réveil, j'ai compris que mes craintes étaient infondées : j'avais réussi à dormir en toute sécurité dans mon hamac, sans qu'il ne se retourne. La menace des sous-marins allemands était en revanche bien réelle et nettement plus grave. Ils rôdaient dans les couloirs de l'Atlantique à la recherche de navires alliés et constituaient un tel danger que notre convoi a dû effectuer un grand détour pour éviter d'être intercepté, passant à 600 kilomètres de la côte canadienne. Dans des conditions normales, il ne fallait pas plus d'un jour ou deux pour rallier l'Angleterre depuis Gibraltar. Or, notre voyage a duré 11 jours.

À ce stade de la guerre, la Grande-Bretagne avait remporté quelques victoires. En décembre 1941, elle avait pris le dessus dans la campagne nord-africaine, repoussant les forces de Rommel de la Cyrénaïque jusqu'à El-Agheila. Ces nouvelles nous redonnaient espoir, mais quelle n'a été notre joie lorsque quelques membres du groupe ont repéré la terre ! Nous avons salué cette découverte par des acclamations nourries et nous nous sommes précipités pour la plupart sur le pont afin d'apercevoir Liverpool dans le lointain.

Après l'amarrage et le débarquement du bateau, on nous a conduits dans un camp militaire, où un officier britannique nous a interrogés un par un. On m'a posé des questions très précises, puis on m'a affecté dans les forces armées polonaises. Ce coup dur mettait fin à mes espoirs. J'étais consterné. Sans chercher à cacher mon ressentiment, j'ai répondu à mon interrogateur : « Monsieur, il faut que vous compreniez que le gouvernement polonais a refusé de me reconnaître en tant que citoyen polonais, que je ne parle pas un mot de polonais et que, pour autant que je sache, les Polonais sont extrêmement antisémites. » Mais peu importait ce que je lui disais. L'officier n'était en rien ému par mes propos et sa décision était irrévocable. Maintenant que j'étais en Grande-Bretagne, je devais faire ce qu'on me disait de faire.

Quelle profonde humiliation ! J'ai essayé de lui expliquer que je ne cherchais pas à fuir la conscription. Loin de là. Si j'étais venu en Grande-Bretagne, c'était pour une seule raison : m'enrôler dans l'armée. Mais je ne pouvais me joindre aux forces polonaises. J'ai prié l'officier de bien vouloir comprendre ma position et de m'autoriser à m'engager dans les forces canadiennes ou britanniques. Ce serait un honneur pour moi que de pouvoir servir. L'officier britannique m'a écouté jusqu'au bout, mais il est resté sur ses positions. J'ignorais à l'époque que la politique du gouvernement interdisait officiellement aux étrangers de s'enrôler dans les forces britanniques. Pour la première fois depuis ma libération, je perdais une partie de mon exubérance.

Mais les choses ne devaient pas en rester là. Quelle n'a été ma surprise en recevant le verdict final une semaine plus tard ! Lors d'un second entretien avec un autre officier, on m'a dit que j'étais exclu de toutes les forces armées. Il m'a expliqué qu'il n'existait tout simplement aucune mesure permettant à un étranger de s'enrôler dans les forces britanniques, mais, qu'au lieu de cela, il me trouverait un emploi crucial pour l'effort de guerre. Il m'a alors demandé si j'étais intéressé par un emploi dans une usine de betteraves sucrières. Pris complètement au dépourvu, je lui ai répondu d'une voix hésitante que j'aurais malgré tout préféré servir dans les forces armées, mais qu'étant donné que cela ne faisait plus partie de mes options, je ferais tout ce qui pourrait contribuer à l'effort de guerre.

Le simple fait que les Britanniques m'aient donné le choix à moi, jeune réfugié, quant à l'emploi que j'allais occuper, montre à quel point ils m'ont bien traité.

Au lendemain de cet entretien, les officiers britanniques ont pris des dispositions pour m'envoyer dans la ville de York, au nord de l'Angleterre, afin d'y commencer mon travail au four à chaux d'une usine de betteraves sucrières. Ils s'étaient également occupés de mon logement : je partagerais ma chambre avec un autre garçon, qui était noir. Malheureusement, je ne peux décrire notre première rencontre sans dire qu'elle a été pour le moins étrange. Pour commencer, il n'a pas répondu à mes salutations, puis il s'est précipité sur moi comme pour me frapper. Lorsque j'ai voulu le calmer, il m'a lancé un regard plein de mépris. Ses yeux se sont remplis de haine, ce qui m'a terrorisé, puis il a déclaré :

« Tu te crois sans doute meilleur que moi parce que tu es blanc et que je suis noir !

Choqué par de telles accusations, j'ai rétorqué :

– Mon cher ami, en tant que Juif, comment puis-je avoir des préjugés ? J'aime tout le monde sans me soucier de la race ni de la couleur de la peau. »

Mais il a continué à proférer des accusations à mon égard et, pire encore, il a sorti un couteau à cran d'arrêt. J'ai feint de ne pas avoir peur et je lui ai annoncé que j'allais me coucher, tout en priant le ciel tout bas de me faire sortir bien vivant de cette épineuse situation. Ma réaction a semblé le calmer et nous n'avons pas échangé le moindre mot du reste de la nuit.

Le lendemain matin, je me suis levé tôt pendant qu'il était encore endormi, je me suis habillé sans un bruit et j'ai filé dehors. Une fois en sécurité dans la rue, j'ai poussé un immense soupir de soulagement, puis je me suis rendu directement au rendez-vous que les autorités avaient pris pour moi avec une travailleuse sociale, une dame très gentille avec qui je me suis senti à l'aise. Elle a commencé par me demander comment s'était passée ma première nuit à York et, lorsque je lui ai raconté la nuit éprouvante que je venais de vivre, frappée d'horreur, elle a contacté la police. Elle s'est aussitôt mise à me chercher un autre logement, m'assurant qu'il s'agirait cette fois d'une chambre individuelle. Lorsque je suis retourné la voir quelque temps plus tard, elle m'a dit qu'un médecin avait déclaré que mon premier compagnon de chambrée souffrait de graves troubles mentaux et elle s'est excusée de cette pénible expérience. Fidèle à sa parole, elle m'a placé dans une pension de famille, où j'avais ma propre chambre avec tous les repas compris. Les autres pensionnaires étaient irlandais. Ils étaient venus en Angleterre pour travailler à la construction de nouveaux terrains d'aviation. Je me suis installé dans mes nouveaux quartiers, impatient de passer une nuit paisible et de commencer mon premier travail en Angleterre.

Malheureusement, ce premier emploi n'a duré que trois semaines. Pour travailler au four à chaux, il fallait remplir une brouette de lourds pains de chaux à l'aide d'une pelle, puis apporter ce chargement jusqu'à l'immense haut fourneau où on plaçait la chaux, puis recommencer, mais cette fois avec du coke qui se trouvait dans un autre emplacement. On répétait l'opération tout au long de la journée, ce qui nécessitait une grande force physique. Affaibli par ma longue incarcération en Espagne, je n'avais pas la capacité physique pour effectuer un tel travail. Qui plus est, j'étais épuisé en fin de journée à cause de la chaleur intense du haut fourneau. Peut-être aurais-je pu m'attaquer à cette tâche après environ six mois de convalescence, mais étant donné mon passé de tailleur et d'employé de bureau, il était fort possible que je ne sois jamais capable de m'acquitter d'un travail physique aussi dur.

J'ai d'abord essayé de persévérer, mais j'ai changé d'avis après avoir passé mon unique jour de congé allongé sur mon lit, les articulations raides et douloureuses. J'ai compris qu'il fallait que je change de travail avant de finir grièvement blessé. J'ai donc repris rendez-vous avec ma travailleuse sociale. Au cours de notre entretien, je lui ai parlé de mon passé récent pour qu'elle puisse comprendre pourquoi j'étais si faible. Choquée d'entendre ce que j'avais subi, elle m'a assuré qu'elle ferait tout son possible pour améliorer ma situation. Grâce à ses efforts et à sa gentillesse, j'ai obtenu un rendez-vous avec un homme du nom de M. Edwards, un travailleur social du bureau de placement.

M. Edwards travaillait à York mais habitait à Leeds, à environ 40 kilomètres de là. Nous n'avons pas tardé à nous lier d'amitié. C'était un homme grand, mince et affable dont la mission consistait à aider les gens de toutes les manières possibles. Il m'a trouvé un nouvel emploi en tant que laitier et, après avoir fait plus ample connaissance, il m'a invité à venir dîner un dimanche avec sa famille. Je n'ai appris que sa femme était juive qu'au moment où nous avons pris sa voiture pour aller à Leeds. Cette invitation à dîner prenait de ce fait un sens particulier. Cela faisait à peine quatre semaines que je me trouvais en Angleterre et la joie d'avoir été libéré commençait à s'estomper pour céder le pas à la solitude. Mme Edwards a été la première personne de confession juive que j'ai rencontrée en Angleterre.

Lorsque M. Edwards s'est garé devant chez lui, sa femme et ses deux grands fils nous ont accueillis sur le perron. Nous sommes ensuite entrés dans la maison où Mme Edwards nous a servi le traditionnel dîner du dimanche soir en Angleterre, composé de rosbif et de Yorkshire pudding. Tous très curieux de connaître l'histoire de ma fuite de France, ils m'ont posé beaucoup de questions. Non seulement j'ai apprécié leur compagnie et le repas, mais j'ai obtenu des renseignements précieux sur les divers organismes juifs de Leeds. Cela m'a donné une première occasion d'agir pour aider mes amis qui se trouvaient à Miranda, car il n'y avait pas d'organisation juive à York. Leeds comptait une importante population juive, alors qu'il n'y avait presque aucun Juif à York.

Avant de rentrer à York avec M. Edwards, je les ai remerciés, lui et sa famille, de cette journée, la plus belle que j'aie connue en Angleterre jusqu'alors. Sur le chemin du retour, j'ai demandé à mon bienfaiteur s'il pouvait user de son influence pour que j'obtienne l'autorisation de prendre une journée de congé afin de revenir à Leeds pour contacter l'une des organisations juives. Au cours de cette même semaine, M. Edwards m'a annoncé qu'on m'autorisait à prendre ma journée du vendredi. Le jeudi soir, j'ai soigneusement mis dans mon portefeuille la lettre que mon ami juif danois m'avait demandé de transmettre à l'organisme qui convenait.

Je suis resté éveillé toute la nuit à me demander comment j'allais réussir à décrire mes expériences avec concision. Je ne voulais pas laisser tomber mes amis, ni anéantir leurs chances d'être libérés faute d'avoir dépeint combien les conditions de vie dans le camp étaient terribles. Il fallait que l'organisation comprenne qu'elle mettait en danger la vie des prisonniers en ne leur portant pas secours immédiatement. Il fallait qu'elle prenne au sérieux ce que je disais, qu'elle sache que c'était la stricte vérité, car 90 personnes qui souffraient dépendaient de moi.

Le vendredi matin, je me suis levé tôt pour prendre le train. Dès que je suis arrivé, j'ai demandé le chemin du *Leeds Jewish Refugee Committee* (JRC, Comité d'assistance aux réfugiés juifs de Leeds) et j'ai sollicité un rendez-vous auprès du directeur, expliquant à la réceptionniste qu'il s'agissait d'une affaire urgente. Un quart d'heure plus tard, on me faisait entrer dans son bureau, où deux femmes étaient assises à ses côtés. Une fois les présentations terminées, le directeur m'a demandé :

« Comment avez-vous réussi à entrer dans le pays, compte tenu des restrictions imposées par la guerre ?

J'ai répondu :

– Si vous le permettez, avant de vous parler de ma propre personne, je souhaiterais m'exprimer au nom de 90 Juifs désespérés, menacés par la maladie et la famine faute de recevoir quelque assistance que ce soit. »

Je leur ai donc parlé des prisonniers juifs du camp de concentration de Miranda qui, comme moi, avaient fui leur pays pour échapper à la tyrannie hitlérienne et tenté de traverser l'Espagne afin d'atteindre le Portugal. Comme je l'avais été moi-même, ils étaient nombreux à y être emprisonnés depuis près d'une année, voire plus longtemps, et vivaient dans des conditions insalubres et dans des quartiers bondés, infestés de poux et de puces, mangeant juste assez pour ne pas mourir d'inanition. La plupart des détenus souffraient de dysenterie. Pendant toute la durée de mon incarcération à Miranda, ai-je poursuivi, j'étais passé de 61 kilos à 38 kilos à peine. Outre le fait que nous étions extrêmement sous-alimentés, on obligeait les prisonniers à effectuer des tâches physiques pénibles. J'ai ajouté que j'avais passé 36 jours dans trois prisons espagnoles différentes avant d'aboutir au camp de concentration de Miranda.

J'ai conclu en soulignant que mon rapport ne décrivait certainement pas tous les détails de la situation atroce dans laquelle se trouvaient les détenus juifs de Miranda. Pour étayer et corroborer mes déclarations, je leur ai remis la lettre que m'avait confiée l'ancien chef danois. Alors que le directeur la lisait à haute voix, j'ai perçu sur son visage l'indignation et l'horreur. C'était à peine s'il pouvait encore parler lorsqu'il est arrivé à la partie où l'auteur expliquait qu'il doutait de pouvoir survivre à la rudesse d'un autre hiver à Miranda et qu'il les implorait de venir au secours des prisonniers. Les deux femmes, quant à elles, étaient en larmes.

Dès qu'il a eu repris son sang-froid, le directeur m'a félicité d'avoir conservé cette lettre et d'avoir porté des informations d'une telle importance à son attention. Il m'a assuré qu'il ferait tout ce qui était en son pouvoir pour apporter une aide immédiate aux prisonniers de Miranda, qu'il allait contacter de ce pas le *Central Council for Jewish Refugees* (Conseil central pour les réfugiés juifs) à Londres pour leur rapporter notre entretien. Avant que je parte, il m'a remercié et m'a demandé de laisser mon nom et mon adresse pour que le Comité puisse me tenir au courant. J'ai senti qu'un lourd fardeau venait de tomber de mes épaules. J'étais heureux d'avoir pu aider mes amis, si bien que je leur ai écrit le jour même pour leur faire part de ma rencontre fructueuse avec le JRC. J'ai appris au cours des six mois suivants que les employés du JRC avaient réussi à obtenir des visas d'immigration pour les États-Unis à chacun des 90 prisonniers juifs de Miranda. Aucune nouvelle n'aurait pu m'être plus agréable et je suis fier d'avoir joué un rôle dans tout cela.

Lorsque je suis rentré de Leeds ce jour-là, j'étais à la fois heureux d'avoir accompli ma mission et d'avoir retrouvé la compagnie d'autres Juifs. J'ai commencé à réfléchir à la manière dont ces rencontres pourraient s'intégrer de façon régulière à ma vie. Comme je l'ai indiqué, il n'y avait presque pas de Juifs à York. De toute évidence, la solution était simple : il me suffisait de déménager à Londres, noyau de la communauté juive. Je me suis renseigné sur le prix du voyage et je me suis aperçu qu'il me faudrait travailler plusieurs semaines encore avant d'avoir épargné assez pour le billet de train.

Au cours des semaines suivantes, j'ai réussi à mettre de côté assez d'argent pour commencer à élaborer des plans en vue d'un déménagement à Londres. Jusque-là, j'avais pris toutes mes décisions après avoir consulté M. Edwards et j'ai donc cherché son approbation une fois de plus. Il avait des réticences à me voir partir, mais comprenait néanmoins pourquoi je voulais me rendre à Londres. Il m'a rappelé qu'il faudrait que je signale mon départ à la police de York et que je me présente aux bureaux de la police londonienne en arrivant. Après avoir obtenu l'autorisation de partir auprès de la police de York, je suis revenu voir M. Edwards. Lors de notre dernière rencontre, il m'a souhaité bonne chance, ajoutant qu'il serait ravi d'avoir de mes nouvelles une fois que je serais installé. J'ai rangé mes quelques biens dans une petite valise, y compris la première chose que je m'étais achetée en Grande-Bretagne : un rasoir mécanique. Étonnamment, je le possède encore après toutes ces années.

Dépression

Nous étions en février 1942 et je me trouvais dans un train en partance pour Londres, songeant à mon séjour en Angleterre. J'étais contrarié de ne pouvoir m'enrôler ni dans les forces britanniques ni dans les forces canadiennes, alors que c'était principalement pour cette raison que j'étais venu en Grande-Bretagne. Je me sentais seul et inadapté, incapable d'entreprendre quoi que ce soit d'utile, ne sachant pas quel sens donner à ma vie. Tout cela contrastait fortement avec la joie que j'avais éprouvée à peine deux mois plus tôt, lors de mon arrivée en Angleterre.

C'est dans cet état d'esprit que j'ai débarqué à Londres. Le *Jewish Board of Guardians* (Conseil juif des gardiens) m'a indiqué comment me rendre dans un refuge juif où j'ai rencontré une charmante femme juive d'âge moyen. Remarquant combien j'avais l'air sous-alimenté, elle m'a dit : « On va vite le ramener à un poids de santé ! »

Elle s'est alors occupée de moi comme une vraie mère juive, me servant les repas les plus savoureux et les plus nourrissants que j'aie goûtés. Je suis tellement navré de ne pas avoir pu me souvenir de son nom, quelques années plus tard, pour la remercier de la gentillesse dont elle avait fait preuve à mon égard au cours d'une période de ma vie où j'étais très vulnérable. Elle a rendu ma solitude moins lourde à porter et, grâce à elle, je me suis senti vraiment chez moi.

Elle me rappelait ma propre mère. C'était merveilleux de pouvoir parler avec elle en yiddish, ma *mame loshn* (ma langue maternelle).

Cette gentille femme ne se contentait pas de s'assurer que j'étais bien nourri, elle m'a également donné l'occasion de rencontrer des jeunes filles juives lors des soirées dansantes hebdomadaires du refuge. À l'une de ces occasions, j'ai fait la connaissance d'une fille avec qui j'ai dansé et parlé presque toute la soirée, après quoi je l'ai raccompagnée chez elle. À ma surprise, lorsque nous sommes arrivés devant son immeuble, elle m'a invité chez elle pour me présenter à ses parents. J'ai été troublé par la pauvreté dans laquelle vivait cette famille. Leur petit deux-pièces me rappelait la misère dans laquelle j'avais vécu à Paris. J'ai pris sur-le-champ la décision de ne pas m'engager dans une relation amoureuse à long terme tant que la guerre durerait. Je voulais d'abord m'établir dans une carrière de manière à pouvoir gagner assez pour subvenir aux besoins d'une famille et puis je n'avais que 20 ans : j'étais trop jeune pour perdre ma liberté.

Trois semaines après mon arrivée au refuge, j'ai passé mon premier entretien avec les responsables du *Jewish Board of Guardians*. Ils m'ont placé dans le foyer d'une femme juive du nom de Mlle Jacobs. J'y partageais une chambre avec un autre réfugié juif qui avait à peu près mon âge. Étant donné que j'avais quelques compétences en tant que tailleur, ils avaient également arrangé un entretien d'embauche chez un fabricant de manteaux le jour suivant. Les choses semblaient enfin aller dans le bon sens, même si j'étais navré de quitter le refuge juif et mon ange gardien. Je me suis donc installé chez Mlle Jacobs, mon premier foyer authentiquement juif, où je me sentais enfin chez moi loin de chez moi. Au début, tout s'est bien passé. C'était une femme raffinée, intelligente et accomplie qui, en dépit du rationnement britannique, parvenait à concocter des repas nourrissants et délicieux. Elle avait beau faire de son mieux pour que nous nous sentions chez nous, je dois dire qu'elle n'était pas aussi chaleureuse et compatissante que la dame juive qui tenait le refuge. J'avais aussi du mal à me lier d'amitié avec mon camarade de chambre. Il se montrait toujours courtois, mais il avait déjà noué d'autres amitiés ailleurs et gardait ses distances la plupart du temps. Je ne lui ai jamais révélé à quel point j'étais blessé par son indifférence à mon égard.

Le propriétaire juif de l'usine de manteaux pour dames m'a embauché sans hésiter lorsqu'il a découvert mes compétences à la machine à coudre. On m'a donc indiqué comment me rendre à l'usine principale qui comportait deux rangées de machines à coudre, 20 de chaque côté. Lorsqu'on m'a installé à mon poste, je me suis retrouvé en face de la plus belle fille que j'aie jamais vue. J'étais ébloui, mais ma timidité avec les jeunes femmes m'empêchait de lui parler. C'était la fille de mes rêves, à tel point que sa seule présence m'empêchait de me concentrer. Je n'avais qu'une seule envie : la prendre dans mes bras. Je savais cependant que ce n'était sans doute qu'un fantasme de ma part et je me suis efforcé de garder mon sang-froid. Il y avait de nombreuses autres filles tout autour d'elle, mais aucune ne lui arrivait à la cheville. Elle était d'une beauté saisissante.

Elle était certes brune, alors qu'en général j'étais attiré par les blondes, mais je ne pouvais lui résister. Elle était à peu près de ma taille et avait une silhouette magifique tout en courbes, des jambes galbées et le teint lisse et laiteux. Ses pommettes hautes donnaient de la profondeur à son regard intelligent, tout comme ses yeux noirs et perçants. Elle avait aussi un nez parfaitement ciselé, des lèvres cerise et de longs cheveux noirs et soyeux. Cette créature céleste n'était pas à sa place dans une usine de *shmattès* (argot yiddish pour « vieux chiffons »), mais j'ai appris qu'il s'agissait d'une réfugiée juive de Pologne.

Après plusieurs semaines, j'ai pris mon courage à deux mains et je l'ai invitée à sortir avec moi, lui proposant de l'emmener dîner et d'aller ensuite à un spectacle. J'avais le cœur qui battait la chamade en attendant sa réponse. Comme je l'avais présumé, elle n'a pas même daigné prendre en considération ma demande qu'elle a déclinée froidement. Outre l'humiliation subie, il fallait encore que j'endure la torture de me retrouver face à elle tous les jours au travail, ce qui a commencé à m'épuiser. À cause de ce rejet, j'ai fini par éprouver un sentiment d'insuffisance si extrême que je me suis mis à adopter un comportement irrationnel. Je ne puis expliquer pourquoi je n'arrivais pas à affronter ces difficultés d'ordre personnel alors que, pendant des années, j'avais été capable de surmonter des situations très difficiles où ma vie avait parfois été en jeu. Cela n'avait aucun sens, mais plus j'essayais de me résigner à mon sort, plus mes réactions devenaient compliquées.

Mon travail à l'usine s'est transformé en une expérience malheureuse. J'étais par ailleurs très déprimé à force de passer toutes mes soirées seul dans ma chambre. Il fallait que je trouve un moyen de remédier à tout cela, mais la plupart des idées qui me traversaient l'esprit étaient irréalistes. Un jour, cependant, j'ai eu une illumination : j'allais repartir à Liverpool, à quelque 300 kilomètres de Londres, et je chercherais à entrer dans la marine marchande. Cette idée me plaisait pour différentes raisons, notamment parce qu'on m'assignerait peut-être sur un cargo en partance pour l'Amérique du Sud. Maintenant que j'étais en Angleterre, j'entretenais une correspondance régulière avec mes parents et ma sœur, et j'étais donc très impatient de les voir.

Je me suis dit qu'il me faudrait travailler encore quatre semaines afin d'épargner assez d'argent pour pouvoir me payer le voyage. Malheureusement, je n'avais pas même songé à vérifier si mes projets étaient réalisables, ni même à demander de l'aide à l'une des organisations juives. Je n'avais pas cherché non plus à me faire des amis dans le cadre des activités de la communauté juive londonienne. Je devenais de plus en plus introverti, de plus en plus craintif à l'idée d'entrer en relation avec les autres. Je crois qu'un certain nombre de facteurs ont contribué à mon état, notamment à mon extrême solitude, mais je suis convaincu que, si j'avais été plus instruit, j'aurais pu mieux comprendre mes problèmes et trouver une solution plus facilement. À l'époque, je n'avais jamais entendu parler de stress psychologique.

Comme je restais toujours seul après le travail, je me suis rabattu sur la lecture du journal quotidien, ce qui contribuait à la fois à me remonter le moral et à m'occuper l'esprit. Depuis mon arrivée en Angleterre, il y avait en effet beaucoup de nouvelles encourageantes sur le déroulement de la guerre. Pendant les mois de décembre 1941 et de janvier 1942, les Soviétiques avaient réussi à stopper l'avancée allemande vers Leningrad, Moscou et Sébastopol. Le choc du bombardement de Pearl Harbor par les Japonais avait été suivi par de bonnes nouvelles : les Américains entraient en guerre aux côtés des Alliés. Chacune de nos victoires constituait une source d'espoir ; en particulier, les reportages sur les raids aériens alliés contre les usines de guerre allemandes me remontaient miraculeusement le moral.

C'est dans cette ambiance favorable que j'ai poursuivi mes préparatifs de départ pour Liverpool. Je n'avais pas accumulé grand-chose pendant mon court séjour en Angleterre : tout ce que je possédais tenait sans problème dans une petite valise. L'argent que j'avais économisé couvrirait à peine le coût d'une semaine d'hébergement, ce qui signifiait que, si jamais j'avais besoin d'un billet retour pour Londres, j'allais me retrouver sans le sou. J'avais également commis l'erreur de parler à mes parents de mes intentions dans une lettre sans avoir vérifié d'abord si mon projet était faisable. J'étais tellement enthousiaste à l'idée de les revoir qu'il ne m'était jamais venu à l'esprit que les choses puissent mal tourner. Pire encore, j'ai abandonné mon logement sans même avoir la courtoisie de donner un préavis à Mlle Jacobs, dont la subsistance dépendait du loyer de ses pensionnaires. J'hésitais à révéler ce qui me poussait vraiment à m'engager dans la marine marchande et je n'avais pas le cœur de lui dire que je comptais partir pour de bon. C'était une bien cruelle manière de m'acquitter de ma dette envers quelqu'un qui m'avait traité si gentiment. Une seule décision irresponsable avait suffi à nous faire du tort à tous deux, ma merveilleuse logeuse et moi-même, alors que je m'aventurais en territoire inconnu.

~

À peine arrivé à Liverpool, j'ai demandé qu'on m'indique le chemin du quartier général de la marine marchande, mais, comble de désespoir, ils ont rejeté ma candidature tout net à l'issue d'un bref entretien. J'étais à la fois bouleversé et en colère devant ce qui me semblait relever d'une injustice consommée. Il ne m'avait pas traversé l'esprit que les mêmes mesures qui m'avaient empêché de m'enrôler dans les forces armées britanniques s'appliquaient aussi à la marine marchande. N'étant pas sujet britannique, je ne pouvais pas servir la nation.

J'ai été profondément choqué par ce refus. Pour la première fois de ma vie, tout mon système nerveux s'est détraqué et j'ai basculé dans un tel état de panique que j'en ai eu des tics, particulièrement sensibles au niveau des lèvres. En vérité, je souffrais d'une grave dépression nerveuse. Jamais auparavant je n'avais été en proie à un tel sentiment d'impuissance. Mon état était manifestement très sérieux, mais, ne pouvant ni comprendre ni accepter cette situation, je me suis tout simplement efforcé de continuer à fonctionner sans solliciter aucune aide.

Il était déjà tard lorsque j'ai quitté le quartier général de la marine marchande et, comme j'avais faim en ce début de soirée, je me suis d'abord rendu dans un restaurant, puis j'ai cherché une chambre pour la nuit. Après en avoir trouvé une, j'ai demandé un annuaire au propriétaire pour voir s'il y avait des organismes juifs à Liverpool. Il y en avait en effet plusieurs et j'ai pris la décision de leur rendre visite le lendemain matin. Il ne me restait que très peu d'argent et j'avais donc besoin qu'ils m'aident à trouver un emploi.

À ce stade, peu m'importait de travailler à Liverpool ou à

Londres puisque je n'avais aucune attache ni à un endroit, ni à l'autre. Je suis arrivé tôt à l'un des organismes juifs. Après un long entretien avec la personne responsable, on m'a placé temporairement chez un couple de personnes âgées, fort sympathiques, qui étaient de confession juive. La semaine n'était pas encore terminée que l'organisme m'a annoncé qu'on avait décidé de me transférer à Manchester. Il y avait en effet là-bas une auberge qui s'occupait exclusivement de jeunes réfugiés juifs. C'était exactement ce qu'il me fallait, semblait-il. Malheureusement, il est apparu par la suite que leur aide est arrivée trop tard pour réparer les dégâts qu'avait subis ma santé mentale.

Je me suis rendu à Manchester en train – c'est l'organisme juif qui m'avait payé le billet. Il fallait que j'aille à la Kershaw House, un abri temporaire pour les familles juives réfugiées, jusqu'à ce qu'une place se libère à l'auberge de jeunesse. Il y avait très peu de jeunes gens à la Kershaw House, mis à part un couple qui avait une fille et un fils de mon âge. La fille était très jolie et avait 16 ou 17 ans, soit trois ou quatre ans de moins que moi. Elle était très séduisante, mais notre amitié est restée platonique. Protectrice à l'excès, sa mère avait des doutes quant à mes intentions envers sa fille si bien qu'à ma grande frustration, toute communication avec elle se limitait aux quelques instants où ses parents ne se trouvaient pas dans les parages.

Le bureau de placement n'a pas tardé à me fournir un emploi comme opérateur de machine à coudre dans une usine de confection pour dames. C'était un soulagement que de reprendre le travail, car cela me permettait non seulement de gagner ma vie, mais aussi de me distraire de mes angoisses. Le soir, j'écrivais des lettres à mes parents et à ma sœur, sans jamais rien leur révéler de mes difficultés cependant. Je m'employais bien au contraire à ne leur transmettre que des nouvelles encourageantes. J'ai également écrit à mes deux tantes à Winnipeg, auxquelles je n'ai en revanche rien caché de mon état psychologique. Je savais que ces nouvelles ne les affecteraient pas autant que ma mère. En fait, cette correspondance me servait d'exutoire.

Lorsqu'elles m'ont répondu au bout de plusieurs mois, mes tantes ont choisi d'omettre toute référence à ma maladie, abordant des sujets complètement différents. J'espérais quelques mots de compassion, mais elles se contentaient de généralités. Elles s'en tenaient à leur philosophie : que rien surtout ne vienne troubler leurs vies sereines. C'est comme si elles m'avaient dit : « Si tu n'as pas de bonnes nouvelles à nous donner, tais-toi. » Ce n'est que beaucoup plus tard que tante Sadie devait prendre conscience que son absence de réaction à l'égard de ma situation avait eu de graves répercussions.

Au bout d'un peu plus d'un mois, on m'a transféré de la Kershaw House à l'auberge de jeunesse pour réfugiés juifs située au 25, rue Northumberland, à Salford, dans la proche banlieue de Manchester. L'auberge se trouvait dans une immense demeure reconvertie où l'on avait aménagé des chambres. Il y avait probablement entre 30 et 40 réfugiés qui vivaient là. Ils étaient tous originaires d'Allemagne ou d'Autriche. Leurs parents avaient réussi à les faire sortir du pays grâce au *Kindertransport*, une opération de secours que les Britanniques avaient mise en place entre 1938 et 1939 pour sauver les enfants juifs d'Europe de l'Ouest. La plupart d'entre eux avaient à peu près mon âge, entre 16 et 21 ans. S'ils avaient tous vécu des histoires différentes, ils étaient tous bien élevés et issus de familles riches, ce dont témoignaient à l'évidence leur comportement et leurs manières raffinées, tout comme leur goût pour les arts et la musique classique. Bon nombre d'entre eux avaient appris à jouer d'un instrument, y compris du piano. Il ne m'avait pas fallu longtemps pour découvrir que je vivais avec des jeunes gens appartenant à l'élite et avec lesquels je n'avais absolument rien en commun. Chose surprenante cependant, la plupart se montraient modestes et s'efforçaient de me mettre à l'aise.

Au rez-de-chaussée de la maison se trouvait une grande salle à manger attenante à une cuisine complètement fermée, à l'exception d'un petit passe-plat comportant un plateau sur lequel nous récupérions nos repas après avoir fait la queue. De la salle à manger, on accédait à un couloir et à deux salles de jeux dont l'une avait un piano. Il y avait une cheminée dans chacune de ces deux pièces, mais on ne faisait du feu que pendant les mois d'hiver. Nous passions le plus clair de notre temps libre dans ces pièces spacieuses. Certains lisaient tandis que d'autres écoutaient de la musique classique. Il y avait aussi quelques personnes qui restaient simplement assises en silence devant la cheminée, le regard perdu dans le vide. Nous souhaitions tous reprendre nos vies d'avant. Nous avions tous le sentiment que notre jeunesse se fanait pendant une guerre qui semblait interminable. Contrairement à moi, aucun de mes compagnons n'avait sombré dans la dépression. Ils se montraient tous patients et optimistes. Ces jeunes gens étaient du genre coriace et ils n'allaient pas se laisser abattre par la guerre, même s'ils étaient séparés de leur famille. Ils essayaient de tirer le meilleur parti de leurs journées.

Nos quartiers et la salle de bain se trouvaient à l'étage. Outre un personnel de cuisine efficace, il y avait aussi M. Hughes, un Anglais, non juif, qui officiait en tant que travailleur social et directeur de l'auberge. C'était un homme réellement attentionné et bienveillant qui avait notre bien-être à cœur. L'auberge représentait tout ce qu'un jeune réfugié juif comme moi aurait pu espérer en temps de guerre. J'y retrouvais des compagnons de mon âge, parmi lesquels je me suis fait de nombreux amis.

Malheureusement, mon état mental a continué à se détériorer. Je n'arrivais plus à fonctionner sans me trouver périodiquement en proie à de terribles angoisses qui m'ôtaient toute confiance en moi. Au fil du temps, je me suis mis à avoir des tics qui m'affectaient la bouche, ce qui m'embarrassait beaucoup. En dépit de mes efforts pour parvenir à les contrôler, j'en suis venu à éviter les gens autant que possible. Quelle terrible ironie ! Juste au moment où j'avais enfin trouvé un foyer et des amis dont j'avais désespérément besoin, je me sentais contraint de m'isoler.

Les événements qui avaient conduit à ma dépression avaient commencé bien avant mon arrivée en Angleterre et le rejet de ma candidature par les forces armées, puis par la marine marchande. Il y avait, par exemple, le traumatisme que j'avais enduré enfant, ne pouvant rentrer chez moi, dans le pays où j'avais passé les années les plus heureuses et les plus sereines de ma vie, le Canada. J'avais également rencontré mon père après une séparation longue de 10 ans pour découvrir qu'il était malade et indigent, incapable de subvenir à ses propres besoins, sans parler de ceux de sa famille. Quatre années avaient suivi pendant lesquelles mon père avait vécu avec la menace constante de se voir déporter et où son comportement imprévisible avait donné lieu à des disputes violentes et incessantes avec ma mère. Était venu ensuite le temps de l'Occupation de la France, de ma séparation forcée d'avec ma famille, de mon évasion périlleuse et enfin de mes 11 mois d'incarcération en Espagne.

Si j'avais eu l'autorisation de m'enrôler dans les forces armées britanniques ou canadiennes en arrivant en Angleterre, ou si l'on m'avait immédiatement placé dans une auberge de jeunesse avec d'autres jeunes hommes de mon âge, il est possible que mes problèmes de santé ne se soient jamais déclarés. Il se trouvait que j'étais devenu incapable de supporter les pressions liées à ma situation. Plus je m'efforçais de résister, plus j'étais confus et frustré. Je ne cessais de me battre contre mes angoisses pour pouvoir accomplir mon travail correctement tout en feignant désespérément d'être normal et sain d'esprit, ce qui me demandait énormément d'énergie. J'étais toujours épuisé en fin de journée.

Je ne comprenais pas la nature de ma maladie à l'époque, mais j'ai dû finir par admettre que quelque chose n'allait vraiment pas. Je pensais que mon anxiété était forcément le symptôme d'une maladie physique. Il ne m'était jamais venu à l'esprit qu'il ait pu s'agir d'une maladie mentale. Ces symptômes m'étaient non seulement incompréhensibles, mais je trouvais l'idée même de maladie mentale tout à fait répugnante. J'étais incapable de me voir sous un jour pareil. L'image que j'avais de moi-même était celle d'un jeune homme sain, robuste et audacieux. Voilà qui sapait sérieusement les fondements mêmes de ma virilité et de mon amour-propre.

Lorsqu'un adolescent se trouve affecté par une névrose au stade de son développement où il commence à rechercher la compagnie des jeunes femmes, cette expérience peut être terrifiante et démoralisante, notamment lorsque s'y ajoute une peur paralysante alliée à un désir de disparaître. Il est difficile de ne pas songer au suicide, mais, dans un moment de répit, on pense alors à ceux qu'une telle échappatoire pourrait blesser. Dans mon cas, je pensais à ma mère. L'amour que je lui portais prenait le dessus sur toutes mes angoisses personnelles. C'est ce qui a jugulé les pensées destructrices qui me hantaient.

Au cours de cette période atroce, il m'était toutefois arrivé quelque chose de tout à fait surprenant un soir, au dîner. Il y avait deux jeunes filles charmantes assises juste en face de moi. Elles partageaient la même chambre car elles étaient de proches amies. J'ai rassemblé assez de courage pour m'adresser à l'une d'elles – elle s'appelait Kitty – et elle a semblé être vraiment intéressée par moi. Nous sommes devenus bons amis et notre relation n'a pas tardé à déboucher sur une cour à laquelle je n'étais pas du tout préparé.

Kitty était une jolie fille aux joues roses. Elle était à peu près de ma taille, avait une personnalité pétillante et la silhouette fine. Nous nous sommes fait la cour petit à petit. Nous nous retrouvions dans l'une des salles de jeux et, à mesure que nous apprenions à mieux nous connaître, nous avons commencé à aborder des questions d'ordre plus personnel. Elle venait d'Autriche et, comme tout le monde à l'auberge, elle était issue d'un milieu plutôt aisé. Son père était un négociant prospère. Avec sa femme, ils étaient des membres actifs de la communauté juive viennoise. Kitty était, quant à elle, d'un naturel très plaisant et elle avait une personnalité d'un calme rafraîchissant. Le soir, elle m'offrait des biscuits et une tasse de chocolat chaud qu'elle préparait dans sa chambre sur un petit réchaud à alcool. Nous savourions le cacao tout en profitant de la présence de l'autre, bavardant jusqu'à ce qu'il soit l'heure d'aller se coucher. Cela faisait déjà plusieurs mois que nous étions amis lorsqu'elle m'a fait la surprise de m'offrir une magnifique paire de chaussettes en laine qu'elle avait tricotée elle-même. Le tricot était en effet l'un de ses passe-temps. Kitty était en tout point extraordinaire et mon attirance pour elle ne faisait que croître de jour en jour.

Notre amitié a continué à se développer. Il ne fait aucun doute que Kitty avait un effet apaisant sur moi, mais, au plus profond de moi-même, je restais néanmoins perturbé. Hélas, je me suis aperçu que je n'étais pas amoureux d'elle et je ne voulais pas lui donner de faux espoirs. Je me sentais coupable, car je ne voulais pas profiter de sa gentillesse et j'ai donc décidé à contrecœur de lui dire la vérité le plus tôt possible. Mon état m'a sans doute poussé à prendre cette décision hâtive, mais, peu importe, c'est ainsi qu'a pris fin notre belle amitié. Kitty et moi n'avions pas poussé l'intimité au-delà de baisers et de caresses, notamment du fait de mon inexpérience sexuelle, mais cette fréquentation avait néanmoins constitué ma première relation sérieuse.

Après avoir rompu avec Kitty, mon état mental a continué à se détériorer jusqu'à ce que je me rende compte que je ne pouvais plus fonctionner et qu'il me fallait de l'aide. Je me suis tourné vers M. Hughes qui est intervenu et a joué un rôle crucial dans cette crise. Lorsque je lui ai confié mes problèmes, il a pris rendez-vous pour moi avec une psychologue. Je ne savais pas ce qu'était un psychologue, mais le terme avait une consonance assez impressionnante pour indiquer qu'il s'agissait d'un genre spécial de médecin qui m'aiderait à aller mieux. J'ignorais tout des traitements psychologiques et j'ai donc été déçu d'apprendre lors de ma première visite que le traitement se limiterait exclusivement à des séances de parole pendant lesquelles j'étais censé révéler et revivre mes pires expériences.

Après avoir assisté à plusieurs de ces séances sans connaître de progrès notable, j'ai commencé à perdre patience et je m'en suis ouvert à M. Hugues. Il a consulté la psychologue pour mon compte et ils ont décidé de tenter une autre approche. J'étais très déçu de ne pas recevoir de traitement médicamenteux. N'importe quel autre traitement serait forcément meilleur que de se contenter de parler de moi – c'est du moins ce que je pensais. Même si je crois que cette psychologue était extrêmement compétente, j'estime malgré tout que cette forme de traitement ne convenait pas à ma grave névrose. Je crois également que j'avais besoin d'un médecin d'origine juive qui puisse mieux comprendre tout ce que j'avais enduré.

Voyant s'amplifier mes angoisses, la psychologue m'a adressé à un psychiatre. Lors de ma première visite chez ce nouveau médecin, quelle n'a été ma surprise en apprenant qu'il était non seulement juif, mais qu'il était lui aussi réfugié. Je lui ai accordé toute ma confiance dès notre premier rendez-vous. Après une analyse détaillée de mon état qui avait nécessité plusieurs visites à son cabinet, il a diagnostiqué une grave dépression nerveuse exigeant qu'on m'administre sur-le-champ un traitement draconien. Il m'a recommandé de me faire interner à l'hôpital dès que possible pour y subir une thérapie aux électrochocs.

Malheureusement, l'hôpital où il voulait m'envoyer n'avait plus de place à cette période et la liste d'attente était extrêmement longue. Voilà qui n'aidait guère à apaiser mes angoisses et mon état s'est encore détérioré un peu plus si bien qu'il m'était devenu impossible de voir qui que ce soit. Les spasmes musculaires qui affectaient ma bouche touchaient à présent mes paupières et cette réaction s'amplifiait chaque fois que je me retrouvais en compagnie d'autres gens, ce qui ne faisait qu'accroître mon embarras et ma timidité. J'avais beau essayer de me maîtriser, rien n'y faisait. J'ai prié en vain pour qu'on me soulage enfin. À court d'idées, j'ai à nouveau songé au suicide. C'était apparemment la seule solution qui puisse me libérer de mes souffrances. À peine avais-je pris cette décision que je me suis senti soudain apaisé. Épuisé mentalement et anéanti moralement, je n'avais plus assez d'énergie pour conti-

nuer à résister. Je voulais juste disparaître. La mort m'apporterait
la paix et la tranquillité que je souhaitais tant. J'étais à deux mois à
peine de mon vingt et unième anniversaire, qui devait avoir lieu en
novembre 1942, et je voulais être comme n'importe quelle personne
de mon âge et non ce pitoyable névrosé pétri d'angoisses qui n'arrivait pas à affronter le monde. Ma mère me manquait terriblement,
la guerre s'éternisait et rien ne laissait présager qu'elle puisse finir
un jour. L'idée du suicide était désormais profondément ancrée en
moi : ce n'était plus une question de volonté, mais de date.

Je ne me préoccupais plus de savoir combien de temps il me
faudrait encore attendre avant d'être admis à l'hôpital. Au lieu de
cela, j'étais obsédé par l'idée qu'il fallait mettre un terme au plus
tôt à ma misérable vie, ce qui montre bien la gravité de ma maladie.
Heureusement, à ce tournant critique, la volonté de Dieu m'a guidé
vers la raison, me rappelant que je ne pouvais jamais recourir à une
solution qui pourrait faire du tort à ma mère. Chaque fois que je
sombrais dans les abîmes de la dépression, j'avais l'impression de
voir apparaître mon ange gardien pour m'empêcher de commettre
un acte irresponsable. D'une manière ou d'une autre, je suis parvenu
à essuyer l'orage sans succomber à mes tourments psychologiques.

Puis M. Hughes a finalement pris des dispositions pour me faire
admettre à l'hôpital. Dès mon arrivée, j'ai trouvé l'endroit extrêmement déprimant. La chambre sinistre qu'on m'avait assignée contenait deux longues rangées de lits alignés face à face. On m'avait
placé à peu près aux trois quarts de l'allée. Le médecin responsable de mon cas est venu me voir quotidiennement pendant neuf
jours, apportant à chaque fois un immense boîtier électrique. Je l'ai
d'abord aperçu qui descendait l'allée centrale et je me souviens de
ma vive inquiétude la première fois qu'il est arrivé avec son appareil
monstrueux. Sans exagérer, la seule vue de cette machine me terro-
risait, notamment parce que je ne savais pas du tout comment elle
fonctionnait. Le médecin m'a rassuré, m'expliquant qu'elle me ferait
juste perdre connaissance et que je me sentirais mieux à mon réveil,

mais ses assurances n'ont guère apaisé mes craintes. Or, l'instant d'après, on me posait le casque sur la tête, bien ajusté sur les tempes, avant de me coller un respirateur sur le nez. Quelques secondes plus tard, une secousse m'a fait sombrer dans l'inconscience. Tout s'était passé aussi rapidement que si on avait éteint la lumière. Je ne sais pas combien de temps je suis resté inconscient, mais une chose était sûre : le lendemain, lorsque j'ai aperçu le médecin qui descendait l'allée pour me faire subir une seconde séance d'électrochocs, c'était bien la dernière personne au monde que j'avais envie de voir.

J'ai eu 21 ans au cours de l'une de ces 9 séances d'électrochocs. Imaginez ce que c'est que de passer le plus important de tous vos anniversaires dans un hôpital sinistre. Je ne m'étais jamais senti aussi abandonné, seul et déprimé. J'avais malgré tout reçu de la visite. M. Hughes était venu me voir pour me souhaiter bon anniversaire et il avait eu la prévenance de m'apporter pour mes 21 ans une carte en forme de clé. Je me souviendrai toujours avec gratitude de ce geste plein de considération.

Au bout de toutes ces séances d'électrochocs, on m'a autorisé à sortir de l'hôpital. Franchement, je ne me souviens pas vraiment de ce qui s'est passé au moment où j'ai quitté l'établissement. J'avais le cerveau très embrumé. Les effets traumatiques de cette thérapie électroconvulsive avaient gravement perturbé mes capacités cognitives, même s'il ne s'agissait fort heureusement que d'un état temporaire qui s'est peu à peu amélioré.

On m'a ramené à l'auberge où l'on m'a redonné la chambre que j'occupais précédemment. Après une brève période de convalescence, je souhaitais reprendre mon ancien emploi. Je ne suis pas certain que mon état se soit réellement amélioré malgré tout. À court terme, avant que les effets des électrochocs ne se dissipent, il est possible que mes angoisses se soient temporairement apaisées, mais, quelques mois plus tard, mon état s'est remis à se détériorer petit à petit, poussant mon psychiatre à conclure que je n'avais pas réagi à la thérapie et que les choses avaient empiré. Étant donné la nature de ma maladie, il fallait qu'il trouve un autre traitement. La semaine suivante, il m'a recommandé de partir en cure au Crichton Royal Hospital à Dumfries, en Écosse, un établissement spécialisé dans les troubles mentaux graves et le seul de son genre en Grande-Bretagne.

On m'a donc admis au Crichton, mais les démarches qui avaient précédé n'avaient pas été de tout repos. Il n'y avait pas de place pour moi tout de suite et on m'avait donc placé sur une liste d'attente. L'établissement manquait cruellement d'argent, si bien qu'il n'y avait qu'une seule façon d'éviter de devoir patienter trop longtemps : l'hôpital était prêt à écourter la période d'attente pour ceux qui étaient en mesure de s'acquitter de la totalité des frais sans recourir à l'aide du gouvernement. Dans ces cas-là, l'attente se réduisait à trois ou quatre mois au lieu d'un ou deux ans, approximativement.

Je me suis affolé lorsque j'ai compris qu'il me serait impossible d'éviter un temps d'attente beaucoup trop long. Je savais à présent que j'étais gravement malade et qu'il fallait faire quelque chose. Peut-être pouvais-je demander à quelqu'un de me prêter de l'argent ? Mais à qui ? De toute évidence, mes parents se trouvaient en haut de la liste, mais j'ai aussitôt écarté cette idée car ils gagnaient à peine de quoi subvenir à leurs besoins et encore moins de quoi couvrir des frais d'hospitalisation doublés d'un traitement onéreux. Et puis je ne voulais toujours pas que ma mère sache à quel point j'étais malade. Ce qui ne me laissait qu'une seule autre possibilité : tante Sadie à Winnipeg. Même si, au départ, un orgueil stupide m'a fait hésiter à lui en parler, j'ai fini par me faire à l'idée que ma santé passait avant toute chose et je lui ai envoyé un télégramme urgent, la suppliant de me venir en aide.

Après ce qui m'a semblé durer une éternité (en réalité, pas plus de trois jours), j'ai reçu la réponse de ma tante. Je n'en croyais pas mes yeux quand j'ai lu son télégramme. Elle avait accepté de payer mon traitement ! J'étais si surpris et si soulagé que j'en ai pleuré et ri à la fois. Quelle qu'ait été la raison qui l'a poussée à m'aider cette fois-ci, je lui en serai toujours reconnaissant.

Lors de mon rendez-vous suivant avec le psychiatre, je lui ai montré le télégramme de ma tante. Il a été ravi et m'a dit qu'il restait confiant : je serais bientôt guéri. Il a contacté le Crichton Royal Hospital et s'est débrouillé pour obtenir mon admission quatre ou cinq mois plus tard. Pendant ce temps, je continuais ma routine du mieux que je pouvais. Je commençais le travail à 8 heures du matin et je rentrais à l'auberge à 18 heures. Après dîner, en fonction de mon état, soit j'allais retrouver mes amis dans l'une des salles de jeux, soit je les évitais et passais la soirée seul dans ma chambre. J'optais d'ailleurs la plupart du temps pour cette seconde solution, car la compagnie des autres me soumettait à une pression immense. Je souffrais toujours de tics à la bouche et à l'œil, ce qui était très humiliant. Il m'était plus simple d'éviter les gens, mais, plus je m'aliénais ainsi, plus il m'était difficile de reprendre contact par la suite.

Pendant cet intervalle de cinq mois durant lequel j'ai attendu d'être enfin admis au Crichton, j'ai été séduit par l'une des plus belles filles de l'auberge, Helen. À ma surprise, l'attirance semblait réciproque car elle se donnait souvent du mal pour engager la conversation avec moi. Elle incarnait tout ce que j'aurais pu souhaiter voir chez une fille si bien que, paradoxalement, sa seule présence faisait resurgir toutes mes angoisses. Chaque fois qu'elle essayait de bavarder, je me figeais et prétextais une excuse polie pour l'éviter. Elle n'était pas simplement belle, j'admirais aussi son intelligence, sa grâce et son charme. J'aspirais à me retrouver en sa compagnie, ce qui rendait la situation d'autant plus douloureuse étant donné mon incapacité à rester avec elle.

En dépit de ma maladresse avec les filles, j'ai quand même réussi à nouer quelques belles amitiés avec certains garçons. Il y avait Werner et Wolfgang, et d'autres encore dont j'ai oublié le nom depuis. C'étaient tous des jeunes hommes sensibles et intelligents, doués d'une grande perspicacité psychologique. Je leur parlais un peu de ma maladie, mais nous discutions surtout de notre problème commun : nous étions en effet tous séparés de notre famille et de nos amis. Contrairement à eux, cependant, je devais retrouver mes parents après la guerre. En effet, la plupart de ces jeunes réfugiés allaient apprendre avec horreur et désespoir que leurs proches avaient été massacrés dans les camps nazis.

Dans l'ensemble, les mois qui ont précédé mon admission au Crichton ont été sombres et sinistres. Mon état était devenu si instable que mon psychiatre avait écrit à tante Sadie que ma vie était en danger. Il lui assurait toutefois que l'on mettrait tout en œuvre pour me sortir de cette crise. Pas un jour ne passait, ou presque, sans que j'envisage de me supprimer. La vie m'était devenue insupportable.

Le long chemin du retour

Je suis arrivé à Dumfries avec des sentiments mitigés. À cause de ma maladie, j'avais été contraint de me familiariser avec un champ de la médecine relativement nouveau à l'époque et dont je n'avais jamais entendu parler : le traitement des troubles mentaux. À peine une ou deux générations auparavant, les personnes qui souffraient d'un quelconque trouble mental se retrouvaient souvent internées à vie. Les progrès de la médecine étaient arrivés pile au bon moment pour moi. Je craignais malgré tout d'être stigmatisé à la suite de mon internement dans un établissement psychiatrique.

Le Crichton Royal Hospital se trouvait au milieu d'un parc magnifique, dans une zone boisée avec des pelouses vertes et des jardins. En outre, l'air y était pur et frais. Il y avait plusieurs installations, y compris certaines pour la pratique de sports tels que le tennis et le cricket. De l'extérieur, on aurait presque dit un centre de vacances. Cependant, j'avais été troublé en voyant l'intérieur des lieux et les autres patients. Certains d'entre eux semblaient tout à fait normaux, tandis que d'autres étaient manifestement trop perturbés pour pouvoir espérer guérir un jour. Mon premier réflexe a été la fuite. Je ne supportais pas l'idée d'être entouré de gens dérangés et j'étais d'autant moins ravi que j'étais moi aussi l'un d'entre eux. Je me suis débattu avec cette question tout au long de mon internement à Dumfries. J'avais le sentiment que cet endroit constituait un affront à ma dignité, ce qui aurait pu retarder ma guérison. Mais c'était dans ce genre d'établissement que l'on traitait les gens qui se trouvaient dans le même état que moi.

Malgré toutes mes inquiétudes liées au fait de me retrouver à Crichton, j'avais néanmoins la chance d'être suivi par deux éminents psychiatres : le Dr Mayer-Gross et le Dr Berliner, l'un comme l'autre réfugiés juifs originaires d'Allemagne. Ils avaient fui les nazis et s'étaient retrouvés au Royaume-Uni où ils pouvaient exercer leur profession. Je ne sais comment leur exprimer ma gratitude. Ils se préoccupaient tant de mon bien-être que, des années après mon départ de Dumfries, ils entretenaient encore une correspondance avec tante Sadie pour s'informer de mon état de santé.

On m'a emmené voir le Dr Mayer-Gross et le Dr Berliner le matin suivant mon arrivée à Dumfries. Après un long entretien, ils ont procédé à un examen physique détaillé. Les quelques jours qui ont suivi ont été consacrés à divers tests visant à évaluer mon état mental général. Ils vérifiaient, entre autres, mes capacités de mémorisation en me lisant des nouvelles à propos desquelles ils me posaient ensuite des questions. Ils choisissaient exprès des histoires simples, à propos de cowboys par exemple, qui étaient adaptées à mon niveau d'instruction limité. À l'issue de ces tests, les médecins m'ont demandé de leur raconter mon passé en détail.

L'approche professionnelle du Dr Berliner a fini par me gagner à sa cause et je me suis senti parfaitement à l'aise avec lui. Il avait des manières douces et persuasives si bien que je n'ai pas tardé à m'épancher, lui décrivant par le menu tous les aspects de mon passé agité et les symptômes actuels qui me troublaient. Les deux médecins étaient présents lors de mes séances psychiatriques quotidiennes, mais c'était le Dr Berliner qui dirigeait les opérations. Compte tenu de ce qu'ils avaient découvert à mon sujet, les deux spécialistes ont décidé qu'une cure de Sakel s'imposait. Il s'agissait de comas insuliniques provoqués par injection, étalés sur 60 séances. Le traitement devait commencer le jour suivant, sous la supervision du Dr Mayer-

Gross. Je n'avais évidemment aucune idée de ce qu'était un coma insulinique. De nos jours, quand certaines personnes réagissent avec consternation dès lors que j'évoque la cure de Sakel, je leur réponds que c'est ce qui m'a sauvé la vie. Je suis convaincu que les docteurs Mayer-Gross et Berliner ont employé les meilleures méthodes disponibles à l'époque et qu'ils ont vraiment tenté de m'aider.

D'après moi, on ne se remet jamais complètement d'une grave dépression nerveuse, pas plus qu'on ne se libère de ses angoisses, qui reviennent de temps à autre. Ceci n'empêche pas d'atteindre un état de stabilité mentale permettant de fonctionner aussi normalement que toute autre personne et de réussir dans toutes les entreprises qu'autorisent ses capacités et son intelligence. Pour prévenir toute rechute, il est crucial de prendre certaines précautions, de pratiquer des activités physiques et récréatives et, par-dessus tout, de se faire des amis et d'éviter la solitude. Ces activités sont stimulantes sur le plan mental et contribuent à vous donner un sentiment de plénitude et à renforcer votre amour-propre.

Pendant mon internement à Dumfries, mon traitement se déroulait ainsi : on me réveillait tous les matins à l'aube pour m'emmener dans une chambre de l'hôpital comportant plusieurs lits où l'on administrait la cure de Sakel. Plusieurs heures après le traitement, j'émergeais d'un état d'inconscience, souffrant d'une soif intense et avec une furieuse envie de sucré. Quelques minutes plus tard paraissait une infirmière munie d'un plateau sur lequel était posé, comme je devais l'apprendre plus tard, un sirop de glucose citronné. Je n'avais jamais entendu parler ni même goûté au glucose auparavant, mais je dois avouer que rien ne me paraissait meilleur. À dire vrai, j'en avais une telle envie que je lui en réclamais aussitôt un deuxième, puis un troisième verre sans jamais avoir l'impression d'étancher ma soif. À chaque séance, j'étais impatient de retrouver ce sirop de glucose à la saveur citronnée.

Avec le temps, je me suis habitué à l'environnement de l'établissement et j'ai fait peu à peu connaissance avec les autres patients.

Bon nombre d'entre eux étaient pilotes de l'air et il y avait aussi un gentil pasteur plein de considération qui m'a appris à jouer aux échecs. On m'a aussi initié au tennis et au cricket, deux sports qui me plaisaient beaucoup. C'est l'un des infirmiers qui m'a enseigné le tennis et c'était comme si j'en avais joué toute ma vie. J'en faisais aussi souvent que possible. Ces activités récréatives contribuaient à la convalescence des patients. Mon attitude générale vis-à-vis de l'hôpital variait au fil de mes humeurs. J'y voyais parfois un sanctuaire où je pouvais recouvrer la santé, tandis qu'à d'autres moments, ce n'était qu'un asile pour les malades mentaux et les fous incurables. L'événement le plus anodin pouvait troubler mon humeur. La frontière séparant l'apaisement de l'extrême frustration était des plus fines et il ne fallait pas grand-chose pour que mon équilibre soit bouleversé. Ces montagnes russes quotidiennes n'étaient que l'un des symptômes de ma maladie. Il m'arrivait certains jours d'entrevoir une lueur d'espoir, alors que d'autres jours, j'avais l'impression que mon état ne s'améliorerait jamais.

À l'issue de ma cure de Sakel, entre mon troisième et mon quatrième mois d'internement, soit en août ou en septembre 1943, j'ai constaté une nette amélioration de mon état. Je subissais moins de phases dépressives, mes tics étaient moins marqués et je commençais à prendre du poids. Comme je me sentais mieux et un peu plus confiant, mes séances avec les médecins ont commencé à tourner autour de la possibilité que l'on m'accorde l'autorisation de sortir de l'hôpital. J'étais impatient, présumant que j'allais assez bien pour affronter le monde extérieur. Mais les médecins ne partageaient pas mon optimisme. Ils m'avaient expliqué très clairement que, selon eux, il faudrait beaucoup plus de temps avant qu'ils ne puissent me déclarer apte à quitter l'établissement.

Ce désaccord a fini par donner lieu à une véritable polémique entre nous. J'étais tellement obnubilé par l'idée de quitter Crichton que j'avais du mal à entendre les arguments que m'opposaient les médecins. Négligeant la logique médicale et incapable de croire qu'ils me voulaient du bien, je me suis retrouvé dans une impasse et c'est alors que j'ai décidé d'entamer une grève de la faim s'ils ne me laissaient pas sortir sur-le-champ. Inutile de dire qu'il s'agissait d'une décision tout aussi irresponsable que naïve qui allait à l'encontre du but recherché, d'autant qu'elle a eu des conséquences nuisibles à ma guérison. J'ai fait la grève de la faim pendant 10 jours, puis le personnel médical m'a enfermé dans une zone réservée aux malades mentaux incurables. Quand enfin ils ont menacé de m'alimenter de force, j'ai fini par céder et je suis redevenu un patient modèle. Je passais mes journées à accomplir toutes sortes d'activités qui me laissaient peu de temps pour le reste. J'acceptais désormais que mes traitements étaient nécessaires.

Cette attitude a donné des résultats fantastiques car, un beau jour, après six mois d'internement, les médecins m'ont convoqué dans leur bureau et m'ont questionné en détail sur mon état. Sans la moindre hésitation, je leur ai dit que je me sentais bien et que, cette fois-ci, c'était bien vrai. À l'issue de notre entretien, le Dr Mayer-Gross et le Dr Berliner m'ont déclaré en assez bonne santé pour quitter l'hôpital, mais ils m'ont mis en garde, car ils estimaient qu'il m'aurait fallu rester encore six mois de plus, par prudence. J'étais heureux qu'ils m'aient jugé assez solide pour partir, mais je ne savais que penser de leur recommandation. Les médecins m'ont conseillé d'y réfléchir pendant quelques jours et de revenir les voir ensuite.

J'ai évidemment d'abord voulu partir. L'idée de pouvoir reprendre une vie normale était irrésistible et dépassait largement toute autre considération. Même si j'avais encore quelques doutes quant au fait de ne pas suivre leur avis, je n'avais pas envie de prolonger mon séjour dans un endroit tel que le Crichton Royal Hospital, ni même d'en garder le simple souvenir. Je voulais enterrer cette partie de mon passé et tout ce qui y était associé. Ce qui comptait, c'était d'aller de l'avant dans la vie. Cette nuit-là, je me suis couché avec un regain d'optimisme. Je me disais que mes derniers jours à Dumfries n'étaient plus très loin. Quel plaisir d'entendre que je m'étais si bien remis ! Il fallait désormais que je trouve le moyen de conserver une certaine stabilité dans ma vie.

Le jour de mon départ du Crichton Royal Hospital est enfin arrivé. Ma détermination n'avait pas faibli, mais j'éprouvais un sentiment de peur mêlée d'insécurité à l'idée de devoir affronter le monde extérieur. Je n'étais pas sûr de pouvoir me retrouver à nouveau en compagnie d'autres gens. Malgré tout, je dois avouer que j'envisageais une réconciliation avec Kitty et que c'était l'une des raisons qui me poussaient à quitter Dumfries. Je ne savais pas si elle me pardonnerait jamais de l'avoir blessée, mais j'avais en tête cette image obsédante de notre prochaine rencontre au cours de laquelle je lui tombais dans les bras. Cela me donnait un objectif et le simple fait que j'ose à nouveau espérer témoignait du chemin parcouru.

Je suis retourné à l'auberge à la fin de l'automne 1943, à une heure où tout le monde était encore au travail. On m'avait gardé mon ancienne chambre, et certaines de mes affaires s'y trouvaient encore. J'ai eu l'occasion de revoir mes camarades pour la première fois quand nous nous sommes réunis dans la salle à manger pour dîner. Tout le monde s'est efforcé de me mettre à l'aise pour que je me sente le bienvenu. Évitant de me poser des questions sur mon séjour à Dumfries, ils se sont plutôt intéressés à mes projets. Plusieurs d'entre eux m'ont dit combien j'avais l'air en forme. C'était très encourageant, même si l'atmosphère était un peu tendue. Ils m'ont vraiment aidé à surmonter ce premier obstacle, c'est-à-dire mon retour à la vraie vie.

M. Hughes était venu me chercher à la gare et nous avons eu l'occasion de discuter tout au long du trajet jusqu'à l'auberge. Il m'a demandé comment j'allais et quel type de travail je voulais faire. Je n'avais pas envisagé d'abandonner la couture, mais mes médecins avaient apparemment indiqué à M. Hughes qu'il me fallait travailler dans un environnement plus calme, loin du bruit incessant des machines à coudre. J'ai acquiescé. Un nouveau métier était une bonne idée, mais je ne savais pas ce dont j'étais capable compte tenu de mon instruction limitée. Je ne pouvais pas vraiment me permettre d'effectuer une autre période d'apprentissage en ne percevant qu'un maigre salaire, voire rien du tout, car il fallait que je gagne de quoi vivre. J'ai demandé à M. Hugues de m'aider à faire mon choix. Il m'a suggéré d'essayer de travailler comme aide-étalagiste, et, quelques jours plus tard, il m'a trouvé un emploi chez Marks & Spencer, une enseigne renommée, située sur la rue Market.

J'ai commencé ce travail en douceur, mais j'ai dû brusquement le quitter à cause de la manière abusive dont me traitait le gérant du magasin. J'ai rapporté mes griefs à M. Hughes et je lui ai dit que j'aimerais mieux reprendre mon métier dans l'industrie du vêtement pour femmes plutôt que de travailler dans de telles conditions. Peu après, M. Hugues a pu me retrouver mon ancien poste d'opérateur de machine à coudre, un emploi que j'ai conservé jusqu'à mon départ de Manchester.

Après un silence de six mois – correspondant à la période passée à Dumfries – j'ai repris ma correspondance avec mes parents. Je n'avais pas le courage de parler à ma mère de ma dépression nerveuse, ni de mon traitement, c'est pourquoi j'ai inventé toute une série d'excuses pour ne pas lui avoir écrit plus tôt. J'ai également suggéré qu'une partie du courrier s'était peut-être perdue en chemin.

Ma vie a repris son train-train habituel. Je me rendais au travail tous les matins et je retournais à l'auberge à temps pour dîner. Le soir, je retrouvais mes amis dans la salle de jeux où nous discutions et écoutions de la musique classique jusqu'à l'heure du coucher. Après plusieurs semaines, j'ai pris mon courage à deux mains et j'ai présenté mes excuses à Kitty pour tenter de me raccommoder avec elle. Bien que très nerveux, j'ai décidé de me jeter à l'eau. Dès que je me suis approché d'elle, j'ai tout de suite senti son ressentiment. J'ai commencé à lui dire à quel point j'étais désolé de mon comportement passé, et de l'avoir blessée ainsi, mais j'ai eu des sueurs froides en voyant la façon dont elle m'ignorait superbement. Elle s'est contentée de me lancer un regard plein de défiance, ce sur quoi elle a aussitôt déguerpi. Plus tard ce soir-là, alors que j'étais allongé dans mon lit, j'ai passé en revue l'incident. Même si j'étais blessé et profondément humilié, j'ai accepté la réaction de Kitty à contrecœur. Elle avait réussi à garder sa dignité tout en me rendant la monnaie de ma pièce.

Après avoir été rejeté par Kitty, j'ai commencé à me sentir vraiment honteux de mon récent séjour dans un établissement psychiatrique. J'ai également pris conscience de l'effet de la maladie sur mon apparence : je souffrais d'une calvitie précoce et j'avais de gros cernes sous les yeux. Une fois de plus, mon amour propre et mon moral en ont pris un coup. J'étais d'ailleurs extrêmement embarrassé chaque fois que j'essayais de parler à une jeune femme. Au moment où j'ai quitté Crichton, je n'avais qu'une assurance encore fragile, et cet incident avec Kitty aurait pu complètement me saper le moral. Or, quand bien même cette rencontre m'avait blessé et plongé dans l'embarras, il me restait malgré tout une lueur d'espoir, car je gardais à l'esprit ce que d'ordinaire on disait en France en pareil cas : « *Eh bien, tant pis mon vieux. Tu as laissé passer ta chance.* » Je me retrouvais certes humilié et meurtri, mais je n'étais pas au tapis. Je ne savais pas si je serais toutefois capable d'affronter la tempête. Je n'arrivais pas à rencontrer de filles sans être terrassé par la peur, alors même que leur compagnie me faisait cruellement défaut.

~

Pendant le reste de la guerre, de la fin de l'automne 1943 au printemps 1945, j'ai continué à connaître des hauts et des bas sur le plan mental et émotionnel, en fonction des événements de ma vie. En tout cas, j'ai continué à me débattre, empêtré comme je l'étais dans des relations avec diverses jeunes femmes. J'étais frustré par mon incapacité à avoir une relation sexuelle satisfaisante. Mais il faut dire malgré tout que j'ai connu de nombreuses journées où tout se passait bien. Après le travail, je pouvais toujours espérer retrouver mes amis à l'auberge. Nous aimions faire de longues promenades, écouter de la musique classique, jouer aux fléchettes, ou avoir des discussions amicales. Nous allions également voir un film au moins une fois par semaine. Nous finissions en outre souvent par nous rendre dans l'immense bibliothèque publique de Manchester. Je n'avais jamais lu grand-chose d'autre que des journaux et des magazines auparavant et j'avais énormément de mal à me plonger dans un livre.

Ce n'est pas avant d'avoir atteint la cinquantaine bien sonnée, lorsque j'ai été à la retraite, que je me suis mis à lire car j'avais envie d'en savoir plus sur l'histoire de mon propre peuple. Même à cet âge avancé, j'avais de la difficulté à me concentrer sur ce que je lisais. Mais ma fascination pour l'histoire juive m'a donné la motivation nécessaire pour travailler la lecture. Je voulais découvrir tout ce qu'il y avait à connaître. Plus de cinq années de lectures ininterrompues, à un rythme assez lent comparé aux autres, m'ont aussi poussé à écrire mes mémoires. Une fois que l'idée s'est ancrée dans mon esprit, il n'y a plus eu de retour possible : je voulais terminer ce projet tant que j'étais encore relativement jeune et que mes souvenirs étaient encore frais.

Au début du printemps 1944, j'ai reçu des nouvelles surprenantes de mes parents : ma sœur, Clarice, avait quitté l'Argentine, où elle était pourtant en sécurité, et voguait désormais vers l'Angleterre ravagée par la guerre. Je ne comprenais pas pourquoi elle se lançait dans une entreprise aussi dangereuse. Si elle avait été au courant des difficultés que j'avais connues lorsque je fuyais les nazis, elle aurait réfléchi à deux fois avant de se rendre dans une zone de guerre. Je craignais également qu'en me découvrant si changé, elle ne me demande pourquoi je ne leur avais jamais parlé de la gravité de ma dépression nerveuse. Cela faisait malgré tout cinq ans que j'étais séparé de ma famille et, même si je n'étais pas d'accord pour que Clarice mette sa vie en danger, j'étais impatient et joyeux de savoir qu'elle allait bientôt arriver.

Après cinq années de guerre, les gens étaient épuisés et cela se voyait sur leur visage. En outre, ils étaient aux prises avec toutes les restrictions possibles et imaginables. Cela allait du rationnement alimentaire à la pénurie de vêtements, en passant par les coupures de courant et les courriers censurés. Il y avait certes assez de nourriture, mais nous ne parvenions pas à obtenir les protéines, les graisses et, surtout, les fruits frais dont nous avions besoin. En Grande-Bretagne pendant la guerre, les civils célibataires n'avaient accès à aucun de ces aliments, ni même à du lait frais.

Durant cette période, les familles se trouvaient séparées. La plupart des hommes servaient dans les forces armées aux quatre coins du monde, aspirant à retrouver leurs proches. Les Britanniques formaient néanmoins un peuple robuste qui endurait la situation en silence, affichant fierté et résistance. Les discours encourageants du Premier ministre britannique, Winston Churchill, étaient une source de motivation. Sa voix vibrante résonnait sur les ondes, pleine d'espoir et de conviction. Ce chef tout à fait remarquable et courageux s'est distingué en remplissant son office pendant les années les plus éprouvantes de la guerre.

Je dois ajouter un hommage au président américain Franklin Delano Roosevelt – magnifique chef de guerre qui a conduit son pays à la victoire sur les nazis – et aussi aux Soviétiques – sans leurs immenses sacrifices au cours des combats pour repousser l'armée allemande, nous n'aurions peut-être jamais connu la victoire des Alliés. Nous devons honorer à jamais la mémoire des vaillantes forces alliées. Ces hommes ont sacrifié leur vie pour que nous puissions vivre libres.

En dépit des conditions de vie difficiles qui régnaient en Angleterre, une lueur d'espoir pointait à l'horizon, avivée par des rapports positifs sur les avancées soviétiques. Voilà qui nous donnait quelque chose à quoi nous raccrocher en attendant le début de l'invasion sur le second front. Nous étions sur des charbons ardents. Ce suspense nous mettait tous à cran. C'est pendant cette période incertaine que Clarice est enfin arrivée en Angleterre, en avril 1944.

Incapable de contenir mes émotions, j'ai éclaté en sanglots en apprenant la nouvelle.

Lorsque j'ai retrouvé Clarice à la gare de Manchester, nous sommes tombés dans les bras l'un de l'autre, tous les deux en pleurs. Je l'ai ensuite conduite à l'auberge, où j'avais pris des dispositions pour qu'elle séjourne avec moi. Elle ne devait rester que trois semaines jusqu'à ce qu'on l'installe dans ses fonctions auprès de la Women's Auxiliary Air Force (WAAF, le corps auxiliaire féminin de l'armée de l'air britannique). C'est donc à cette occasion que j'ai appris la raison de sa venue en Angleterre. Elle avait pu s'enrôler dans les forces armées, car, étant née au Canada, elle était citoyenne britannique. Quel plaisir de l'avoir tout ce temps pour moi tout seul et de pouvoir rattraper ainsi les années pendant lesquelles nous avions été séparés ! Je voulais qu'elle me dise tout sur l'Argentine : où ma famille vivait et tout ce qui s'était passé depuis qu'elle était arrivée à Buenos Aires. Mais ce que je voulais savoir avant tout, c'était comment allaient ma mère, et puis mon père.

Une fois Clarice confortablement installée dans sa chambre à l'auberge, nous n'avons cessé de parler, abordant tous les sujets. Mais je n'ai pu m'empêcher de remarquer son air triste, comme si elle se disait : « Est-ce vraiment là mon frère ? » Elle avait eu l'œil humide en me voyant. On aurait dit qu'elle s'apprêtait à éclater en sanglots. Elle s'était remise rapidement cependant, comme si elle réprimait ses émotions pour ne pas me blesser.

Elle s'est détournée, a fouillé dans son sac à main, puis elle m'a tendu une enveloppe qui, à ma surprise, contenait 100 dollars américains. Elle m'a dit que cet argent venait de ma mère. C'était pour que je puisse m'acheter ce qui me ferait plaisir. À ce stade, incapable de contenir ses émotions plus longtemps, Clarice a fondu en larmes et m'a pris dans ses bras, comme pour apaiser mes années de souffrances et de solitude. J'ai été touché par cette marque d'affection et le simple fait de savoir que je n'étais plus seul m'a redonné le moral. J'avais désormais quelqu'un d'attentionné à portée de main.

Clarice m'a dit qu'elle avait travaillé pour la légation canadienne à Buenos Aires et qu'elle s'était liée d'amitié avec de nombreuses filles qui lui avaient dit que les forces armées recrutaient des sujets britanniques volontaires vivant outre-Atlantique. Intriguée par l'idée, elle avait décidé de s'enrôler pour deux raisons. Pour commencer, elle voulait avant tout participer à l'effort de guerre et contribuer à la défaite des nazis. Par ailleurs, elle avait rejoint la WAAF car on lui avait dit qu'une fois rendue à la vie civile après le conflit, elle pourrait rentrer dans son pays natal, le Canada, si elle le souhaitait.

Âgée à présent de 20 ans, Clarice avait franchi toutes les étapes du recrutement dans la WAAF sans consulter nos parents, alors qu'elle savait combien ils seraient bouleversés en découvrant la vérité. Ma mère ne lui aurait jamais donné son assentiment et Clarice s'en était donc dispensée, ne lui révélant la chose qu'une fois sa candidature acceptée. Notre mère avait fini par céder, en partie parce qu'elle savait que l'atmosphère à la maison était très malsaine et que ma sœur aurait une vie bien plus heureuse loin des disputes incessantes qui caractérisaient toujours la relation de mes parents. C'était dur pour ma mère de perdre ainsi le dernier enfant qui restait encore à la maison, mais elle s'était consolée en se disant que sa fille et son fils seraient bientôt réunis après une longue séparation.

Clarice n'avait pas pu m'informer à l'avance de sa venue en Angleterre car des mesures très strictes exigeaient que les plans de navigation des navires britanniques soient tenus secrets en temps de guerre. Par conséquent, elle m'avait averti à la toute dernière minute. En fait, au moment où ma mère m'avait écrit que ma sœur était partie, elle n'était toujours pas en mesure de me donner le nom du navire, ni de me dire quand il devait arriver en Angleterre.

Pendant ces magnifiques moments partagés, Clarice et moi nous sommes dit de nombreuses choses dont nous ne nous étions jamais fait part auparavant. J'étais triste d'apprendre que la santé de mon père était toujours aussi mauvaise et qu'il ne pouvait donc occuper un emploi stable. La situation était très difficile pour ma mère qui devait faire vivre la famille tout en s'occupant des corvées ménagères. Cette même situation fâcheuse avait toujours été à l'origine des frictions entre mes parents à Paris et c'est ce qui avait conduit à toutes leurs disputes et agressions physiques. Ces mauvaises nouvelles m'ont beaucoup perturbé, comme tant de fois par le passé. En allant me coucher ce soir-là, le traumatisme était toujours là. Je savais que je n'arriverais pas à dormir jusqu'à ce que j'écrive une lettre à mes parents pour leur dire combien mes retrouvailles avec Clarice avaient été joyeuses. Ma mère se sentait triste et seule sans ses enfants et je voulais combler ce vide.

Le lendemain matin, je suis descendu retrouver ma sœur dans la salle à manger pour le petit déjeuner. J'étais très content de la lettre que j'avais écrite à mes parents et j'ai demandé à Clarice de la lire. Peu après le petit déjeuner, j'ai dû me rendre au travail, laissant Clarice décider de ce qu'elle comptait faire avec l'une des filles de l'auberge. Ma sœur s'est fait un certain nombre d'amies là-bas, ce qui avait rendu son séjour encore plus agréable. Malheureusement, le temps filait trop vite et nous approchions rapidement du jour où elle devrait rejoindre son unité. Il fallait que nous tirions le meilleur parti de chacune des journées qui nous restaient.

La visite de ma sœur m'a vraiment aidé à recouvrer ma confiance et, lorsqu'il avait fallu se dire « *Au revoir* » et « À bientôt » le jour de son départ, nous espérions que notre prochaine rencontre ne tarderait pas à venir. À la gare, elle est montée à bord d'un train à destination de Nottingham et voilà qu'elle était déjà en route pour retrouver la WAAF. Il s'est passé plusieurs mois avant que nous ne nous revoyions à la faveur d'une permission qu'elle avait obtenue. J'ai eu le moral au beau fixe pendant plusieurs semaines à la suite de la visite de Clarice, puis j'ai sombré à nouveau, aux prises avec les mêmes problèmes qu'auparavant. Je faisais de mon mieux pour maintenir une routine régulière et vivre une vie aussi normale que possible, mais je n'arrivais pas toujours à maîtriser mes insécurités.

Il m'arrivait de croiser Helen de temps à autre lorsqu'elle partait au travail. Il s'agissait de la jeune femme de l'auberge pour laquelle j'avais encore le béguin. L'usine où elle était employée se trouvait à côté de la mienne et nous nous arrêtions parfois pour bavarder un moment. Mais, comme d'habitude, en sa présence, j'étais paralysé par mes angoisses, ce qui m'obligeait à couper court à nos rencontres. Bienveillante, Helen avait beau essayer de me mettre à l'aise, elle n'est jamais parvenue à alléger le fardeau que représentait mon état psychologique. J'avais le cœur brisé et j'étais furieux contre moi-même de me comporter de la sorte, mais je me sentais impuissant et incapable de changer. Les tremblements qui affectaient ma bouche ont recommencé. Du coup, je n'ai plus été en mesure de regarder qui que ce soit en face. Plutôt que de devoir subir de constantes humiliations, j'ai tout bonnement décidé d'éviter Helen et je me suis retiré du monde.

Revirement

À la fin du printemps 1944, la situation de la guerre ne cessait de s'améliorer. Le soir, mes amis Werner, Wolfgang et moi nous retrouvions pour discuter des bonnes nouvelles du jour. Partout les gens commençaient à ressentir un changement. Les anciennes tensions et les peurs s'apaisaient peu à peu. Personne ne doutait plus d'une victoire prochaine et décisive des Alliés, tandis qu'au sein de notre communauté de jeunes réfugiés, il nous semblait enfin possible d'envisager l'avenir.

Le gouvernement fasciste de Mussolini était déjà tombé en juillet 1943 et les Italiens s'étaient rendus au mois de septembre suivant. Les Alliés étaient entrés dans Rome en juin 1944. Sur le front est, les Soviétiques continuaient à assaillir les forces allemandes sans relâche, gagnant toujours un peu plus de terrain sur la Wehrmacht qui battait en retraite. Mais ce n'était pas tout. Le matin du 6 juin 1944, alors que je travaillais à l'usine, complètement absorbé par ma tâche, le programme à la radio a soudain été interrompu pour permettre la diffusion d'une annonce en français et j'ai donc tendu l'oreille. C'est alors que j'ai entendu nul autre que le général Charles de Gaulle qui livrait un message extrêmement important à son peuple : il annonçait que les Alliés avaient commencé à reprendre la France.

Lorsque j'ai enfin intégré la nouvelle, c'est à peine si j'ai pu contenir ma joie. Tous ceux qui m'entouraient ont dû penser que j'avais perdu l'esprit, car je me suis mis à crier à tue-tête en leur transmettant ces nouvelles renversantes. Tous les regards étaient braqués sur moi tandis que je répétais avec conviction que les forces alliées étaient en train de débarquer sur les côtes françaises. On venait d'ouvrir la brèche tant attendue sur le second front. C'était le jour J.

Parmi les centaines d'employés de l'usine, j'étais le seul à comprendre le français et c'est donc pourquoi j'avais été le premier à comprendre la teneur de cette information relative à l'invasion des Alliés. Juste après l'allocution de Charles de Gaulle, on a diffusé une annonce similaire en anglais, confirmant ce que j'avais dit. L'émission anglaise a commencé par un bulletin spécial de nouvelles et, à la fin du programme, tout le monde applaudissait en lançant des vivats. En entendant la confirmation en anglais, même les plus sceptiques ont admis que je les avais tous informés de l'invasion des Alliés, ce qui a beaucoup amélioré mon image auprès de mes camarades de travail. Quelqu'un a même fait la plaisanterie suivante : « À partir de maintenant, si quelqu'un veut savoir ce que marmonne Charlie en français (pour Charles de Gaulle), il n'a qu'à consulter Maxie. » Je n'ai pas pu m'empêcher d'éclater de rire.

La victoire était à portée de main. De mon point de vue, cette invasion représentait le revirement auquel j'aspirais. Pour la première fois en tant d'années, je me sentais bien et je voulais m'accrocher à ce sentiment aussi longtemps que possible.

Le 13 juin 1944, les Allemands ont lancé leur arme secrète sur Londres : les fusées V-1. C'étaient des missiles qui volaient à vive allure sur une trajectoire prédéfinie. Comme ils embarquaient de grandes quantités d'explosifs qui détonnaient au contact de leur cible, ils entraînaient une énorme déflagration. Ces fusées provoquaient des dégâts gigantesques et fauchaient de nombreuses vies. Quelques mois plus tard, elles ont été remplacées par des fusées V-2, version améliorée et difficilement détectable. Il arrivait souvent que l'explosion elle-même constitue le seul signe avertisseur. Les V-2 se sont révélées en fait beaucoup plus meurtrières, avec leur vrombissement tonitruant suivi par la coupure brutale du moteur qui ne donnait guère d'indications quant à l'endroit où elles allaient frapper.

À la suite des débarquements en Normandie, les Alliés se sont heurtés à la résistance allemande sur tous les fronts, ce qui a entraîné de lourdes pertes humaines. Les batailles subséquentes ont été féroces et elles ont duré de nombreuses semaines sans véritable signe de progrès. Mais les forces alliées ont fini par sortir de l'impasse, perçant les défenses ennemies pour encercler leurs positions, capturant au passage des milliers de soldats. À partir de ce moment-là, elles ont pris le dessus, contraignant l'ennemi nazi à passer en mode défensif. À la mi-août, parvenus à débarquer au sud de la France, les Alliés progressaient sans relâche pour rallier les forces qui convergeaient depuis le nord. Peu de temps après, le 25 août 1944, Paris était libéré.

J'ai pleuré de joie en pensant que ma famille et mes amis allaient être libérés du joug de l'occupation nazie. Aucun de nous n'était au courant des abominables atrocités perpétrées par les nazis. Je ne savais pas encore quel avait été le sort de ma propre famille, ni celui de mes amis. À cet instant précis, rien ne pouvait tempérer l'euphorie qu'avait suscitée en nous la Libération. Je n'avais pas connu pareil élan d'espoir depuis très longtemps.

Pendant cette période empreinte d'optimisme, Clarice est venue me rendre visite de nouveau. C'était une jeune fille très jolie et quelle n'avait pas été ma fierté en la voyant pour la première fois vêtue de son uniforme de la WAAF ! Nous avons passé toute la durée de sa permission ensemble, en compagnie de l'une de ses amies de l'auberge. Nous avons parlé de notre avenir, bien plus confiants cette fois-ci, à la lumière de l'invasion des Alliés et dans la perspective de voir bientôt la guerre pendre fin. Cependant, Clarice a dû rentrer à Nottingham, beaucoup trop tôt. On l'a transférée par la suite à Newcastle, puis sur l'île de Man où elle a passé les neuf mois suivants. Le 16 juillet 1945, tandis qu'elle était encore en poste sur l'île de Man, le roi George VI est venu visiter la base et il a choisi de passer en revue sa section. Chance inouïe, elle a également eu l'honneur de serrer la main du roi qui lui a même parlé. Elle a chéri ce moment tout au long de sa vie.

∼

Même si Clarice n'était plus là pour rédiger les lettres pour ma mère, l'une de ses nombreuses connaissances, un homme raffiné du nom de Carlos, lui avait proposé ses services. Compte tenu de notre correspondance régulière, nous avons fini par bien nous connaître lui et moi. Ses lettres étaient non seulement intelligentes et pleines de délicatesse, mais elles comportaient aussi de nombreuses remarques humoristiques auxquelles je répondais sur le même ton, si bien que nos échanges s'étaient transformés en une joute visant à déterminer qui serait le plus drôle. Je n'ai jamais eu l'occasion de le rencontrer en personne, mais je me souviendrai toujours de lui avec beaucoup d'affection.

À l'automne 1944, j'ai décrété qu'il était temps pour moi de retourner à Londres. Je n'ai pas pris cette décision à la légère, car je ne savais toujours pas si j'étais prêt à quitter le cadre sécurisant de l'auberge. Je savais toutefois qu'une fois sur place, une organisation d'aide à l'immigration juive pourrait m'aider à obtenir l'autorisation de rejoindre ma sœur lorsqu'elle serait repartie au Canada. Londres offrait également un éventail plus large de liaisons transatlantiques. En dépit de ma décision, j'étais terriblement navré d'abandonner tous les jeunes hommes et toutes les jeunes femmes remarquables de l'auberge. Ils m'avaient initié à un mode de vie que j'en étais venu à adorer et, grâce à leur influence, non seulement je parlais presque couramment l'allemand, mais j'avais aussi appris à apprécier la musique classique, l'importance de la lecture, l'art des conversations stimulantes et, par-dessus tout, la vertu de la patience.

Une semaine avant mon départ pour Londres, j'ai reçu des lettres de mes tantes Jennie et Sadie et, dans ma réponse, je les ai informées de mon déménagement prochain. J'en avais déjà parlé à mes parents dans une autre lettre. Puis le temps de partir est venu. J'ai fait mes adieux à tous mes amis et au personnel de l'auberge. Lorsque je suis arrivé à Londres, je suis allé trouver directement le *Jewish Board of Guardians* où j'ai malheureusement appris que je ne pouvais plus bénéficier de leurs services. Ils avaient pour seul mandat d'aider les jeunes gens jusqu'à l'âge de 21 ans. Or, je venais d'en avoir 23. Après une longue attente, on m'a enfin invité à entrer pour rencontrer l'homme avec lequel je m'étais entretenu auparavant. Dès qu'il m'a vu, il a appelé mon ancienne logeuse, Mlle Jacobs, et lui a demandé de le rejoindre à son bureau. C'était lui qui m'avait placé chez elle et, après la façon impardonnable dont j'avais quitté les lieux sans préavis, il voulait me donner une leçon. Mon manque de prévenance avait blessé Mlle Jacobs, mais cela avait également eu une incidence sur ses revenus. Lorsqu'elle est arrivée, elle m'a fusillé du regard. Je l'ai saluée poliment, mais elle m'a repoussé sans toutefois cesser de me regarder avec colère, me plongeant dans un embarras mêlé de crainte. Elle est ensuite passée dans le bureau intérieur pour discuter avec l'homme du *Board of Guardians*, mais je la voyais encore qui me fixait en gesticulant.

Je n'avais pas compris jusqu'alors à quel point mon départ avait affecté Mlle Jacobs et je me suis naturellement senti très mal en le découvrant. Ma logeuse s'était donné tout le mal du monde pour que je me sente chez moi. Elle n'avait pas mérité le manque de respect dont j'avais fait preuve à son égard. C'était une leçon importante pour moi.

Une fois la confrontation avec Mlle Jacobs terminée, l'homme m'a envoyé à la Bloomsbury House où se trouvait le *Jewish Refugee Committee* (Comité d'assistance aux réfugiés juifs). On m'y a reçu de façon beaucoup plus amicale et, à l'issue d'un bref entretien, ils m'ont donné l'adresse d'un couple de réfugiés allemands d'âge moyen qui me fourniraient le gîte et le couvert. Le lendemain matin, je me suis levé tôt pour aller déposer ma candidature au bureau de placement. J'étais prêt à accepter n'importe quel emploi jugé essentiel, mais j'ai été surpris d'apprendre qu'ils m'envoyaient dans une fabrique de saucisses. J'étais chargé de découper les entrailles de l'animal qui entraient dans la fabrication des saucisses. C'était un travail sacrément répugnant. Sans surprise, je suis revenu au bureau de placement peu de temps après. Cette fois-ci, je n'ai pris aucun risque et je leur ai demandé un emploi correspondant à mon métier. Ils ont fini par me trouver un nouveau travail, comme machiniste dans une usine de manteaux pour dames où je suis resté près d'une année.

Au bout de quelques semaines, j'ai commencé à me lasser de ma nouvelle demeure, car il n'y avait personne de mon âge. Les gens de la Bloomsbury House m'ont bientôt trouvé un nouveau logement chez une famille du nom de Kneip, sur Finchley Road, près de la station de métro Hampstead Heath. M. et Mme Kneip, un jeune couple juif, avaient deux petits enfants : un fils, Anthony, qui avait à peine 2 ans, et une fille, Yvonne, qui n'avait pas plus de 3 ou 4 mois. M. Kneip, que j'ai appelé Ernie par la suite, était un réfugié allemand tandis que sa femme, Queenie, était britannique, née et élevée à Londres.

Queenie était une femme chaleureuse, accommodante et amicale en dépit d'un mariage malheureux. Elle pouvait décrypter mon humeur et réagir en fonction de ses variations. Lorsque j'étais vraiment déprimé, elle savait me distraire et me tirer de cet état. En outre, elle avait le don de m'amener à parler de ce qui me préoccupait. Elle se confiait librement à moi et nous avons noué ainsi une relation formidable, marquée par une confiance mutuelle. Elle venait d'une grande famille de sept enfants, cinq filles et deux garçons. L'une de ses sœurs, Sylvia, était mariée à un jeune Juif qui servait dans les forces armées canadiennes.

Il y avait aussi un autre pensionnaire chez les Kneip : un jeune réfugié juif allemand du nom de Goldschmidt qui venait d'avoir

21 ans. Malheureusement, son asthme grave lui donnait l'air d'en avoir 10 de plus. Il souffrait régulièrement de fortes crises et il fallait parfois appeler un médecin pour qu'il lui fasse une injection de morphine et soulage ainsi sa douleur. Il était très intelligent et, suivant la tradition des érudits juifs allemands, c'était aussi un lecteur vorace. J'admirais Goldschmidt. C'était quelqu'un dont j'aurais voulu imiter l'exemple si j'avais eu la chance de bénéficier de la même éducation. Au fil de nos nombreuses conversations, il m'a enseigné des tas de choses sur toute une série de sujets et nous sommes devenus de très bons amis.

Ernie vivotait grâce à la petite usine de ceintures qu'il dirigeait depuis son domicile avec l'aide de Queenie et d'une employée du nom de Betty. J'ai eu une brève aventure avec Betty par la suite, mais cette femme est restée pour moi une énigme très frustrante. Elle était d'une beauté extraordinaire et j'en suis tombé follement amoureux. Cependant, et c'est regrettable, même les filles de rêve ont leurs défauts et Betty ne faisait pas exception. Elle s'est révélée capricieuse, absolument pas fiable et indifférente aux sentiments des autres, sans parler du fait qu'elle était la pire allumeuse que le monde ait connue.

À vivre ainsi chez les Kneip, j'avais presque le sentiment d'avoir un foyer, surtout grâce à Queenie. Ernie ne lui était pas fidèle et il arrivait qu'il la traite de manière indigne et irrespectueuse. Rien d'étonnant à ce que leur mariage se soit soldé par un divorce. Queenie, quant à elle, pouvait s'identifier de façon très concrète à mes propres malheurs et comprenait aussi ma dépression. Nous étions un soutien l'un pour l'autre.

Dans l'ensemble, la situation continuait cependant à s'améliorer. Les Alliés poursuivaient leur avancée sur tous les fronts et la victoire était en vue. Dans cette atmosphère, les trajets que j'effectuais pour me rendre tous les jours au travail me sont devenus moins pénibles. Les gens semblaient plus détendus et souriaient plus souvent. Dieu était intervenu pour défendre notre cause et la justice l'emportait enfin sur la tyrannie. Nous entendions presque le doux son des carillons qui célébraient la victoire dans le lointain.

En dépit d'une conjoncture somme toute prometteuse, j'étais toujours préoccupé par mes difficultés à rencontrer des filles. J'élaborais des scénarios imaginaires qui s'effondraient systématiquement dès que je faisais face à la réalité. J'ai alors eu une idée pour résoudre mon problème : j'ai décidé de contacter Margot, une jeune femme que l'on m'avait présentée à Manchester quelques mois auparavant, avant mon départ. Elle ne vivait pas à l'auberge, mais elle venait d'un milieu semblable à celui des nombreux autres jeunes réfugiés qui y logeaient. Ses parents avaient fui la Pologne pour s'installer en Allemagne et, en 1939, ils étaient parvenus à envoyer Margot en Angleterre dans l'un des derniers bateaux chargés du transport des enfants. Comme moi, elle se sentait seule et nous nous sommes rapprochés. Il s'agissait d'une relation strictement platonique. Je me suis toutefois aperçu un beau jour qu'elle s'attachait toujours plus à moi. Elle m'avait en effet pris la main alors que nous nous promenions dans le parc. Nous nous étions promis de rester en contact lorsque j'aurais déménagé à Londres et Margot avait même laissé entendre qu'elle m'y rejoindrait.

Je n'étais pas amoureux de Margot et je savais qu'il était égoïste de lui demander de me rejoindre, mais je me suis convaincu que sa compagnie m'apporterait un sentiment de sécurité. La solitude a fini par l'emporter sur ma crainte de profiter ainsi d'elle et je lui ai envoyé une lettre dans laquelle je lui demandais de me rejoindre à Londres dès que possible. Après avoir correspondu pendant quelques semaines, Margot m'a écrit qu'elle avait pris sa décision : elle allait me rejoindre. Elle avait une très bonne amie qui vivait à Londres et qui lui avait proposé de la loger dans l'une de ses chambres.

Au cours des quelques mois suivants, notre relation a pris de l'ampleur et sa présence m'a réellement aidé. Un soir, j'ai invité Margot chez moi pour la présenter à Queenie et elles se sont aussitôt liées d'amitié. À partir de ce moment-là, Margot m'a fréquemment rendu visite. À mesure que les deux femmes se rapprochaient, elles se sont mises à parler mariage. Margot était très favorable à cette idée et Queenie acquiesçait de tout cœur. Elle pensait qu'un mariage serait bénéfique à ma santé mentale.

À l'occasion de l'une de leurs conversations, Margot et Queenie ont échafaudé un plan pour m'inciter à me marier, alors que je n'en avais ni le désir, ni l'intention. Queenie devait se débrouiller pour que Margot passe la nuit avec moi, espérant que cette intimité avec une femme dont elle me croyait amoureux me pousserait à l'épouser. Lors d'un week-end férié, Queenie a invité Margot à passer la soirée avec nous. À mesure que la nuit avançait, Queenie nous a fait remarquer qu'il était déjà tard, suggérant que Margot passe la nuit là. À ma très grande surprise, Margot n'avait pas dit non.

Ce dont Queenie ne s'était jamais souciée était de savoir si j'étais réellement amoureux de Margot. Je me sentais pris au piège. La suggestion de Queenie m'avait pris totalement au dépourvu, mais j'ai acquiescé à contrecœur, puis j'ai accompagné Margot dans ma chambre. Je me sentais coupable de profiter ainsi d'elle. Fort heureusement, même si j'ai passé la nuit avec Margot, nous n'avons pas eu de rapports sexuels, si bien qu'au bout du compte, ce plan s'est retourné contre elle. Je n'ai pas demandé sa main et notre relation s'en est trouvée anéantie de manière irrévocable. Je savais que je ne l'aimais pas et j'en ai donc conclu qu'une rupture serait l'option la plus courtoise.

Nous nous sommes retrouvés dans un endroit isolé du parc pour en discuter. Je lui ai dit que j'étais mal à l'aise de poursuivre une relation qu'elle prenait au sérieux, alors que je n'avais aucunement l'intention de l'épouser et que, dans ces circonstances, il valait mieux cesser de nous voir. Manifestement choquée par ma déclaration, Margot a fait de son mieux pour cacher sa déception, me disant qu'il n'y avait aucune urgence à se marier, mais je lui ai répondu que ma décision était irrévocable. J'ai eu honte de la manière dont j'avais traité Margot, et j'ai été sincèrement heureux d'apprendre plusieurs mois plus tard qu'elle avait épousé un jeune Juif très bien.

Après ma rupture avec Margot, mon logeur, Ernie, m'a proposé de venir travailler pour lui dans sa manufacture de ceintures. Son offre semblait intéressante et le fait que l'usine se trouve dans l'immeuble même était très séduisant. J'ai accepté et c'est ainsi que j'ai rencontré Betty. Elle avait à peine 16 ans, mais elle était bien plus mûre que la plupart des filles de son âge. Nous avons commencé par des conversations informelles, puis nous sommes progressivement devenus amis. Comme je l'ai mentionné plus haut, elle était incroyablement belle et j'avais du mal à me concentrer sur mon travail. Un ou deux mois plus tard, alors que je rentrais de ma pause déjeuner un après-midi, je suis tombé sur Betty qui m'attendait sur le seuil de l'atelier, souriante. Ernie était parti régler une affaire ailleurs. Je me suis approché d'elle avec prudence, mais, au premier contact, j'ai perdu toute timidité : je l'ai prise dans mes bras et me suis mis à l'embrasser. Tout à coup, elle s'est renversée en arrière et m'a fait perdre l'équilibre. Il y avait quelque chose de mauvais dans ce qui était en train de se passer. Elle m'a attiré sur elle. Je n'avais plus le choix : il fallait que je m'accroche à elle de toutes mes forces, car je craignais qu'elle n'échappe à mon étreinte et ne se blesse en tombant. Mais j'étais également dégoûté par son comportement. J'avais rêvé de l'embrasser, mais j'étais choqué par ses avances agressives et son mépris absolu pour toute forme de respectabilité.

Elle m'avait abasourdi. Croyait-elle vraiment que j'allais coucher avec elle lors de notre première rencontre amoureuse, là, sur le sol nu de l'atelier pendant les heures de travail ? C'était apparemment ce qu'elle avait en tête et il m'était impossible de ne pas réagir à l'excitation que suscitait son corps. Je me suis précipité ensuite à la salle de bains pour me nettoyer et je me suis remis au travail. Betty m'a à peine adressé la parole pendant le reste de la journée et je me suis senti à la fois coupable et confus. Le matin suivant, à mon soulagement, elle s'est comportée comme si de rien n'était. Son comportement me laissait perplexe et, le lendemain, lorsque j'ai décidé de l'inviter à sortir avec moi, elle m'a répondu très clairement que jamais elle n'envisagerait rien de tel, insinuant que je n'étais pas assez bien pour elle. Plus elle prenait ses distances, plus je la flattais et la complimentais. Elle a fini par se faire chicanière et critique, formulant des remarques désobligeantes à mon égard.

~

Peu après ma mésaventure avec Betty, ma sœur est arrivée de l'île de Man pour me rendre visite. C'était la première fois qu'elle revenait à Londres depuis qu'on l'avait transférée sur cette base. Queenie a décidé une fois de plus de jouer les entremetteuses, mais ses efforts ont été bien mieux récompensés cette fois-ci. Pendant la visite de Clarice, Queenie lui a parlé de sa sœur Sylvia qui était mariée à un militaire des forces armées canadiennes du nom de Max Stein. Ce dernier avait rencontré Sylvia lors d'une permission et ils s'étaient mariés peu après. Queenie a demandé à Clarice si elle souhaitait rencontrer un jeune militaire juif canadien, ce à quoi ma sœur a répondu qu'elle en serait ravie. Le soir même, Queenie présentait Clarice au frère de Max, le caporal George Stein du Régiment royal de l'Artillerie canadienne. George et Clarice se sont tout de suite appréciés et ils ont fini par se marier au Canada.

Après le retour de Clarice à sa base, j'ai découvert que je ne supportais plus l'idée de devoir travailler tous les jours face à Betty et j'en ai conclu que la seule façon de me libérer de son influence, c'était de quitter la maison des Kneip. J'étais un peu anxieux à l'idée de parler de mon projet à Queenie, mais lorsque je lui ai expliqué ce qui s'était passé, elle m'a accordé sans réserve qu'il n'y avait pas d'autre solution, même si nous y perdions beaucoup l'un comme l'autre. Queenie était non seulement une bonne amie, mais, auprès d'elle, j'avais l'impression de faire partie de la famille.

Pendant cette période, je me suis rendu en métro dans le West End londonien pour me changer les idées en me promenant dans les rues bondées. Je fréquentais plusieurs soirs par semaine un *milk-*

bar où je m'offrais des laits frappés et des biscuits. Le week-end et plus particulièrement le samedi, j'allais au cinéma. Si le temps le permettait, je passais mes dimanches à Hyde Park où j'ai découvert le *Speakers' Corner* (le coin des orateurs) où des gens aux opinions bien arrêtées montent sur une boîte pour exprimer leurs idées sur tout un tas de sujets. Certains parlaient de politique, d'autres de religion. D'autres encore n'étaient là que pour s'amuser et divertir la foule. Ces comiques exprimaient délibérément des opinions ridicules pour inciter le public à réagir à des remarques intentionnellement sottes, mais surtout drôles. La plupart des spectateurs ne pouvaient s'empêcher de s'en amuser – nous savions non seulement que c'était pour rire, mais que ce divertissement était gratuit.

Je me souviens notamment d'un homme noir très talentueux qu'on appelait affectueusement Prince Monolulu, un personnage drôle qui ne manquait jamais de distraire la foule. Il était si populaire à l'époque qu'on pourrait presque dire qu'il s'agissait d'une institution britannique. Le simple fait de le voir dans son costume de satin blanc ou dans ses vêtements de cérémonie aux broderies de couleur vive, avec chapeau assorti, suffisait à faire rire les gens. Lorsqu'il montait sur sa boîte, l'air fort imposant dans son accoutrement royal et avec son regard sombre et perçant, il avançait des théories farfelues qui nous faisaient immanquablement pouffer. Il devenait de plus en plus drôle, envoûtant son public tout en le faisant rire.

~

Plusieurs mois avant de déménager de chez Queenie, j'ai rencontré un jeune homme du nom de Rudi Netzer qui devait devenir mon ami pour la vie. Alors que j'écris ces lignes, cela fait un an à peine que j'ai appris qu'il était mort à l'âge de 60 ans. Sa perte m'a profondément affecté. C'était le meilleur ami que j'aie jamais eu.

Après l'échec de mes relations avec Margot, puis Betty, j'ai sombré dans une autre phase dépressive et j'ai compris que j'avais besoin de l'aide d'un spécialiste. Je suis allé à la Bloomsbury House et je leur ai demandé de m'aider à trouver un médecin approprié à mon cas. Une fois encore, ils sont venus à mon secours et, relativement peu de temps après, voilà que je rendais régulièrement visite à un psychiatre très compétent. Après avoir entendu mon histoire, il a recommandé une série d'injections d'hormones pour soigner ma dépression. Pendant l'une de nos séances d'une heure – pour lesquelles je dépensais une grosse part de mes revenus hebdomadaires – je lui ai confié ma solitude et les difficultés que j'éprouvais à me faire des amis. À ma surprise, lors de la visite suivante, il m'a tendu une note sur laquelle figuraient l'adresse et le numéro de téléphone d'un certain Rudi Netzer, qui devait sans doute être l'un de ses anciens patients. Nous nous sommes tout de suite appréciés, Rudi et moi, et sommes devenus quasiment inséparables. Rudi comprenait mes problèmes, m'acceptait tel que j'étais et me traitait avec respect et courtoisie.

En dépit de nos très nombreux points communs, nous venions de milieux très différents. Ses parents avaient eu la prévoyance d'envoyer Rudi et sa sœur, Irma, hors d'Allemagne avant le début de la guerre en septembre 1939. Comme de nombreux autres enfants juifs allemands, ils avaient trouvé refuge en Angleterre. Malheureusement, ils avaient également un frère qui avait refusé de partir sans ses parents et était resté sur place. Étant donné qu'aucune correspondance n'était possible avec l'Allemagne et les territoires qu'elle occupait pendant le conflit, Rudi n'avait eu aucun contact avec ses parents ni avec son frère depuis 1940. Nous n'avons appris qu'après la guerre qu'ils avaient péri dans l'Holocauste.

Contrairement à moi, Rudi gardait le souvenir d'une enfance très heureuse et confortable. Son père était un homme d'affaires très prospère de Munich, tandis que sa mère s'occupait des tâches domestiques. Rudi enrageait à cause de la situation dans laquelle il se trouvait et sur laquelle il n'avait aucun contrôle, ni aucune prise. Je faisais de mon mieux pour le réconforter et lui donner une lueur d'espoir en le convainquant de l'imminence de la victoire des Alliés et de ses retrouvailles avec ses parents et son frère. Rudi me rendait la pareille, tentant patiemment de me tirer de mes phases dépressives. Nous nous servions mutuellement de filet de sécurité. Même si Rudi souffrait d'un grand nombre de troubles mentaux et émotionnels, il n'avait jamais eu peur des gens et avait par conséquent bon nombre d'autres amis.

J'ai fait part à Rudi de mon intention de partir de chez Queenie et il m'a dit qu'il y avait un logement libre là où il habitait. Inutile de dire que cela résolvait non seulement mon problème, mais que j'y trouvais le réconfort et la sécurité de ne pas avoir à vivre tout seul. Nous allions habiter dans le même immeuble et pourrions donc nous voir encore plus souvent. J'ai ainsi habité au dernier étage d'une maison qui en comptait deux, au 61, Fellows Road, dans le quartier de Swiss Cottage, où Rudi, sa sœur Irma, son mari Eddy et leur bébé partageaient un appartement d'un côté tandis que j'avais une petite chambre de l'autre.

Pendant ce temps, mes séances avec le psychiatre se sont poursuivies à un rythme hebdomadaire. J'ai connu un net progrès et, après plusieurs mois, il m'a jugé assez bien portant pour ramener mes visites à un rythme mensuel. Il n'a pas fallu longtemps pour qu'il me dise que j'allais assez bien pour me débrouiller sans son aide. Je ne m'étais jamais aussi bien senti depuis des années. Je continuais à recevoir régulièrement du courrier de Buenos Aires grâce à l'aimable collaboration de l'ami de ma mère, Carlos, et un peu moins fréquemment, des lettres de mes tantes canadiennes. Je voyais ma sœur à chacune de ses permissions et j'attendais toujours ses visites avec impatience.

Après mon emménagement dans l'immeuble de Rudi, nous nous retrouvions presque tous les jours après le travail et le weekend. Lors de nos jours de congé, nous faisions beaucoup de choses. Une fois, par exemple, nous avons organisé une sortie dans le West End où nous avons dîné au Lyons Corner House et sommes allés ensuite au cinéma. À d'autres occasions, nous retrouvions les amis de Rudi dans un club qui proposait diverses activités. Nous avons même participé à une excursion que ce club avait organisée pour les filles et les garçons. Mais, lorsqu'une autre jolie fille a décliné mon invitation à danser, j'ai de nouveau très mal vécu ce rejet et c'est pourquoi Rudi a suggéré que nous trouvions d'autres manières de nous divertir. Le week-end suivant, nous sommes partis en randonnée dans la magnifique campagne anglaise.

Nous étions très enjoués tandis que nous nous promenions sous le soleil qui nous réchauffait en ce début de printemps 1945. De nombreuses espèces d'oiseaux gazouillaient dans le ciel, volant au-dessus de l'herbe verte qui s'étendait à perte de vue. Nous nous sommes mis à chanter de plus en plus fort, jouant les chanteurs d'opéra. Puis, au bout d'un temps, nous sommes passés aux airs plus doux des musiques populaires de la période des Big Bands. Alors que nous chantions à tue-tête, nous avons remarqué une femme au loin qui s'approchait de nous et nous nous sommes alors tus. Elle marchait dans notre direction à grandes enjambées et, lorsque nous nous sommes retrouvés face à face, elle nous a dit combien elle avait apprécié nos chansons et nous a invités à déjeuner avec elle. Elle s'intéressait beaucoup à la musique et nous a proposé de nous donner quelques cours. Nous en sommes restés pantois, Rudi et moi, et quelque peu gênés qu'elle nous ait entendus, mais nous avons accepté son invitation.

Notre hôtesse était une femme de la haute bourgeoisie, pas loin de la soixantaine, cultivée et qui s'y connaissait beaucoup en matière de musique. Elle habitait dans une charmante maison de campagne à une dizaine de minutes de l'endroit où nous l'avions rencontrée. Il y avait toute une série d'instruments de musique dans sa salle de séjour, y compris un piano à queue. Elle nous a invités à nous asseoir et nous a dit d'un air amusé :

« Eh bien, ce n'est pas tous les jours qu'on croise de jeunes étrangers avec une disposition aussi enjouée. S'il vous plaît, racon-

236 CITOYEN DE NULLE PART

tez-moi un peu votre histoire. Dites-moi d'où vous venez et depuis combien de temps vous vous trouvez en Grande-Bretagne. Vous avez forcément un passé intéressant l'un et l'autre et je serais ravie de vous entendre en parler. »

Nous nous sommes donc mis à lui raconter certaines des expériences qui avaient marqué chacune de nos vies avant notre arrivée en Angleterre. À mi-parcours, cette gentille femme a servi le déjeuner, puis s'est assise pour écouter attentivement nos histoires. Manifestement choquée par ce qu'elle entendait, elle se montrait pleine de compassion pour tout ce que nous avions enduré, nous priant de poursuivre notre récit. Après un certain temps, elle nous a dit qu'elle désirait en savoir plus encore mais qu'elle ne voulait pas gâcher cette magnifique journée à la campagne. Pendant la demi-heure suivante, nous avons parlé de musique et elle a généreusement proposé de nous donner quelques cours gratuits de temps en temps. Alors que nous nous apprêtions à partir, elle nous a offert une flûte en bois à chacun en guise de souvenir. Qui aurait pu imaginer qu'une promenade à la campagne puisse déboucher sur une telle rencontre ? Ce soir-là, nous sommes rentrés chez nous pleins d'entrain, contents et inspirés.

La Victoire en Europe

Peu après mon emménagement au 61, Fellows Road, Rudi m'a présenté son amie, Mme Robinson, qui vivait de l'autre côté de la rue. Nous nous sommes tout de suite entendus et je lui rendais souvent visite. Elle était travailleuse sociale de formation et je la trouvais raffinée et intelligente, dotée d'une profonde compassion pour les souffrances humaines. Elle m'a apporté un grand soutien et elle a fini par représenter une figure maternelle à mes yeux. Mme Robinson était juive. Elle s'était mariée à un Allemand non juif au début des années 1920 et ils avaient eu deux enfants : une fille, Brigitte, et un fils qui servait dans l'armée britannique. Il se trouve que je n'ai jamais rencontré son fils. Mme Robinson et sa fille vivaient seules dans une maison de taille respectable et, lorsque nous venions y prendre le thé, Rudi et moi, Brigitte se joignait souvent à nous.

Brigitte et moi nous sommes trouvés de nombreux points communs. Mme Robinson et ses deux enfants avaient vécu à Paris et s'étaient enfuis en Angleterre juste avant la guerre. Par conséquent, Brigitte parlait couramment le français. Quel plaisir immense que de pouvoir discuter avec elle en français des gens et des lieux que nous connaissions à Paris ! Nous étions également beaucoup plus habitués aux coutumes françaises qu'aux mœurs anglaises. Elle ressemblait par ailleurs beaucoup plus aux jeunes Françaises pleines de vivacité qu'aux Anglaises, en général plutôt timides et réservées.

Brigitte avait 20 ans. Elle était blonde aux yeux bleus, avec la lèvre supérieure légèrement déformée à la suite d'un accident survenu dans l'enfance. Cela lui donnait une expression assez sévère, mais n'ôtait rien à son caractère extraverti et à son naturel enjoué. Elle avait cette *joie de vivre* et cette *manière facile* typique des jeunes filles françaises et on ne s'ennuyait pas avec elle. Il n'a pas fallu longtemps pour que nous nous fréquentions régulièrement, même si notre attachement respectif n'avait rien de sérieux. Brigitte s'entendait également si bien avec Rudi que l'idée de ne pas l'emmener avec nous était tout simplement impensable. Lorsque Rudi avait un rendez-vous galant, il arrivait donc que nous sortions à quatre.

Plusieurs mois après notre rencontre, Brigitte m'a demandé si j'avais envie de passer un week-end avec elle. Sa mère devait quitter la ville et serait absente pendant toute une longue fin de semaine. Comme vous pouvez vous y attendre, j'ai sauté sur l'occasion de faire l'amour à une fille pour la première fois. J'ai eu le cœur léger tout au long de la semaine, ne pensant qu'au week-end qui m'attendait. Le soir où Mme Robinson est partie, nous sommes allés voir un film comique, Brigitte et moi, dans lequel jouait Danny Kaye. Ensuite, nous sommes rentrés chez Brigitte et elle nous a préparé du thé qu'elle a servi accompagné d'un gâteau qu'elle avait elle-même confectionné. Nous avons évoqué l'idée de faire l'amour pendant ce temps et ce qu'il faudrait faire pour être sûrs qu'elle ne tomberait pas enceinte (tout comme moi, Brigitte était vierge et inexpérimentée). Sur le chemin du retour après le cinéma, nous avons acheté un préservatif dans une pharmacie.

Quand l'heure est enfin venue de monter dans la chambre de Brigitte pour y goûter à notre interlude sexuel tant attendu, je me sentais plus calme que jamais. Malheureusement, cet événement n'a pas été à la hauteur de nos espérances. Pour dire les choses simplement, étant donné mon manque total d'expérience, toutes nos tentatives de rapports ont échoué. Nous avons fini par passer une nuit romantique dans les bras l'un de l'autre, à se câliner. Le lendemain matin, Brigitte a préparé le petit déjeuner et nous avons parlé de Paris, submergés par la nostalgie tandis que nous nous remémorions les soirées animées de musique, les terrasses des cafés qui grouillaient de monde et de musiciens, pleines de chansons, de rires et de charme.

Au regard de la facilité avec laquelle nous nous parlions, de nos souvenirs partagés et de notre affection réciproque, Brigitte aurait pu réussir à me convaincre de l'épouser même si j'avais décidé de ne pas m'attacher pendant toute la durée de la guerre. Elle était tout à fait consciente de ce que j'éprouvais, mais elle s'efforçait de me faire changer d'avis, me donnant une sérénade en entonnant la chanson française populaire *Jeunesse* qui parlait d'occasions manquées. Les paroles « *Jeunesse, jeunesse, on n'a pas toujours 20 ans* » décrivent la manière dont les années de jeunesse peuvent nous échapper sans que l'on connaisse jamais l'amour. Brigitte a même essayé de me rendre jaloux en acceptant des rendez-vous galants avec d'autres. Ce stratagème a eu des répercussions inattendues, mettant un terme à notre couple lorsqu'elle s'est engagée dans une relation sérieuse avec un homme qui voulait l'épouser. Je l'avais trop tenue pour acquise.

J'ai une nouvelle fois sombré dans la dépression après la perte de Brigitte, mais cette fois-ci mon ami Rudi était là pour m'aider à m'en sortir. Nous passions notre temps libre ensemble à visiter les musées, à assister à des conférences, à aller au cinéma ou simplement à nous promener dans Hyde Park.

Nous continuions à échanger régulièrement des lettres, mes parents, mes tantes et moi, toutes remplies de nouvelles encourageantes quant à la fin de la guerre. Les Soviétiques ont percé la ligne de front en janvier 1945 et les forces alliées ont pénétré enfin en territoire allemand à la fin du mois de mars. Les Américains et les Soviétiques marchaient en force sur Berlin. Les derniers soubresauts de la guerre se comptaient désormais en mois, voire en semaines, et mon impatience de voir s'achever enfin le conflit augmentait de jour en jour. Jamais les gens n'avaient été aussi optimistes que les foules de Britanniques qui se rendaient au travail dans les rues de Londres. On voyait la fierté nationale sur leur visage et je partageais leur optimisme. Tout le monde a commencé à se concentrer sur ses projets d'après-guerre.

Je travaillais encore à la fabrique de ceintures où j'ai rencontré un Juif polonais d'environ 10 ans mon aîné. Il travaillait directement en face de moi et, puisqu'il était célibataire lui aussi, nous discutions souvent de nos problèmes personnels. Lorsque nous en sommes venus à parler de sexe et de relations avec les femmes et que je lui ai fait part de mes frustrations, il m'a dit qu'il ne connaissait pas ce problème-là, car il allait voir une prostituée tous les weekends. Il a proposé que je l'accompagne à son prochain rendez-vous afin que je prenne des dispositions semblables. J'ai tout d'abord refusé, mais, après réflexion, je me suis dit : « Qu'est-ce que j'ai à perdre à essayer ? » Je l'ai donc suivi à son rendez-vous, quelque peu inquiet et doutant de vouloir aller jusqu'au bout.

Nous nous sommes retrouvés à une station de métro, puis nous nous sommes rendus chez la prostituée qui vivait au dernier étage d'une maison privée. Elle nous a fait monter chez elle, puis nous a fait entrer dans sa salle de séjour. Je me suis assis là pour lire un magazine pendant que mon ami la suivait dans une autre pièce. Il est ressorti une demi-heure plus tard environ et m'a dit de prendre rendez-vous. Pendant tout le temps où mon ami se trouvait dans l'autre pièce, j'ai essayé de décider si je voulais vraiment tenter l'expérience et avoir des relations sexuelles avec une prostituée. Cette simple idée me répugnait et j'ai donc choisi de décliner. Mais, comme je ne voulais pas perdre la face devant mon ami ni vexer cette femme, j'ai feint de prendre rendez-vous tout en sachant que je ne m'y rendrais pas.

~

Ce même printemps 1945, j'ai participé avec Rudy à un grand rassemblement de soutien à l'établissement d'une patrie juive en Palestine. Cet événement était une révélation pour moi : c'était la première fois que je participais à une manifestation publique liée aux préoccupations de mon propre peuple. J'ai ressenti une fierté soudaine à l'idée d'être juif. Pendant tout le temps que j'ai passé en Angleterre, rien ne m'a plus profondément touché que la question d'une patrie juive. Cela semblait être un rêve presque irréalisable pour un jeune juif apatride comme moi, un citoyen de nulle part. Cette idée s'était emparée de mon imagination et je voulais désormais participer au miracle de la création d'un nouvel État juif. Malheureusement, toute une série de circonstances, parmi lesquelles figurait mon instabilité mentale, m'ont empêché de poursuivre cette nouvelle passion. Cela reste l'un de mes plus profonds regrets.

Tandis que l'espoir se mêlait à l'impatience de voir la guerre s'achever enfin, ma vie quotidienne restait inchangée. J'allais au travail tous les jours et je rentrais chez moi le soir. Après le dîner, je retrouvais généralement Rudi pour faire ce que nous avions planifié pour la soirée. Certaines journées étaient plus intéressantes que d'autres, mais je ne m'ennuyais jamais. Au milieu de cette routine, cependant, nous nous sommes réveillés un beau matin pour apprendre la merveilleuse nouvelle : on annonçait la reddition inconditionnelle de la Wehrmacht à la radio, ce qui marquait de fait la fin de la guerre. C'était le 8 mai 1945. Jamais un si petit nombre de phrases n'a résonné aussi profondément en moi – ces quelques mots m'ont rempli d'une allégresse sans pareille. Fou de joie, j'ai couru voir Rudi, Irma et Eddy les bras grand ouverts. Nous nous sommes tous embrassés et il a fallu un moment avant que nous ne retrouvions notre calme. Stupéfaits, nous avons simplement échangé des regards incrédules, craignant que cela ne soit qu'une illusion. Nous avons alors su que tout cela était bien réel lorsqu'une seconde annonce à la radio a déclaré cette journée officiellement chômée en l'honneur de la victoire.

Et nous avons vraiment fêté la victoire ce jour-là ! Nous nous sommes rendus au centre-ville pour nous mêler à la foule en liesse qui n'a cessé d'affluer jusqu'aux petites heures du matin. Nous avons été littéralement transportés, Rudi et moi, de Trafalgar Square aux berges de la Tamise par des foules exubérantes qui dansaient, chantaient, plaisantaient et s'enrouaient à force de hurler. Peu d'événements ont inspiré une exaltation aussi vive que celle dont nous avons été témoins à Londres le jour de la victoire. Des chants patriotiques comme le *Rule Britannia* résonnaient, entonnés par la foule enthousiaste. J'étais entièrement habité par cet esprit festif et communicatif. Après des années de stress, la clameur des masses qui jubilaient avait levé toutes les inhibitions.

~

Lorsque l'excitation s'est un peu calmée après toutes les célébrations et que j'ai compris que ma situation ne connaîtrait pas de changement immédiat, j'ai cessé d'exulter. La guerre était finie, mais il m'était encore impossible de rejoindre mes parents en Argentine ou mes tantes au Canada. J'ai appris qu'il faudrait peut-être encore deux années avant que je puisse quitter la Grande-Bretagne. Les civils ne pouvaient réserver de place sur aucun moyen de transport transatlantique, avion ou bateau. On donnait évidemment la priorité absolue aux militaires qui rentraient au pays. Quant à moi, ces deux ans d'attente auraient tout aussi bien pu en durer dix. J'avais déjà perdu six années de ma jeunesse et j'avais du mal à accepter l'idée qu'il allait falloir patienter encore deux ans pour reconstruire ma vie.

C'est dans cette incertitude, alors que défilaient les semaines, qu'un beau jour ma sœur est arrivée. Nous étions à la fin de l'automne 1945 et elle était venue m'annoncer de merveilleuses nouvelles : elle était sur le point de quitter les forces britanniques et allait être rendue à la vie civile. On lui avait accordé l'autorisation de se faire rapatrier au Canada, ce qui m'ouvrait de nouvelles et fabuleuses perspectives. J'ai immédiatement changé d'objectif : l'idée n'était plus de rejoindre mes parents en Argentine, mais de me préparer à la possibilité (infiniment plus désirable) de revenir chez moi, au Canada, car Clarice était désormais en mesure de parrainer ma candidature. Le Canada demeurait le seul pays que j'associais vraiment à la sécurité et au bonheur.

Clarice s'est vu notifier son embarquement en janvier 1946. Son futur mari l'avait précédée de deux semaines seulement. Nous avons passé toute une semaine ensemble avant son départ et elle était euphorique à l'idée de réaliser les deux buts les plus importants de sa vie : retourner au Canada et se marier. C'était comme un conte de fées devenu réalité. J'étais vraiment content pour elle. Le jour de son départ elle a promis de demander à mes tantes d'intervenir en ma faveur auprès des autorités chargées de l'immigration au Canada et de remuer ciel et terre afin d'obtenir pour mon compte une autorisation d'entrer sur le territoire. Elle a fait tout ce qu'elle a pu pour me redonner confiance en l'avenir et, après une dernière étreinte, elle est partie pour embarquer à bord de son navire. Lorsqu'elle s'est retournée pour me saluer une dernière fois, le visage rayonnant de bonheur, je sentais que le sort allait enfin me sourire.

Je suis resté longtemps sur le quai, agitant la main avec l'espoir que je parviendrais à apercevoir Clarice parmi les milliers de militaires, hommes et femmes. Même après l'avoir complètement perdue de vue, je n'arrivais pas à partir, gagné par l'excitation des gens heureux de rentrer chez eux et de leurs proches qui étaient venus les accompagner. J'avais une vision positive du monde, de moi-même et de mes projets en général. J'étais impatient de rentrer et d'écrire une lettre à mes parents pour leur décrire le départ de Clarice pour le Canada.

Après une traversée orageuse de quatre jours, pendant lesquels Clarice avait passé la plus grande partie du voyage dans sa cabine, en proie au mal de mer, elle a fini par arriver au Canada. Elle était enfin chez elle. Au début de l'année 1946, Clarice est descendue du train à Toronto, accueillie par tante Jennie et saluée avec une plus grande ferveur encore par George, son futur mari.

Ma sœur avait préféré Toronto à sa ville natale de Winnipeg car tante Jennie y avait emménagé et George en était originaire. Deux semaines après son arrivée, Clarice et George se sont mariés. Tante Sadie n'était pas présente au mariage car tante Jennie ne lui en avait pas fait part. Tante Sadie a été furieuse que sa sœur l'ait ainsi exclue du mariage de sa nièce, mais, plusieurs mois plus tard, après s'être calmée, elle a invité le jeune couple à lui rendre visite à Winnipeg. Clarice n'a été que trop heureuse de répondre à son invitation. Ce voyage signifiait bien plus pour Clarice qu'une simple visite à sa tante et à son oncle : elle allait retourner à l'endroit où elle avait grandi.

Maintenant que ma sœur vivait au Canada, j'avais de plus fortes chances de pouvoir la rejoindre, même si l'attente était stressante. C'est à peu près à la même époque que j'ai dû faire mes adieux à Rudi, la seule personne qui parvenait toujours à me remonter le moral. Il s'était porté volontaire pour servir d'interprète allemand-anglais pour le compte de l'armée britannique dans les tribunaux qui devaient juger des crimes de guerre. Grâce à son allemand impeccable et sa bonne maîtrise de l'anglais, il avait été tout de suite accepté. Il avait décidé de partir après avoir appris la terrible vérité sur le sort de ses parents et de son frère, massacrés à Auschwitz. Il voulait confronter ses ennemis, avoir une autorité sur eux, révéler leur véritable nature, c'est-à-dire celle de sauvages impitoyables, et les humilier devant leur défaite. L'idée de perdre le seul ami que j'avais en Grande-Bretagne était bouleversante, mais ce n'était rien en comparaison de la perte tragique qu'il avait subie. Je l'ai bien entendu encouragé à partir. J'ai partagé sa douleur, trop conscient que j'étais d'avoir échappé *in extremis* à un sort que j'aurais connu moi aussi si je n'avais pas poussé ma mère et ma sœur à quitter la France au moment où elles l'avaient fait. La perception que j'avais de mes propres problèmes a changé dès lors que j'ai appris la tragédie qui frappait Rudi. Tout cela faisait en effet bien pâle figure comparé au fardeau que mon ami allait porter toute sa vie. Peu importait ce contre quoi je me débattais, j'étais en vie et j'allais revoir mes parents et ma sœur.

Rudi a eu la prévenance de demander à Irma et à Eddy de veiller sur moi et de m'inviter à passer les voir le soir après le travail et le week-end. En dépit de tous ses efforts cependant, les choses ont bien changé après son départ. J'avais néanmoins la chance d'avoir des amis comme Irma et Eddy. Ce dernier était originaire de Vienne et il m'emmenait souvent dans un club viennois où nous passions des heures à discuter avec d'autres gens, à jouer, à manger des viennoiseries faites maison et à boire du café préparé à la manière continentale.

Cela faisait à peine six mois que Rudi était parti et je n'avais toujours reçu aucune nouvelle des services d'immigration canadiens. Oscillant entre l'espoir et le désespoir, je suis parti pour la première fois en vacances en Grande-Bretagne avec Irma et Eddy. Nous avons passé une semaine dans une célèbre station balnéaire du Pays de Galles. Cela faisait bien trop longtemps que je n'avais pas pris de vacances et l'idée de passer une semaine sur une plage était irrésistible – allongé sur le sable, à prendre des bains de soleil tout en regardant les belles jeunes femmes et à me laisser aller aux rêves d'une vie impossible. Nous y avons passé des jours paisibles, à parcourir l'agréable campagne galloise et à profiter de la douceur du climat.

Lorsque je suis rentré à Londres, mon avenir incertain continuait à m'oppresser et j'avais l'impression d'aller à la dérive, d'être complètement désorienté. L'année 1946 était déjà bien entamée. Cela faisait un an que la guerre était finie et il n'y avait toujours pas le moindre signe d'avancement quant à ma candidature pour entrer au Canada. Découragé, j'ai pris rendez-vous chez un psychiatre. Après quelques séances, il a contacté le *Jewish Refugee Committee* à la Bloomsbury House et leur a conseillé de m'envoyer dès que possible dans leur résidence de convalescence à Epsom, à environ 25 kilomètres au sud-ouest de Londres. L'air était censé y être bénéfique pour les gens souffrant de troubles nerveux et la tranquillité des bois alentour contribuerait à rétablir ma santé. On a donc pris les dispositions qui s'imposaient, même s'il ne devait pas y avoir de place libre avant un mois.

Puis le temps d'aller à Epsom est enfin venu. Pendant mon séjour de six semaines, les seules personnes avec lesquelles j'avais des contacts significatifs se résumaient au médecin de l'établissement et à une jeune fille juive de plusieurs années mon aînée qui travaillait là-bas. Outre ce médecin, il y avait aussi un attaché de consultations à qui j'ai dû rendre visite à plusieurs reprises. Il vivait et travaillait à quelques kilomètres de la maison de convalescence. C'était officiellement mon médecin, étant donné que celui de l'établissement était un réfugié qui n'avait pas l'autorisation de pratiquer la médecine en Grande-Bretagne. Il lui était toutefois permis de superviser les soins administrés aux patients de la maison de convalescence. C'était un réfugié juif allemand, un homme intelligent, digne, charmant et d'un âge déjà très avancé. Il avait perdu tous ses biens et un cabinet prospère aux mains des nazis.

Nous avons eu de longues conversations à propos de mes problèmes. Sa manière de les traiter était non seulement professionnelle, mais aussi chaleureuse et attentive, un peu comme une relation père-fils. Comme il avait été lui-même victime de circonstances brutales, il comprenait parfaitement ce que je vivais et ne reculait devant aucun effort pour traiter mes symptômes, se donnant la peine de m'expliquer comment les dépasser et apprendre des techniques de maîtrise de soi. Au lieu de se contenter d'apaiser mon anxiété, il m'en expliquait la cause, m'aidant à mieux la comprendre et à éviter les embûches à l'avenir. Il avait notamment souligné le danger qu'il y avait à me prendre trop au sérieux, peu importe la gravité de mes angoisses, car c'est ce qui perpétuait la vision déformée que j'avais de moi-même et entretenait un cycle de pensées négatives, causant perte de confiance, inhibitions et craintes. En conclusion, ce n'était pas mon état qui était à l'origine de mes troubles émotionnels, mais la manière dont je les abordais et ma capacité à les gérer. Ce qu'il m'a expliqué à propos de mon état m'a redonné confiance et m'a permis d'adopter une attitude positive. Je lui en suis à jamais redevable.

Ce même médecin m'a également prescrit de prendre souvent l'air, d'effectuer de longues promenades dans les bois, de me reposer et de bien m'alimenter. Ce qui me laissait toutefois une grande partie de la journée à ne rien faire, si ce n'est lire le journal ou écouter de la musique à la radio. Après plusieurs jours à vivre ainsi, j'ai commencé à m'ennuyer ferme. Le troisième jour, la jeune réfugiée juive qui faisait partie du personnel est venue me parler. C'était son jour de congé et nous en avons passé une bonne partie à faire connaissance. Elle m'a parlé de son aventure idiote avec un homme marié qui avait fini par la mettre enceinte. Elle n'avait pas les moyens de subvenir à ses besoins, ni à ceux de son nouveau-né, c'est pourquoi elle avait à contrecœur abandonné son enfant à l'orphelinat. Elle flirtait beaucoup avec moi, alors que j'étais dans un état de grande vulnérabilité. Or, je ne voyais qu'une seule chose : elle était séduisante, disponible et j'avais désespérément besoin d'une compagne. Sans tenir compte des dangers d'une telle relation, nous nous sommes lancés dans une histoire éphémère qui s'est terminée dès que mon médecin a eu vent de notre relation. Il a convoqué la jeune femme dans son bureau, l'a mise à l'amende pour avoir profité de moi et a insisté pour qu'elle n'ait plus de contact avec moi.

Lors d'un rendez-vous ce même après-midi, le médecin m'a expliqué que mon état me rendait particulièrement vulnérable dans n'importe quelle relation et m'a mis en garde contre les conséquences de mes actions. Il m'a également expliqué la différence entre quelqu'un qui prenait une décision sous le coup de l'anxiété névrotique et quelqu'un capable de prendre une décision rationnelle. J'étais bouleversé de devoir rompre avec la jeune femme, mais j'étais reconnaissant de la sollicitude dont faisait preuve mon médecin.

Au bout de mes six semaines à Epsom, je me suis senti assez bien pour affronter le monde extérieur. Lorsque j'ai quitté la maison de convalescence pour rentrer à Londres, je n'avais qu'un seul regret : perdre contact avec ce médecin qui était aussi mon ami. Nous avons entretenu une brève correspondance après mon départ.

Le week-end de mon retour, Rudi m'a rendu une visite inopinée. Il avait reçu l'autorisation de s'absenter brièvement de son travail. C'était si bon de passer du temps avec lui, à parler de ce que nous avions vécu depuis que nous avions été séparés et à partager nos espoirs pour l'avenir. La semaine suivante, j'ai repris mon ancien emploi et je suis rapidement retombé dans ma routine habituelle. Cependant, je me sentais désormais assez confiant pour affronter toutes les difficultés qui se trouveraient sur mon chemin.

L'attente se prolonge

J'avais repris le travail depuis un bon moment déjà lorsqu'en rentrant chez moi un soir, j'ai eu l'agréable surprise de trouver un télégramme de tante Jennie. Elle m'annonçait qu'elle arriverait bientôt à Londres. Je ne savais pas comment elle avait réussi étant donné que les voyages privés étaient encore extrêmement limités en 1946. Je me suis permis d'espérer que cette visite avait quelque chose à voir avec mon retour au Canada. Après tout, elle était venue à Varsovie 26 ans plus tôt dans le seul but d'emmener ma famille au Canada. Lorsque tante Jennie est arrivée, cependant, je n'aurais pas dû être étonné d'apprendre que son voyage était entièrement dédié à ses propres affaires. Elle ne pouvait rien me dire quant à mon autorisation d'entrer sur le territoire canadien, si ce n'était que Clarice poursuivait ses efforts. D'une générosité imprévisible, tante Jennie m'a toutefois offert un costume sur mesure.

Pendant la visite de tante Jennie, j'ai réussi à me contenir et je ne leur ai pas reproché, à elle et à tante Sadie, de nous avoir refusé leur aide pour rentrer au Canada en 1934, nous laissant affronter de nombreuses années difficiles. Je sais que mes tantes n'étaient qu'en partie responsables (même si elles avaient été enclines à nous apporter une garantie financière, cela n'aurait peut-être pas suffi à convaincre les autorités canadiennes d'autoriser notre retour). En dépit du fait qu'un membre de ma famille (ma sœur, Clarice) était né au Canada, la politique gouvernementale en 1934 ne nous était pas favorable.

Je tenais néanmoins tante Jennie pour responsable d'avoir délibérément séparé ma mère de mon père et mes deux tantes de nous avoir laissés, ma sœur et moi, dans un orphelinat pendant six ans.

Tante Jennie n'est restée que 48 heures à Londres avant d'entamer la deuxième partie de son voyage qui devait conjuguer affaires et plaisir à Paris. Elle est revenue à Londres deux semaines plus tard avec un visiteur tout à fait inattendu : Simone, la femme de mon cousin Pierre. On venait de lever les restrictions sur les voyages à l'intérieur de l'Europe si bien qu'elle avait pu accompagner tante Jennie à Londres en tant que simple touriste. Simone est restée un long week-end et je lui ai fait visiter divers musées et sites historiques londoniens. Après avoir réglé ses affaires en moins de deux jours, tante Jennie, quant à elle, était prête à repartir chez elle. Elle m'a assuré en partant qu'elle ferait tout ce qu'elle pourrait pour accélérer la procédure d'obtention de mon visa. Simone est retournée à Paris le soir même, m'invitant gracieusement à lui rendre visite ainsi qu'à sa famille.

Comme je n'avais toujours pas reçu de réponse immédiate du Canada, j'ai compris qu'il fallait que je trouve le moyen d'apaiser mon stress. Quelques semaines plus tard, j'ai eu l'idée d'un plan qui relevait du coup de génie, mais, rétrospectivement, il était en fait assez tiré par les cheveux. Influencé en partie par les exploits de mon ami Wolf, j'ai décidé de m'embarquer clandestinement sur un cargo en partance pour l'Argentine. J'ai commencé les préparatifs pour repartir à Liverpool sans en toucher mot à quiconque, mis à part Irma et Eddy. Ils ont fait de leur mieux pour m'en dissuader. Je n'ai rien dit à mon employeur, ni à ma logeuse, mais j'ai tout de même pris la précaution de payer mon loyer avec deux semaines d'avance au cas où mon plan se retournerait contre moi. Avec juste assez d'argent pour tenir une semaine après avoir payé mon billet, je suis reparti à Liverpool, n'emportant pour tout bagage que les vêtements que j'avais sur le dos. Je suis arrivé en fin de matinée et je me suis rendu aussitôt sur les quais.

Une fois au port, j'ai scruté soigneusement la zone avant de tenter d'obtenir des renseignements sans éveiller les soupçons. J'ai abordé un homme à l'air avenant et je lui ai demandé s'il travaillait sur les docks et s'il savait comment décrocher un emploi sur un bateau en partance pour l'Argentine. Quand je lui ai dit pourquoi je voulais m'y rendre, il s'est montré très compréhensif et m'a expliqué comment procéder. Même si je savais que je ne serais jamais admissible puisque j'étais étranger, cette conversation m'a permis de déterminer de quel embarcadère partaient les navires à destination de l'Argentine. Je lui ai dit que je voulais savoir tout cela car je comptais m'adresser à un membre de l'équipage pour lui demander en quoi consistait pareil emploi.

L'homme m'a dit de venir chez lui quelques heures plus tard pour obtenir les renseignements dont j'avais besoin. Lorsque je suis arrivé devant sa résidence délabrée, c'est sa femme qui m'a ouvert la porte. Elle devait bien faire une tête de plus que moi. Avec une hospitalité toute britannique, l'homme m'a invité à m'asseoir et sa femme nous a servi du thé et des biscuits. L'homme m'a fourni une partie des informations dont j'avais besoin pendant que nous prenions le thé. À mon étonnement, il m'a aussi avoué très ouvertement qu'il n'était pas réellement employé sur les docks. Comme tant d'autres, il gagnait sa vie en volant sur les bateaux étrangers.

Cette révélation m'a déconcerté, car je n'avais jamais eu affaire à des hors-la-loi auparavant, mais je me suis efforcé de cacher mes sentiments. J'ai cependant baissé ma garde sans trop savoir pourquoi et je lui ai dit ce qui m'avait réellement poussé à venir à Liverpool. Mon hôte ne semblait pas troublé par le fait que je sois prêt à voyager clandestinement pour rejoindre mes parents. Il a même suggéré que nous retournions sur les docks dès que possible pour pouvoir me montrer l'embarcadère d'où partaient les navires à destination de l'Argentine. Cette tournure des événements m'a soulagé et j'ai même proposé de le dédommager pour ses services, mais il a refusé.

Alors que nous nous dirigions vers les docks, il s'est soudain arrêté pour me dire qu'il avait oublié de s'informer de la date de départ du navire et m'a demandé d'attendre là pendant qu'il se renseignait. Cela a pris un peu plus longtemps que je ne le croyais, mais il a fini par revenir avec un sourire radieux, m'indiquant l'heure exacte à laquelle le cargo devait partir et le numéro de l'embarcadère où le bateau était amarré. À ma surprise, il m'a de nouveau invité chez lui et, puisqu'il me restait pas mal de temps, pourquoi ne pas venir dîner avec sa femme et lui. Je suis parti après le dîner, les remerciant l'un et l'autre pour leur aide et leur hospitalité, proposant de leur envoyer depuis l'Argentine des marchandises qu'on avait du mal à trouver en Grande-Bretagne. L'homme m'a accompagné sur une partie du chemin, puis m'a indiqué comment me rendre sur le bon embarcadère.

Après l'avoir quitté, je me suis promené, satisfait de moi-même, ravi que tout se soit déroulé sans aucun accroc. Tout à coup, deux policiers en uniforme ont surgi des ténèbres, me causant une belle frayeur. Ils m'ont demandé de leur présenter mes papiers d'identité et de leur expliquer ce que je fabriquais sur les docks à une heure pareille. Il s'est avéré que mon soi-disant bienfaiteur était un indic de police qui avait rapporté la présence d'un jeune étranger suspect qui posait des questions sur les navires en partance pour l'Argentine. J'ai compris que les jeux étaient faits, que j'avais concocté en vain ce plan impossible qui n'avait pas la moindre chance de succès. Ils m'ont conduit au commissariat où l'on m'a fait subir un interrogatoire éreintant.

Pour que l'on comprenne ce qui s'était passé au commissariat, il me faut expliquer brièvement quelle était la situation politique en Palestine à l'époque car, au moment de mon arrestation, on m'avait accusé à tort d'être un terroriste juif. Pendant cette période cruciale de notre histoire, les Juifs se révoltaient contre le gouvernement britannique, mandataire de la Palestine, dans le cadre de leur lutte pour l'obtention d'une patrie. Pour contrer de telles actions, les autorités britanniques restreignaient l'immigration des survivants juifs de l'Holocauste. Les forces armées juives et la Haganah, de même que des organisations comme l'Irgoun et le groupe Stern avaient eu recours à des actions militaires pour contraindre les Britanniques à abandonner leur mandat en Palestine. Ces derniers n'avaient toutefois nullement l'intention de céder la Palestine aux Juifs, ce qui avait envenimé la situation. Cependant, après avoir connu l'Holocauste, ni les survivants européens, ni les Juifs de Palestine, ni ceux de la diaspora n'étaient disposés à se laisser intimider par une puissance militaire.

Les autorités du gouvernement britannique mandataire étaient donc passées à l'action contre les combattants pour la liberté qui défiaient ouvertement le pouvoir britannique en affrétant des bateaux pour ramener les Juifs dans leur patrie ancestrale. Les Britanniques considéraient ces combattants comme des terroristes et leur infligeaient de lourdes peines en Palestine, y compris la mort. La presse quotidienne en Grande-Bretagne soulignait dans ses gros titres que la situation se détériorait là-bas et il n'était donc pas surprenant qu'un jeune réfugié juif comme moi ait été jugé suspect, d'autant qu'on m'avait trouvé en train de rôder la nuit sur les docks de Liverpool.

On ne peut pas dire que je n'étais pas habitué aux insultes antisémites, mais je n'en avais subi que très peu d'atteintes graves en Grande-Bretagne. J'ai donc été outré d'essuyer les commentaires offensants du policier qui avait procédé à mon arrestation. Maintenant que je savais ce que les nazis avaient fait endurer aux Juifs, je ne pouvais plus tolérer que quiconque m'insulte parce que j'étais juif sans répliquer. Dans ce cas précis, lorsque le gradé s'est mis à vomir un chapelet d'injures antisémites à mon encontre et à celle du peuple juif en général, j'ai contré chacune de ses insultes sans me soucier de ce qui pourrait m'arriver. J'ai répliqué avec toute la fierté et tout le courage que je pouvais rassembler pour défendre mon patrimoine juif. Lorsque le policier a conclu en ces termes :

« Nous, Britanniques, ne vous céderons jamais la Palestine, à vous, les Juifs, et vous n'avez donc pas le plus petit espoir de jamais vous y rendre », je lui ai répondu sur le ton du défi : « Nous allons non seulement obtenir le retour de la Palestine en tant qu'État juif, mais ne vous en déplaise, vous le verrez de votre vivant et ce, même si vous avez le double de mon âge ! »

Quelques instants plus tard, on m'a conduit dans une cellule, où j'ai passé les sept jours suivants. Les lieux étaient luxueux comparés à ceux que j'avais connus en Espagne. Les conditions de détention étaient beaucoup plus humaines et on me donnait assez à manger. Seul dans ma cellule, j'ai réfléchi à l'absurdité de ma situation et je m'en suis voulu d'avoir agi aussi bêtement. Qu'allait-il m'arriver maintenant ? Que faire à partir de là ? À la fin de la semaine, on m'a présenté à un juge. À mon soulagement, il s'est montré très compréhensif. Lorsque je lui ai parlé de mon souhait de revoir mes parents après une aussi longue séparation, il a compati avec moi, puis il a approuvé ma libération. Il m'a laissé repartir à Londres après m'avoir fait promettre de ne plus jamais essayer de voyager clandestinement sur un bateau. J'ai pris le premier train en partance pour Londres et je suis retourné à Fellows Road.

À peine rentré, je suis tout de suite allé voir Irma et Eddy, de l'autre côté du couloir. Ils étaient surpris, mais ravis de me voir de retour. Je leur ai raconté toute mon histoire – ma tentative catastrophique de m'embarquer clandestinement, mon arrestation et mon incarcération. Ils ont cherché à me remonter le moral en me disant que mon autorisation d'entrer sur le territoire canadien n'allait pas tarder à arriver. Ma priorité restait toutefois de trouver un nouvel emploi, car mon patron avait engagé quelqu'un d'autre pour me remplacer.

Au bureau de placement, lorsque l'administrateur a découvert que j'avais sollicité une autorisation d'entrer sur le territoire canadien, il a compris que je ne garderais mon emploi que de manière temporaire. Il m'a demandé dans quel secteur travaillaient les personnes qui me parrainaient au Canada et, lorsque je lui ai dit que mon oncle dirigeait une fabrique de fourrures, il m'a suggéré d'apprendre le métier de fourreur pour que mon oncle puisse m'embaucher à mon arrivée. Je n'y avais jamais songé, mais cela m'a semblé une excellente suggestion. J'ai donc accepté de suivre cette voie. Il m'a demandé de revenir le voir le lendemain matin et, effectivement, il m'avait déjà trouvé un poste dans une petite fabrique de fourrures. Le propriétaire, qui était juif, m'a immédiatement mis au travail. On m'a appris à tremper les peaux et à les clouer sur une planche à rainures en les étirant à l'aide d'une paire de pinces. Il m'a fallu plusieurs heures pour apprendre à le faire correctement.

Un non-Juif très amical travaillait à mes côtés. C'était un personnage très amusant. Nous nous entendions extrêmement bien, même s'il croyait aux esprits : il croyait que les esprits des morts pouvaient communiquer avec les vivants par l'intermédiaire d'un médium. Tout au bout du plateau de l'usine, il y avait une jeune et séduisante non-Juive avec laquelle j'ai eu une aventure par la suite, grâce aux commentaires persistants et hilarants de notre ami qui croyait aux esprits qui était résolu à nous mettre en couple. Alors que la salle était plongée dans le silence, chacun étant complètement absorbé par son travail, il lui arrivait, par exemple, de nous prendre au dépourvu en pointant la jeune fille du doigt avant de s'exclamer d'une voix forte : « Max, là-bas, de l'autre côté de la salle, c'est ta cible pour ce soir. » La jeune fille se tournait alors, avec un sourire embarrassé et me regardait droit dans les yeux. Par chance, cette jeune femme accommodante ne paraissait pas du tout vexée. Elle riait même devant ma gêne immense. Or, le rire de mon ami et de la jeune fille était communicatif, si bien que je finissais par m'esclaffer de concert.

Au fil des semaines, à force de faire campagne avec une telle persévérance, mon collègue a fini par remporter la victoire. J'avais enfin eu le courage d'inviter la jeune fille à sortir avec moi et elle avait accepté. J'hésitais à m'engager avec une non-Juive, de peur notamment que notre relation ne devienne sérieuse. Mais, en matière de filles, j'agissais davantage en fonction de mes émotions que de ma raison. Je n'avais pas beaucoup d'occasions de faire des rencontres non plus. Nous avons poursuivi notre idylle au cours des quelques semaines suivantes et j'ai encore une photographie de cette jeune femme.

Mon ami qui croyait aux esprits m'a convaincu un jour de l'accompagner à l'une de ses séances. J'ai accepté à contrecœur, mais j'ai décliné la seconde invitation car ces séances me mettaient mal à l'aise. Cependant, mon refus de participer à ses activités n'a jamais entamé notre amitié. Il formulait parfois des commentaires assez grossiers, même si je les trouvais amusants malgré tout et j'ai beaucoup apprécié travailler à ses côtés.

Un jour, alors que j'avais un rendez-vous galant avec ma petite amie non-Juive, elle m'a confié qu'elle fréquentait un militaire canadien qui servait outre-Atlantique et qu'il avait la ferme intention de l'épouser. Elle m'a avoué dans le même temps qu'elle était amoureuse de moi à présent. Elle a attendu ma réaction, espérant que je lui dise que, moi aussi, je comptais l'épouser. Je l'ai toutefois déçue en lui servant l'excuse dont j'avais déjà usé avec d'autres petites amies dès lors qu'on abordait la question du mariage : mon état instable et mon avenir incertain rendaient la chose peu judicieuse. Cela ne l'a pas empêchée de continuer de sortir avec moi. C'était une jeune femme douce, accommodante, sensible et extrêmement attentionnée. Nous nous entendions très bien. C'est la seule non-Juive avec qui je sois jamais sorti et nous avons vécu une relation sérieuse et heureuse. J'espère qu'elle a fait un beau mariage car elle le méritait amplement.

～

Je savais que je ne pouvais rester plus longtemps en Angleterre. Je désespérais de partir retrouver mes amis ou ma famille et, puisque je ne pouvais pas me rendre au Canada, ni en Argentine dans un avenir proche, il me restait l'option de rentrer en France. Ce n'était pas une décision facile : en avril 1945, j'avais reçu la première lettre de mon cousin Pierre depuis qu'il avait fui les nazis en 1940 et les nouvelles qu'elle contenait m'avaient profondément peiné :

Paris, le 20 avril 1945
    Mes très chers cousins,
    C'est avec grand plaisir que j'ai reçu votre lettre. J'ai été très surpris d'apprendre que Clarice se trouvait en fait en Angleterre. Votre lettre m'a profondément touché et je tiens à vous adresser mes remerciements éternels. Il est bon de savoir que l'on pense à vous après avoir enduré pareilles souffrances.
    Oh ! Mon cher Max, quelle chance immense tu as eue de t'enfuir de France en 1940. Si seulement nous avions pu anticiper ce qui se préparait, toute la famille t'aurait suivi avec joie.
    Lorsque tu m'as écrit pour me demander de t'envoyer tes bagages à Marseille, j'ai pris les dispositions nécessaires, mais les valises nous ont été retournées car tu n'étais déjà plus là-bas. Nous ne les avons plus, hélas, car les Allemands ont pris tous nos biens. Je pense à cette tenue fantastique que tu aimais tant. Ils ont non seulement emporté tout ce que tu possédais, mais aussi tout ce que contenait notre appartement, y compris les meubles, et l'ont loué ensuite. C'est la raison pour laquelle nous habitons désormais à l'hôtel. À la suite d'un jugement rendu par le tribunal de Paris, nous réintégrerons notre ancien appartement le 15 juillet 1945, une fois que les locataires actuels auront été expulsés.
    Je puis te dire que nous avons récupéré notre usine et repris le travail. Nous avons vraiment de la chance d'avoir pu en obtenir autant. Il faut que tu comprennes qu'en 1942 les Juifs n'avaient plus le droit de travailler à leur compte et que toutes

leurs entreprises devaient être liquidées par un agent nommé par les Allemands. J'avais pris la précaution d'attribuer notre affaire à l'un de nos clients français à condition qu'il nous la restitue après la guerre. Lorsque nous sommes revenus à Paris, notre client nous a rendu notre usine et, même si toutes les marchandises manquaient, les machines étaient intactes, et nous disposions d'un endroit pour travailler. C'est ce qui nous a permis de relancer la production à plein régime.

Hélène Jacobson [notre cousine] travaille avec nous à la manufacture de chaussures. La pauvre fille n'a pas eu de chance. Son mari a été déporté en 1943. Elle s'était mariée chez nous en juin 1942, six mois à peine avant la déportation de ma mère, de mon frère et de ma sœur.

Nous n'avons toujours aucune nouvelle d'eux et c'est très décourageant. La plupart des prisonniers de guerre juifs sont de retour, mais nous n'avons vu aucun des déportés. Seule une poignée d'entre eux sont revenus et, d'après ce qu'ils nous disent, il n'y a guère à espérer. Cependant, même si presque toute l'Allemagne est occupée et que nous n'avons toujours pas reçu de nouvelles, nous ne nous laisserons pas décourager et resterons optimistes jusqu'au bout. Mon père est tellement malheureux. Figure-toi ce que c'est que d'être marié, père d'une famille de trois enfants et de se retrouver ainsi seul à son âge. C'est tellement triste. Nous sollicitons toutes les organisations pour obtenir des informations et, dès que nous aurons des nouvelles, nous t'enverrons un télégramme. J'espère que ce sera bientôt. C'est notre plus grand espoir et ce serait le plus beau jour de notre vie pour mon père et moi et la fin de ce lourd fardeau. Je n'ai jamais eu la foi, mais je ne sais pas à qui m'adresser : je prie Dieu d'avoir pitié de nous et de nous rendre ce que nous avons de plus précieux au monde.

Qu'est-ce que tu fais, mon cher Max ? Est-ce que tu travailles ? Dans quel secteur ? Pourquoi es-tu parti de Manchester pour aller à Londres ? Et toi, Clarice, est-ce que tu te sens bien en Angleterre ? Je suis tellement fier d'avoir une cousine au service des forces britanniques. Envoie-nous quelques nouvelles de vos parents. Comment vont-ils et que font-ils au juste ? Nous voulons tout savoir. Mon père est très exigeant et, lorsque nous recevons une lettre, il me demande de la traduire très lentement. Tu dois être une jolie jeune fille à présent. Peux-tu nous envoyer des photos ?

La situation en France est atroce, notamment pour ce qui est des vivres, et il est impossible de trouver des vêtements. Si jamais on parvient à dénicher un bout de tissu, il atteint des sommes astronomiques. Tante Sadie et tante Jennie nous écrivent régulièrement et elles nous envoient des colis de nourriture depuis quelque temps déjà. Pour l'heure, je vais conclure avec l'espoir de vous envoyer un télégramme très bientôt. Je vous laisse, et je vous embrasse de tout mon cœur, ainsi que vos parents. Je vous adresse mes meilleurs vœux. Mon père se joint à moi, tout comme Hélène et sa petite mignonne.

Votre cousin,

Pierre

~

Dans une lettre de Pierre que j'ai reçue environ une année plus tard, j'ai appris que sa mère – ma très chère tante Léa – son frère Philippe et sa sœur Chai Liba avaient tous péri à Auschwitz. Il donnait également les noms de 10 de nos plus proches amis qui avaient connu le même sort. Ces nouvelles m'ont bouleversé. J'étais terrassé par la douleur et le chagrin.

C'est cette terrible nouvelle qui a rendu mon retour en France très problématique. Je ne savais pas si j'étais assez fort sur le plan émotionnel pour supporter la tragédie inimaginable qui avait frappé ma famille et mes amis. Après m'être tourmenté longtemps, j'ai fini par décider qu'il fallait que je voie Paris de mes propres yeux et que je réconforte mes cousins, mon oncle et mes amis encore en vie. Je voulais pleurer avec eux et partager leur terrible douleur.

J'ai donc pris la décision de retourner en France dans les trois mois à venir. Il fallait que je m'occupe d'un certain nombre de choses. Je devais épargner assez d'argent pour payer mon voyage et subvenir à mes besoins pendant plusieurs semaines au moins. J'espérais pouvoir trouver un emploi dans le secteur de la confection à Paris, si j'arrivais à obtenir un permis de travail, ce qui était loin d'être garanti compte tenu des restrictions imposées en France avant la guerre. Mais, avant même d'envisager mon départ, il fallait que je sollicite un passeport Nansen auprès du ministère des Affaires étrangères britanniques et une autorisation d'entrée sur le territoire auprès de l'ambassade française à Londres.

En attendant d'avoir réuni tous ces documents, j'ai consacré toute mon énergie au travail et, le week-end, j'allais au cinéma ou bien je partais me promener à Hyde Park. La vie avait revêtu une dimension nouvelle et excitante, dans laquelle affleuraient des images de mes anciennes fréquentations. J'étais pour ainsi dire libéré de mes troubles mentaux perturbants et la seule idée de partir me rendait plus euphorique que je ne l'avais été depuis longtemps.

Au cours de mes promenades dans Hyde Park, je m'arrêtais souvent pour écouter les différents orateurs. Un dimanche, j'ai été fasciné par l'un d'eux. Je ne l'avais jamais vu auparavant. C'est la foule assemblée autour de lui qui avait d'abord attiré mon attention, mais, lorsque j'ai compris qu'il parlait de la renaissance d'une nation juive, je me suis approché. J'ai vu un type juif portant un uniforme militaire du rang de major, un homme manifestement cultivé à la personnalité dynamique et à l'esprit brillant, et dont l'éloquence faisait réagir le public. Les gens étaient épatés par sa façon de s'exprimer, mais aussi par le fait qu'il défiait ouvertement les autorités britanniques à propos de leur domination en Palestine. Il me semblait que la réaction de la foule à ses déclarations brutales se traduisait ainsi : « Quel culot ! Comment ce satané Juif ose-t-il défier l'autorité et la puissance de l'empire britannique ? » Il traitait de sujets controversés relatifs aux droits inaliénables des Juifs sur leur patrie ancestrale. Certains le chahutaient, mais son talent remarquable impressionnait manifestement son auditoire qui lui accordait par conséquent son respect. Personne n'a quitté les lieux avant qu'il n'ait eu terminé. Personne ne voulait en perdre une miette.

C'était la première fois que je voyais un Juif défendre publiquement une cause juive (surtout une cause aussi explosive que la proclamation d'un État juif) devant un public britannique belliqueux. C'était vraiment quelque chose d'excitant. Il se tenait là, seul, exprimant ses opinions avec un air de défi. L'idée qu'il défendait avec insistance était que les Juifs, comme toutes les autres nations, avaient droit à une place au soleil, avec ou sans l'accord de quiconque. J'étais complètement captivé et je l'ai écouté les larmes aux yeux. Pour la première fois de ma vie, je me trouvais devant un compatriote juif héroïque qui avait le courage d'affirmer que nous avions la ferme intention d'établir un État indépendant pour que nous ne soyons plus perçus comme des étrangers indésirables, ou pire, des intrus.

Au moment même où je me disais que rien ne pouvait m'inspirer davantage, il a fait une annonce qui a pris tout le monde par surprise. Balayant du regard son public d'un air digne et solennel, il a montré du doigt son uniforme en déclarant qu'il avait servi avec loyauté et distinction, qu'il s'était battu aux côtés de ses camarades britanniques pour le droit de tous les peuples à la liberté, mais que l'on n'avait pas appliqué ce principe à ses compatriotes juifs. Or, coup de grâce, on refusait l'entrée en Palestine aux Juifs qui avaient survécu à l'Holocauste, bloqués par la politique de la porte fermée mise en place par le gouvernement britannique. En réponse à ce scandale, il renonçait à sa nationalité britannique pour faire acte d'allégeance et de loyauté envers le peuple juif dans sa lutte pour obtenir la libération de sa patrie ancestrale et il s'enrôlait dans les forces de défense juive de la Haganah.

Je ne crois pas avoir jamais été aussi ému. Plus je l'écoutais, plus je voulais l'entendre. Jusqu'à mon départ pour la France, j'ai assisté tous les dimanches aux représentations du major à Hyde Park. Chacune d'entre elles m'a permis d'améliorer un peu plus mes connaissances sur les aspirations sionistes et d'apprendre ainsi pourquoi c'était là un élément essentiel à notre survie en tant que peuple.

Retour à Paris

Pendant que j'attendais mon visa pour la France, j'ai reçu la visite inattendue de Salomon, l'un de mes cousins français et deuxième fils de tante Pola, qui avait trois enfants. Il avait eu la chance d'obtenir une autorisation d'entrer sur le territoire canadien plusieurs mois avant moi et faisait escale à Londres, en route pour le Canada. Mon cousin avait survécu à l'Holocauste en fuyant la France pour l'Afrique du Nord où il s'était porté volontaire dans la Légion étrangère française. Il était beaucoup plus âgé que moi et marié, si bien que nos chemins s'étaient rarement croisés lorsque je vivais encore à Paris. Nous nous connaissions à peine. Cependant, le fait d'avoir survécu à la guerre nous avait beaucoup rapprochés. Autre point commun : nous étions tous deux impatients d'émigrer au Canada. Nous avons donc passé les quelques heures que nous avions devant nous à parler de notre avenir avant qu'il n'embarque à bord de son avion. Il semblait se faire un devoir de ne pas évoquer les tragédies qui avaient frappé nos parents. Le sujet était manifestement trop douloureux pour lui.

Salomon avait été parrainé par son frère aîné, Jack, et par tante Sadie qui avait fait venir ce dernier au Canada en 1927. J'étais aussi heureux et excité de le voir partir au Canada que je l'aurais été pour moi-même, mais c'était quand même dur de voir mon cousin s'en aller alors que je n'avais toujours pas reçu de nouvelles de mon autorisation d'entrer après presque deux ans d'attente. Apparemment, je n'avais pas les appuis nécessaires pour obtenir la validation de ma candidature. Après le départ de mon cousin, je n'ai pu m'empêcher d'écrire une lettre à Clarice pour lui dire à quel point j'étais déçu qu'il ait obtenu son visa avant moi alors que j'avais déposé ma demande bien avant lui.

Découragé comme je l'étais, j'expliquais à Clarice que j'envisageais sérieusement d'émigrer en Argentine. À peine avait-elle reçu ma lettre que ma sœur avait aussitôt réagi. Elle m'a écrit pour m'exposer toutes les demandes qu'elle avait déposées pour moi et notamment le rendez-vous qu'elle avait pris avec un membre du Parlement, l'honorable David Croll, qui avait promis de demander aux autorités canadiennes d'accélérer la délivrance de mon permis. Elle me suppliait de patienter encore un peu.

Mis à part la frustration que je ressentais envers les autorités canadiennes, j'étais impatient de me rendre à Paris et de voir ma famille et mes amis. Je ne pourrais certes jamais oublier la pauvreté absolue et la vie familiale dégradante que j'associais à Paris, mais je me souvenais aussi de la vitalité de la ville et de la joie de vivre qui y régnait. J'avais tant de merveilleux souvenirs des années que j'avais passées là-bas – des lieux, des événements, des gens et, plus que tout, des amis avec lesquels j'avais partagé tant de moments heureux.

J'ai enfin reçu les papiers nécessaires à mon voyage, envoyés par le ministère britannique des Affaires étrangères, ainsi que mon visa délivré par le consulat français. J'ai pu me lancer alors dans les derniers préparatifs pour quitter l'Angleterre. Je n'avais jamais pris l'avion et j'étais à la fois excité et anxieux à cette idée. Je m'imaginais dans l'appareil qui décollait lentement puis s'envolait haut dans le ciel, me permettant d'admirer un panorama splendide à mes pieds. Qui aurait pu penser que je connaîtrais un jour l'excitation de voyager en avion ? Mais alors que je m'imaginais de retour à Paris, j'ai commencé à avoir des sentiments contradictoires à l'idée de revoir ma famille et mes amis. Je m'inquiétais en effet de savoir si j'allais être capable de maîtriser mes angoisses dont les symptômes, certes atténués, n'en étaient pas moins toujours présents. Comment leur expliquer un état qui m'avait rendu quasi méconnaissable ? Je n'étais plus le Max dont ils avaient gardé le souvenir, ce garçon plein d'assurance et d'entrain, d'un naturel rieur et joyeux.

~

Au moment où je me suis embarqué pour Paris au début de l'année 1947, les années de guerre commençaient à s'estomper peu à peu, de même que mes affres psychologiques. L'avion s'est élevé dans un ciel bleu et limpide, filant vers un avenir que j'espérais radieux. C'est dans ces dispositions optimistes que j'ai atterri à l'aéroport du Bourget, à Paris. J'en revenais à peine. Étais-je vraiment de retour à Paris ?

J'ai vite eu confirmation de la réalité des faits quand j'ai vu Pierre et oncle Joseph dans la salle d'attente des arrivées. Ils me saluaient énergiquement en criant mon nom. Dès que nos regards se sont croisés, je me suis retrouvé happé par ces retrouvailles qui m'ont fait chaud au cœur. Tous mes problèmes passés ont disparu l'espace d'un instant... pour resurgir dès que j'ai perçu l'immensité de leur chagrin et de leur douleur derrière les sourires et la chaleur de leur accueil. Ils avaient l'air pâle et ne ressemblaient pas aux personnes que j'avais connues. Et puis ils n'étaient que deux alors que la famille aurait dû comporter cinq personnes. J'ai été profondément affecté par l'absence de tante Leah, de Philippe et de Chai Liba, mais j'ai ravalé mes larmes car je ne voulais pas alourdir le poids de leur traumatisme en m'effondrant devant eux. Ni Pierre, ni oncle Joseph n'ont fait allusion à leur perte, de l'instant où nous nous sommes salués au moment où nous sommes arrivés chez mon cousin. Ce n'est que beaucoup plus tard que j'ai appris les détails choquants du meurtre de ma tante et de mes cousins, de la bouche d'un survivant qui les avait connus.

Pierre et Simone étaient mariés depuis plus d'un an et vivaient dans un immeuble d'un type assez inhabituel pour Paris : il était rare d'en trouver qui ne comporte que deux niveaux, avec une cour à l'avant. L'ensemble ne comptait que trois pièces – une salle à manger et une cuisine en bas, une chambre à l'étage. Ils m'ont néanmoins mis à l'aise en dépit du peu d'espace. Mon oncle habitait quant à lui dans l'ancien appartement où il avait vécu avant de s'échapper de Paris et, si ma tante avait survécu, j'y aurais probablement séjourné.

Lors de ma première visite à l'appartement de mon oncle, j'ai eu la surprise d'y trouver trois étrangers. Ce n'est qu'alors que j'ai appris le remariage de mon oncle. Sa nouvelle femme, Esther, était une Juive pieuse, mère de deux petites filles charmantes âgées d'environ 8 et 10 ans. Le mari d'Esther avait également péri dans les chambres à gaz d'Auschwitz. J'avais beaucoup de mal à accepter cette idée. Ma tante et mes cousins avaient non seulement disparu, mais trois autres personnes avaient apparemment pris leur place. Il m'était difficile de ne pas en vouloir à cette pauvre Esther et à ses enfants. Avec le temps, j'ai fini par comprendre à quel point elle avait dû être accablée de douleur et se sentir seule lorsqu'elle a perdu son mari. J'ai compris que ces deux personnes, qui avaient connu une douleur similaire, avaient trouvé en l'autre l'amour et le réconfort dont ils avaient désespérément besoin.

À mesure que j'ai fait connaissance avec la femme de mon oncle, j'ai commencé à comprendre le besoin pressant pour les survivants de la communauté juive parisienne de se rassembler et d'agir comme ils le pouvaient pour reconstruire leurs vies brisées. Ils avaient besoin de partager leurs expériences traumatiques avec d'autres personnes qui avaient également perdu leurs bien-aimés. Sans perdre de temps, les Juifs de Paris tentaient de recoller les morceaux de vies anéanties. Cette communauté, naguère dynamique et prospère, avait entrepris de panser ses plaies profondes en organisant des activités dans les centres communautaires et en aidant les survivants à faire connaissance, ce qui encourageait les mariages et permettait aux gens de surmonter leur solitude et leurs souvenirs pénibles. Cela s'appliquait également aux plus jeunes et cette approche semblait bien fonctionner. En l'espace de quelques années, les survivants qui s'étaient retrouvés seuls après avoir perdu leur mari, leur femme, leurs enfants – des familles entières – reprenaient espoir et retrouvaient un but dans la vie. Il y avait un avenir pour eux-mêmes comme pour leurs descendants. En tant que communauté, nous déclarions avec fierté aux nazis et à tous les autres ennemis du peuple juif : « En dépit de vos efforts pour nous anéantir, nous sommes là jusqu'à la fin des temps. »

Au cours de ma première semaine à Paris, j'ai malgré tout eu une impression de tristesse et de découragement. J'ai trouvé les Français fortement changés. À leur sens de l'humour et à leur attitude nonchalante s'étaient substituées dureté et gravité. L'Occupation avait apparemment eu des conséquences néfastes comme dans tous les pays qui s'étaient retrouvés sous le joug des nazis. La ville avait certes peu changé, mais le Paris et les Parisiens que j'avais connus avaient disparu. Le Paris des années 1930, avec toute son exubérance, ses merveilles, ses boulevards et ses cafés bondés, appartenait à un passé que je ne parviendrais jamais à retrouver.

Je me suis mis à chercher des amis qui auraient survécu, même si Pierre m'avait averti que je n'en trouverais pas beaucoup. J'ai naturellement commencé par mon meilleur ami, Henri Bruckner, et, Dieu merci, il était vivant, ainsi que son père et l'une de ses sœurs. J'ai appris, hélas, que sa mère, ses autres sœurs et son frère étaient morts à Auschwitz. J'ai également eu le cœur brisé en apprenant que la plupart de mes compagnons avaient péri. J'étais choqué par l'étendue de la catastrophe et je pleurais la perte de toutes ces vies innocentes, de tous ces jeunes gens qui ne pourraient jamais apporter leur contribution à l'humanité.

J'ai eu du mal à ne pas m'effondrer en encaissant le choc de ces nouvelles. Outre la douleur et le chagrin, j'étais submergé par la colère et le dégoût, par un désir puissant de venger ma famille et mes amis. Plus que jamais, les nazis sont devenus mes ennemis jurés et, compte tenu de l'état dans lequel je me trouvais alors, je n'aurais pas hésité à chercher vengeance si l'un d'eux s'était trouvé devant moi et ce, au péril de ma vie. Ma rage s'est néanmoins apaisée lorsque je me suis rappelé que les Allemands avaient été vaincus et qu'on leur infligeait les peines qu'ils méritaient au procès de Nuremberg.

Sur un total de 15 personnes parmi mes amis les plus proches, seuls Henri et Albert avaient survécu. De nombreuses autres connaissances étaient mortes elles aussi. J'étais tout particulièrement peiné d'apprendre que, comme je l'ai dit plus haut, les meilleurs amis de ma mère, les Silberstein – Sarah, Favel et leur adorable fille, Esther – avaient tous péri à Auschwitz. Leur fils, Yosele, était le seul à avoir survécu et il habitait à présent en Suisse. Dans ma propre famille, comme me l'avait écrit Pierre dans sa lettre, ma cousine Hélène avait perdu son mari six mois seulement après leur mariage. Les nazis l'avaient enlevé pour l'envoyer à la mort à Auschwitz. J'avais du mal à me réjouir d'avoir échappé aux nazis lorsque je pensais aux membres de ma famille et aux amis qui, eux, n'avaient pas eu cette chance.

~

Au cours de mes premières semaines à Paris, Pierre et oncle Joseph ont continué à travailler dans leur fabrique de chaussures. Ils avaient donc très peu de temps à me consacrer en dehors des week-ends. C'est à l'occasion de l'un de ces week-ends que Pierre, Simone et un groupe de leurs amis ont organisé une partie de campagne et m'ont invité à me joindre à eux. J'ai encore des souvenirs de cette excursion : plusieurs photographies prises par Pierre alors que nous faisions de la barque ou que nous posions tous ensemble sur les berges sablonneuses, les pieds entremêlés, si bien qu'il était difficile de dire à qui appartenait telle ou telle jambe. Quelle journée fantastique !

Les autres week-ends, nous avons visité maints sites intéressants, y compris le château de Versailles, le Trianon, le jardin des Tuileries et le musée du Louvre. Nous sommes également allés dans des cabarets à Montmartre et dans des restaurants où l'on servait des mets de la cuisine française tant vantée. Ma cousine Hélène et son amie Jeannette m'ont aussi emmené danser un soir. Même si j'étais loin d'être un champion de la danse, je suis toutefois parvenu à me débrouiller sur la piste.

Mon état mental s'était amélioré dans l'ensemble depuis que j'étais de retour en France avec ma famille et mes amis, ce qui contribuait à changer ma vision des choses. Je me sentais plus optimiste et plus confiant, je sentais cette étincelle de vie qui dormait en moi depuis trop longtemps. C'était merveilleux que de laisser derrière moi mes réactions obsessionnelles et de jouir des délices du monde réel. Alors que je savourais cette nouvelle vision positive du monde, j'ai reçu une lettre de l'ambassade canadienne à Londres, et ne voilàt-il pas qu'elle m'annonçait ce que j'attendais depuis si longtemps : on avait enfin approuvé ma demande d'immigration au Canada ! Chose étonnante, cependant, j'étais moins enthousiaste que je ne l'aurais cru. Après deux années d'attente, je m'étais réconcilié avec l'idée de vivre soit en France, soit en Argentine. Il m'a fallu un temps pour m'habituer à ces nouvelles après quoi j'ai conclu sans l'ombre d'un doute qu'il fallait que je reparte au Canada. C'était le premier pays que j'avais aimé et j'aspirais à y retourner.

Pour la première fois de ma vie, j'avais vraiment le choix : je pouvais repartir au Canada, rester en France, immigrer en Argentine ou vivre en Angleterre. Le fait de pouvoir choisir entre quatre pays me semblait tout bonnement tenir du miracle. Ces nouvelles options avaient cependant fait resurgir de vieux ressentiments. Pourquoi le Canada et la France avaient-ils soudain changé de politique alors que ma famille et moi-même étions déjà très fragilisés par des lois qui nous maintenaient dans la misère ? Pour ce qui est de la France, je ne pourrais jamais oublier les années pendant lesquelles ma famille s'était vu refuser le droit de travailler et où l'on m'avait interdit de quitter le pays. Lorsque je songe à mon séjour à Paris après la guerre, je suis encore stupéfait par la transformation radicale de l'attitude du gouvernement français vis-à-vis des immigrés juifs. En 1947, contrairement aux années 1930, il était prêt à m'accorder le statut privilégié de résident permanent et donc le droit de travailler.

Cela me semble étrange à présent, mais l'idée ne m'a jamais traversé l'esprit que nous aurions pu partir en Palestine, comme l'avaient fait des dizaines de milliers d'autres réfugiés juifs, même si c'était illégal à l'époque. Comme tant de Juifs des générations passées, notre sort était inextricablement lié à la diaspora. Nous avions la même mentalité *galoutique* (de *galout*, qui signifie exil) que nos parents et nous voulions tout naturellement partir dans un pays qui nous offrirait liberté et perspectives d'avenir. Or, le Canada était un pays que nous connaissions et que nous chérissions.

Après m'être débattu avec ces sentiments contradictoires et sachant que je choisirais toujours le Canada, j'ai quitté Paris le cœur gros et je suis retourné à Londres comme prévu. Lorsque je suis arrivé à Fellows Road, j'ai traversé le couloir en courant pour annoncer la bonne nouvelle à Irma et Eddy. Ils m'ont félicité l'un et l'autre, mais l'ambiance est devenue grave lorsque je leur ai rapporté la sinistre réalité parisienne, non seulement pour ce qui était du sort de ma famille et de mes amis, mais de celui des 80 000 Juifs qui vivaient en France et que les nazis avaient massacrés. Nous avions le cœur si lourd que, lorsque l'heure est venue pour moi de retourner dans ma chambre pour la nuit, nous nous sommes embrassés et nous avons pleuré ensemble.

Le lendemain matin, je suis parti à mon rendez-vous à l'ambassade canadienne. Je devais d'abord passer un examen médical avant de rencontrer un fonctionnaire qui, après un bref entretien, a tamponné mon passeport Nansen avec le visa qui m'autorisait officiellement à émigrer au Canada. Toutes ces longues années de solitude à vivre dans le danger étaient désormais derrière moi. Toutefois, il me fallait encore franchir un obstacle de taille : j'ai été en effet choqué d'apprendre que mes tantes n'étaient pas disposées à couvrir mes frais de transport. Elles laissaient toute la dépense à la charge de ma sœur. Je savais que Clarice aurait fourni les fonds si elle en avait disposé, mais elle avait à peine une centaine de dollars sur son compte. Le coût total du voyage au Canada s'élevait à 350 dollars et si nous n'arrivions pas à réunir cette somme, je pouvais faire une croix sur mon projet d'émigrer.

J'ai refusé de m'abaisser à mendier pour obtenir le prix du billet. Si aucune de mes tantes ne souhaitait me prêter l'argent, eh bien tant pis : la question de mon immigration au Canada était donc close. Soit je rejoindrais mes parents en Argentine, soit je retournerais en France. Un problème supplémentaire s'est posé lorsque j'ai commencé à me renseigner en vue de mon voyage au Canada : toutes les places sur les navires et les avions étaient réservées depuis plusieurs mois. Quelle ironie du sort ! On m'avait enfin accordé l'autorisation d'entrer au Canada et voilà que je ne pouvais m'y rendre faute de transport. Devant cette situation, j'ai décidé d'attendre à Paris qu'une place se libère pour le Canada. Plutôt que de rester tout seul à Londres, je serais au moins en compagnie de mes cousins et des deux amis qu'il me restaient encore là-bas.

J'ai eu du mal à annoncer cela à Irma et Eddy, même s'ils savaient que j'allais partir tôt ou tard. Ils comprenaient toutefois ce qui me poussait à rejoindre mes cousins et mes amis à Paris en attendant de pouvoir partir au Canada. La veille de mon départ pour la France, en signe de gratitude pour leur amitié, je leur ai donné une partie des biens que j'avais accumulés au cours des cinq années et demie que j'avais vécues en Angleterre – des choses que je n'avais pas besoin d'emporter. Irma et Eddy étaient terriblement tristes de me voir partir, mais heureux d'avoir quelques objets en souvenir de moi. Après tout ce temps passé en Angleterre, ces deux personnes ont été les seules à qui j'ai fait mes adieux.

Voilà qui concluait l'une des périodes les plus tristes de ma vie, celle que j'avais passée en Grande-Bretagne en tant que réfugié. Il ne s'agit en aucune façon d'une remarque à l'encontre de la Grande-Bretagne, ni du peuple britannique. Sans leur hospitalité, je n'aurais peut-être jamais survécu à la guerre. Ce temps vécu en Angleterre m'a également permis d'acquérir des outils qui m'ont servi toute ma vie durant – j'ai appris à me cultiver moi-même, à me tenir au courant des événements internationaux, à être patient, à faire preuve de retenue et, par-dessus tout, à respecter l'opinion des autres. À dire vrai, l'expérience acquise en tant que Juif dans les différents pays où j'ai passé mon adolescence a eu une influence sur ma façon de voir les choses et m'a aidé à mieux comprendre les gens et le monde dans lequel je vis. Je me suis engagé toute ma vie dans l'autoformation que j'avais commencée en Angleterre et c'est quelque chose d'extrêmement gratifiant.

J'étais en proie à des sentiments mitigés au moment du décollage de mon avion alors que je laissais derrière moi ce qui avait été mon pays d'adoption pendant cinq années et demie. Ces lieux symbolisaient tant la liberté et la sécurité que la tristesse, la maladie et la solitude. J'ai fait de tendres adieux à la Grande-Bretagne, confiant dans l'avenir.

Pierre, Simone et Hélène m'ont accueilli à mon arrivée à Paris et nous avons filé dans un taxi jusqu'à l'appartement de Pierre où j'ai séjourné jusqu'à mon départ au Canada. Au cours de mon séjour, j'ai presque entièrement dépensé le peu d'argent que j'avais emporté de Grande-Bretagne. Comme je n'avais aucune perspective proche de trouver un moyen de transport pour le Canada et comme je ne voulais pas que ma famille me fasse la charité, j'ai commencé à chercher un emploi. Simone m'a aidé à obtenir un permis de travail auprès de la préfecture de police.

Avant de quitter Londres, j'étais allé faire quelques courses pour mes cousins afin de leur rapporter des choses difficiles ou impossibles à trouver à Paris. Je n'ai pas pu acheter tout ce que je voulais, mais j'ai fait impression avec le train électrique que j'ai offert à Paulette, la fille d'Hélène, alors âgée de 5 ans. Une fois à Paris, j'ai été ravi d'apprendre que mes tantes avaient l'intention de faire venir Hélène et sa fille au Canada. Elles avaient déposé leur dossier depuis un certain temps déjà et elles ne devaient plus tarder à obtenir un visa d'immigration.

Pendant que j'attendais de trouver une place pour me rendre au Canada, mes deux cousins ont fait tout leur possible pour rendre mon séjour parisien aussi agréable que possible. Hélène et sa meilleure amie m'emmenaient danser le week-end, tandis que Pierre et ses amis organisaient des excursions à la campagne et autres endroits distrayants. Je leur étais reconnaissant de toutes leurs attentions.

Il fallait d'abord que soit examinée ma demande de permis de travail, même si l'on m'avait garanti que cela n'affecterait en rien le résultat final. Il s'agissait simplement d'une formalité qui s'appliquait à tous les anciens résidents juifs étrangers en France. Une fois ma demande approuvée, un emploi bien payé m'attendait dans la confection pour dames. Environ une semaine ou deux après avoir sollicité mon permis de travail, j'ai toutefois reçu un télégramme de ma sœur qui m'annonçait une nouvelle incroyable : il venait d'y avoir une annulation sur un vol Paris-New York d'Air France et elle avait réussi à m'obtenir une place. Je devais partir le 20 juin 1947. J'avais peine à en croire mes yeux.

Le seul problème qui restait à résoudre était celui du paiement du billet. Je ne comprenais toujours pas comment tante Sadie pouvait refuser de m'aider. Elle était tout à fait consciente des tragédies que les Juifs avaient subies en Europe et en particulier de ce qui était arrivé à sa sœur Leah et à ses neveux, parmi divers membres de la famille. Ne serait-ce que pour cela, j'ai peine à saisir qu'elle n'ait pas suivi la tradition juive de la *tsedakah* pour venir à mon secours.

J'ai envoyé une lettre à Clarice, lui demandant de dire à ma tante combien j'étais déçu par son refus de m'aider à ce tournant crucial de ma vie et que j'avais donc décidé de m'installer définitivement en France. J'ajoutais que j'attendais que mon permis de travail me soit délivré dans les quelques semaines à venir et qu'un emploi m'attendait déjà. J'indiquais également à tante Sadie, par l'entremise de Clarice, qu'elle n'avait manifestement pas de compassion pour ma situation, ce qui n'était pas sans rappeler son refus de nous rapatrier au Canada en 1934. Tante Sadie n'était généralement pas sensible à la critique, sauf quand sa réputation était en jeu. Elle n'aurait jamais voulu que l'on sache qu'elle avait refusé de fournir quelques centaines de dollars pour aider le fils de sa propre sœur, un rescapé de la guerre, à venir au Canada. Mes remarques ont manifestement fait mouche, car tante Sandie a tout de suite appelé ma sœur pour lui dire qu'elle me transférait assez d'argent pour couvrir le prix du voyage et lui demander de s'assurer qu'Air France n'allait pas annuler ma réservation.

Lorsque la nouvelle de mon départ imminent s'est répandue dans la famille et parmi mes amis, tout le monde m'a félicité pour la chance que j'avais. J'ai eu du mal à les quitter. Ils représentaient la stabilité et l'affection et, plus que tout, ils me procuraient un sentiment de continuité avec la vie que j'avais connue. En outre, Paris est une ville envoûtante. J'étais néanmoins impatient de retrouver ma sœur et, comme je l'espérais, mes parents aussi.

Étant donné le peu de temps qui restait avant mon départ, il ne semblait pas utile d'aller chercher mon permis de travail ni d'occuper un emploi pendant moins de deux semaines. À ce moment-là, je n'avais plus d'argent et je devais compter sur mon cousin pour le gîte et le couvert. J'ai promis à Pierre de le rembourser dès que j'aurais décroché mon premier emploi au Canada, mais il a refusé mon offre. Hélène m'a également généreusement accordé un prêt de 10 dollars, car elle estimait que je ne devais pas voyager sans un sou. C'est avec pour toute fortune ces 10 dollars en poche que je suis arrivé au Canada.

J'aimerais encore mentionner ici un dernier incident survenu en France après la guerre, même si cela s'est passé après mon départ

pour le Canada. Oncle Joseph a reçu les honneurs du gouvernement français qui l'a décoré de la Légion d'honneur et lui a accordé
la citoyenneté française. Cet étranger, ce Juif polonais qui avait dû
supplier et soudoyer les autorités françaises d'avant-guerre pour
pouvoir rester dans le pays et continuer ses affaires étaient désormais
un citoyen français décoré. Qui aurait jamais pu imaginer cela ?

~

Le 20 juin 1947 est finalement arrivé, ce jour où j'allais enfin entreprendre une nouvelle étape de ma vie, qui serait, je l'espérais, plus
heureuse, plus féconde et plus paisible que les 14 années précé-
dentes. Plein d'entrain, j'ai échangé quelques ultimes embrassades
affectueuses avec mes parents et mes amis à l'aéroport, puis je me
suis dirigé vers la salle d'embarquement. Peu après, je montais à
bord de l'avion pour New York. L'instant suivant, l'appareil roulait
déjà sur la piste, puis voilà que nous étions déjà dans les airs.

Le passager qui était assis à côté de moi a essayé d'engager la
conversation, mais j'avais un peu peur de ce premier vol transatlantique et je n'ai donc pas réagi immédiatement. Cet homme aimable
m'a néanmoins rapidement mis à l'aise. Il s'agissait d'un Juif américain, né dans l'Indiana et marié à une non-Juive avec qui il avait
eu trois enfants. Il venait de rentrer de Tchécoslovaquie, où il avait
rendu visite à son frère qu'il n'avait pas vu depuis plusieurs années. Il
était parti là-bas pour l'aider de toutes les manières possibles, mais,
une fois sur place, il avait découvert que son frère n'avait besoin de
rien. En réalité, ce dernier lui avait fait cadeau d'une somme d'argent
substantielle. L'homme m'a demandé comment j'avais survécu à la
guerre et mon récit l'a intrigué. Nous avons discuté pendant toute
la durée du vol et il m'a fait promettre de lui rendre visite dans l'Indiana, m'assurant au passage que cela ne me coûterait pas un sou. Je
lui ai dit que je lui rendrais la pareille un jour et que je l'inviterais au
Canada dès que je serais en mesure de le faire.

En route pour New York, nous avons effectué une brève escale à l'aéroport de Shannon, en Irlande, avant de poursuivre jusqu'à Reykjavík, en Islande. À l'approche de la ville, j'ai été fasciné par le paysage entièrement plat qui semblait dépourvu de toute végétation et qui s'étendait à l'infini. J'ai presque cru voir la courbure de la terre. Quelle vue extraordinaire! Notre escale suivante a été Gander, à Terre-Neuve, où nous sommes descendus de l'avion pendant un assez long moment. On nous a indiqué la cafétéria où mon compagnon nous a commandé un petit déjeuner. C'était la première fois en 14 ans que je goûtais de nouveau à la cuisine canadienne. Mais il a été bientôt l'heure de remonter à bord pour effectuer le dernier segment de notre périple vers New York. De là, je partirais pour Toronto.

Jusqu'alors, j'avais beaucoup apprécié le vol, mais nous avons rencontré des turbulences pendant les dernières heures de notre voyage. L'avion s'est mis à traverser des trous d'air, ce qui secouait l'appareil à chaque perte d'altitude. Cela provoquait chez moi une drôle de sensation au creux de l'estomac si bien que j'ai fini par en avoir la nausée. Mon compagnon de voyage a appelé l'hôtesse qui m'a donné un cachet contre le mal de l'air. Il ne m'a pas fallu longtemps pour retrouver mon équilibre et la nausée s'est bientôt dissipée. Je me suis senti bien pendant le reste du voyage. Mon compagnon était un voyageur aguerri que les soudaines pertes d'altitude n'affectaient en rien. Il m'a remonté le moral pendant toute la durée du vol, ce dont je lui étais très reconnaissant. C'est surtout grâce à lui que je garde de bons souvenirs de mon retour au Canada. Même si nos routes ne se sont plus jamais croisées, notre brève rencontre m'a laissé une impression durable.

Enfin, le capitaine nous a demandé de nous préparer à la descente vers l'aéroport LaGuardia à New York. Lorsque nous avons débarqué et que je me suis dirigé vers la salle des arrivées, j'ai vu tante Jennie qui m'attendait de l'autre côté de la zone des douanes. C'est au cours du contrôle douanier que l'on m'a souhaité officiellement la bienvenue sur le continent nord-américain. C'était un fonctionnaire des douanes juif américain qui parlait quelques mots de yiddish – langue que j'étais très heureux d'entendre. Il m'avait immédiatement jaugé comme un compatriote juif et un réfugié de guerre. Il ne m'a pas demandé d'ouvrir mon unique petite valise et s'est contenté de me laisser passer en me souhaitant bonne chance. C'est ainsi que j'ai goûté pour la première fois à la liberté américaine et c'était une expérience merveilleuse. J'ai fait mes adieux à mon compagnon de voyage et je suis allé à la rencontre de tante Jennie. Elle m'a pris dans ses bras et m'a informé que je logerais chez sa cousine, Mme Moskowitz, à Brooklyn.

Tante Jennie et Mme Moskowitz étaient plus que de simples cousines, c'était les meilleures amies du monde. C'est pourquoi ma tante se sentait parfaitement à l'aise chez elle. Comme je n'avais que quelques jours à passer à New York, j'avais très envie de rencontrer ma grand-mère paternelle et, le lendemain matin, nous avons donc pris le métro pour lui rendre visite dans le Bronx. Cependant, l'excitation que j'associais à cette première visite à l'un de mes grands-parents (ce devait être, hélas, la seule de toute ma vie) n'a pas tardé à décroître à mesure que nous nous sommes approchés de l'endroit où elle vivait. Il s'agissait d'un vieil immeuble d'habitation délabré et j'ai été choqué de voir l'état de pauvreté des lieux. Cet ancien bâtiment était dépourvu d'ascenseur et nous avons gravi plusieurs volées de marches avant d'atteindre le bon étage. Lorsque la porte s'est ouverte, j'ai vu une très vieille femme soignée, au sourire aimable. Elle a tout de suite reconnu ma tante et l'a invitée à entrer. Elle ne savait pas encore qui j'étais.

Tante Jennie n'avait pas prévenu ma grand-mère que je venais, car elle voulait que ce soit une surprise. Lorsque ma tante m'a présenté, ma grand-mère m'a regardé de la tête aux pieds avant de fondre en larmes et de me prendre dans ses bras. J'étais si ému par son témoignage d'affection que j'en ai pleuré moi aussi. Tante Jennie a observé la scène d'un air approbateur, ravie d'avoir réussi sa surprise. Puis elle a suggéré avec tact que ma grand-mère et moi passions quelques heures seuls tous les deux et elle est partie faire quelques courses, nous donnant l'occasion de faire connaissance.

Ma grand-mère vivait dans une pièce minuscule qui comportait un lit, une table et des chaises, un poêle et une glacière. Sa seule fenêtre donnait sur un mur de briques. Après le départ de tante Jennie, elle a mis sur la table le peu de nourriture qu'il lui restait, m'invitant à m'asseoir et à manger. J'ai appris au début de notre conversation qu'elle dépendait de l'assistance sociale. Compatissant de tout cœur avec elle, j'aurais voulu être en mesure de l'aider. Ma pauvre grand-mère était indigente et, pire encore, elle avait dû supporter la terrible chaleur de la fin du mois de juin dans sa minuscule pièce sans ventilation. C'était terrible de voir dans quelles conditions vivait ma grand-mère, mais c'était également merveilleux de la rencontrer enfin et de passer du temps avec elle. Lorsque tante Jennie est revenue et que le moment de partir est arrivé, ma grand-mère m'a embrassé une dernière fois. Je lui ai promis que je lui écrirais régulièrement et que je lui rendrais visite dès que possible. Comment aurais-je pu savoir qu'il ne lui restait plus beaucoup de temps à vivre et que, hélas, nous ne nous reverrions jamais ?

Ma seconde journée à New York n'a eu rien à voir avec la première. Tante Jennie m'a emmené déjeuner dans un restaurant à distribution automatique où l'on offrait les plats à travers de petites fenêtres. De là, nous avons marché jusqu'au célèbre Radio City Music Hall où nous avons passé une après-midi distrayante. Nous avons dîné chez Mme Moskowitz et, plus tard dans la soirée, nous avons rendu visite au fils de notre hôtesse et à sa famille. C'est à peine si je parvenais à contenir ma joie sur le chemin du retour car je devais partir pour le Canada le lendemain.

J'étais presque trop excité pour dormir cette nuit-là. J'étais plus calme le matin suivant, mais quelque peu consterné d'apprendre que tante Jennie ne m'accompagnerait pas. Fidèle à sa nature d'entrepreneuse, elle m'a dit qu'elle avait pris des engagements professionnels auparavant et qu'elle devait rester à New York. Elle m'a rassuré en m'indiquant qu'elle avait pris les dispositions nécessaires pour que Clarice et George m'accueillent à la gare Union de Toronto. Je ne m'attendais pas à voyager seul, mais peu importait, vraiment, comment et avec qui je rentrerais au Canada – la seule chose qui comptait, c'était d'y arriver.

Après le petit déjeuner le matin de mon départ, j'ai rangé mes affaires et remercié mon hôtesse de sa généreuse hospitalité, puis nous sommes partis en taxi, tante Jennie et moi, jusqu'à la gare de Grand Central. Une fois sur place, elle m'a acheté un billet pour Toronto et m'a accompagné jusqu'à mon siège, me donnant des conseils de dernière minute sur les formalités douanières et les procédures d'immigration. J'accomplissais enfin la dernière étape de mon voyage vers le Canada : ce doux rêve devenait enfin réalité. Alors même que le train quittait la gare, j'avais encore du mal à croire que j'étais vraiment sur le chemin du retour. Je n'avais pas connu pareille joie depuis longtemps. J'étais perdu dans mes rêveries et voilà qu'en un rien de temps, je voyais approcher la frontière canadienne. J'ai fermé les yeux pour prier et remercier le Tout-Puissant d'avoir veillé sur moi et de m'avoir guidé jusqu'à ma destination. Nous avons franchi la frontière alors que j'étais en pleine méditation. J'étais de retour dans le pays dont je rêvais depuis longtemps et que je pensais ne jamais revoir.

Après avoir traversé la frontière canadienne, comme m'en avait averti tante Jennie, les agents des douanes et des services d'immigration ont inspecté mes papiers et fouillé mes bagages. Une fois l'inspection terminée, voilà que j'étais officiellement résident permanent, bénéficiant de tous les privilèges de la vie au Canada.

De retour chez moi

Après ce qui m'avait paru être une éternité, le 25 juin 1947, j'étais enfin de retour chez moi, au Canada. J'étais parti à l'âge de 12 ans et c'était un jeune homme de 25 ans qui revenait. Ma fébrilité allait croissante à mesure que défilaient les portions pittoresques de la campagne jusqu'à ce que nous ne soyons plus qu'à quelques minutes de la gare Union. Au moment où le train s'est enfin arrêté, j'étais déjà sur les marches, la valise à la main, impatient d'être le premier à descendre. Comme promis, Clarice et George étaient tous deux là pour m'accueillir, le visage rayonnant. Mon beau-frère m'a demandé d'un air espiègle si j'étais prêt à l'accompagner dans un autre voyage vers les Pays-Bas et je lui ai répondu joyeusement : « Non, merci, je ne vais pas plus loin. » Voilà qui a donné la tonalité générale de nos retrouvailles joyeuses. Nous sommes donc rentrés en voiture chez eux.

Une quinzaine de minutes après avoir quitté la gare, nous sommes arrivés à l'avenue Palmerston, où ma sœur et mon beau-frère louaient un deux-pièces au dernier étage d'une maison. Lorsque nous sommes entrés dans la cuisine, j'ai vu une table chargée de toutes sortes de plats, comme je n'en avais pas vu depuis des années. Mais, avant même que nous ne prenions place pour savourer ce festin, nous nous sommes mis à discuter de tout un tas de choses, ma sœur et moi. L'essentiel était désormais de rapatrier au

Canada mes parents qui se trouvaient encore en Argentine. Clarice m'avait loué une chambre dans la rue Henry, à une quinzaine de minutes de chez elle. Elle s'était également occupée de tous mes repas jusqu'à ce que je retrouve du travail. J'ai passé ma première matinée à Toronto à explorer les rues du voisinage. Pour trouver du travail, Clarice m'avait suggéré de me rendre au bureau de l'emploi ou à celui de l'Union internationale des ouvriers et ouvrières du vêtement pour dames.

Le dimanche suivant mon arrivée, ma sœur a organisé une petite fête en mon honneur. Parmi les amis qu'elle avait invités se trouvait l'une de ses collègues de travail, une jeune Juive du nom de Minnie. Qui aurait cru que cette jeune femme douce et accommodante deviendrait ma femme en l'espace d'une année ? Lorsque Clarice nous a présentés l'un à l'autre, je me suis tout de suite senti à l'aise avec elle. Elle avait des yeux bleus saisissants, le teint uni et mesurait plusieurs centimètres de plus que moi. Elle m'avait apparemment trouvé séduisant, car notre première rencontre avait été une réussite. Je me sentais aussi bien avec Minnie qu'avec mes anciens amis, mais, même si elle m'attirait, je cherchais encore quelqu'un qui me ferait chavirer, comme dans une scène sentimentale du cinéma des années 1930.

J'ai continué à fréquenter Minnie sans cesse de m'interroger sur ce que j'éprouvais pour elle. Nous sortions souvent à quatre avec l'une de ses amies, Florence, et son petit ami, qui avait été rendu à la vie civile un an plus tôt. Nous allions tantôt danser, tantôt voir un film et il nous arrivait aussi de nous rendre à la plage de Sunnyside ou aux îles de Toronto. Comme j'avais trouvé un emploi dans la confection de manteaux et de tailleurs pour femmes dès ma première semaine à Toronto, je gagnais assez pour payer nos sorties. Je vivais malgré tout sur un budget serré afin d'épargner assez d'argent pour payer le voyage de ma mère. Mes parents avaient économisé assez pour un seul billet et je m'étais donc promis de payer le second. La semaine où j'avais commencé à travailler, Clarice et moi avions déposé des dossiers pour rapatrier nos parents au Canada. Trois mois plus tard environ, nous recevions une lettre nous indiquant qu'ils étaient autorisés à entrer dans le pays, mais il a fallu de nombreux mois encore pour que soient traités tous les documents, y compris leurs autorisations officielles. Cette attente m'a au moins donné assez de temps pour épargner l'argent dont j'avais besoin.

Deux ou trois mois après mon arrivée au Canada, j'ai commencé à avoir des doutes quant à mon engagement avec Minnie. J'étais tellement bouleversé par toute cette affaire que j'en étais littéralement déchiré. Je me suis dit qu'il fallait que je lutte contre mes tendances obsessionnelles si je voulais connaître l'amour, mais la crainte de perdre l'occasion de vivre le véritable amour idéal m'a conduit progressivement à rompre avec ma chère Minnie.

À l'époque de mon arrivée au Canada, quelques rares réfugiés entraient dans le pays. À mesure qu'ils augmentaient en nombre, les plus jeunes ont monté un club de loisirs destiné aux activités sociales. Lorsque j'en ai entendu parler, j'ai tout de suite éprouvé un vif intérêt pour la chose, espérant y rencontrer d'autres réfugiés et surtout des gens venus de France. Je me suis rendu pour la première fois au club à l'occasion d'une soirée dansante qui avait réuni un petit nombre de jeunes filles et de jeunes hommes. Il y avait plus de filles que de garçons et j'ai rapidement repéré une blonde plutôt jolie. Je me suis approché d'elle et l'ai invitée à danser. J'étais encore assez maladroit, mais elle a feint de ne pas en être gênée. Elle a essayé de me mettre à l'aise en me demandant si je parlais yiddish, s'excusant de ne pas encore parler l'anglais. Je lui ai répondu : « *Avade red ich Yidish* » (Évidemment que je parle yiddish). J'ai découvert qu'elle venait de Pologne, où elle avait survécu à l'Holocauste en se cachant.

Alors que se terminait la soirée, je lui ai demandé si elle souhaitait que nous nous revoyions et elle a acquiescé. Lors de notre premier rendez-vous galant, elle est venue accompagnée de sa meilleure amie et, dès qu'elle me l'a présentée, j'ai eu ce qu'on appelle un *coup de foudre*. Il s'agissait d'une brune séduisante au joli visage et au sourire radieux. Elle avait connu la même situation que son amie : elle venait de Pologne et avait également survécu à l'Holocauste en se cachant. Lorsque l'heure de rentrer est venue, la jeune fille avec qui j'avais rendez-vous a proposé que je vienne chez elle pour y rencontrer son oncle et sa tante, chez lesquels elle habitait et qui l'avaient fait venir au Canada.

J'étais très impressionné d'apprendre que son oncle était avocat. Je n'en avais jamais rencontré dans un contexte social. Je me suis d'abord senti très mal à l'aise avec lui – c'était toujours la même chose quand je rencontrais des gens cultivés. Mais, à mon étonnement, je l'ai trouvé très humble et chaleureux. Il faisait tout son possible pour me traiter comme son égal. À la fin de notre visite, ma petite amie m'a demandé si cela m'ennuyait de raccompagner son amie chez elle. J'ai sauté sur l'occasion de la voir seule et je suis parti sans prendre d'engagement quant à un rendez-vous suivant. J'ai donc raccompagné chez elle la brune séduisante et, juste avant de lui souhaiter bonne nuit, j'ai trouvé le courage de lui demander si nous pouvions nous revoir. Prise au dépourvu, elle ne savait manifestement que répondre. J'ai admis que cela n'était guère approprié, car je sortais avec son amie, mais que je la trouvais irrésistible. J'ai dû attendre ce qui m'a semblé durer une éternité avant d'obtenir sa réponse, mais elle a fini par me dire qu'elle acceptait mon invitation. Elle m'a donné son numéro de téléphone et m'a dit de l'appeler pour fixer un rendez-vous le week-end suivant. J'étais transporté de joie et je suis rentré chez moi en sifflotant et en chantant tout le long du chemin.

Lorsque je l'ai appelée, nous avons opté pour un déjeuner au restaurant. Je suis passé la chercher chez elle, rue Elizabeth, et nous avons marché jusqu'à un restaurant situé sur la rue Yonge. Tout semblait se dérouler parfaitement au début quand, tout à coup, au milieu du repas, elle s'est mise à chanter. Je l'ai regardée d'un air abasourdi tandis qu'elle continuait à chanter en me regardant droit dans les yeux comme si c'était la chose la plus naturelle et la plus rationnelle du monde. À partir de cet instant, elle ne m'a plus répondu qu'en chantant. Inutile de vous dire que j'ai décidé de ne plus la revoir. Je la soupçonne d'avoir voulu venger son amie de la manière insensible dont je m'étais comporté.

À cette époque, j'ai décidé de quitter Toronto pour emménager à Winnipeg, là où j'avais vécu quelques-unes des plus belles années de mon enfance. Je n'avais toujours pas vu tante Sadie et le moment me semblait opportun pour partir. Je lui ai écrit une lettre pour lui dire que je voulais la voir et lui demander l'autorisation de leur rendre visite, à elle et à mon oncle. J'ai agi quelque peu à contrecœur étant donné le peu d'intérêt qu'elle avait manifesté pour me voir pendant les deux mois que j'avais passés à Toronto. Tante Sadie a rapidement répondu à ma lettre, m'invitant à venir chez eux. J'avais toujours des sentiments mitigés à son égard, mais je voulais vraiment redécouvrir l'endroit que j'associais à tant de doux souvenirs. C'est donc plein d'optimisme que je suis parti rejoindre la ville de mon enfance. Il a fallu plusieurs jours de train pour traverser les vastes et magnifiques paysages de l'Ontario et du Manitoba, et rallier enfin Winnipeg. Je disposais d'une couchette, ce qui réveillait de vieux souvenirs de mon dernier voyage en train au Canada, sur une couchette similaire, en 1933, alors que je roulais en sens opposé, vers Montréal.

Tante Sadie et oncle Morris m'ont retrouvé à la gare de Winnipeg. Ils étaient manifestement heureux de me voir. Alors que nous roulions à travers les rues de la ville, j'ai constaté que l'endroit avait peu changé et j'ai reconnu de nombreux immeubles familiers. Dans l'avenue Portage, par exemple, se dressaient l'ancien bâtiment Eaton et, plus loin au nord, le grand magasin de La Baie d'Hudson. C'était assez étrange de revoir la maison de ma tante après 14 ans d'absence : lorsque nous sommes arrivés, je me suis dit qu'elle n'avait pas l'air aussi grandiose que dans mon souvenir. Il n'y avait apparemment pas eu de travaux depuis la construction du bâtiment en 1929 et le stuc émeraude jadis chatoyant était aujourd'hui terne et passé. La constellation de minuscules pierres qui couvraient autrefois toute la surface de la maison s'était détachée. À l'intérieur, le décor et l'ameublement étaient exactement comme dans mon souvenir. Mais cette maison autrefois si vivante et si joyeuse était devenue sombre, sinistre et peu avenante. La mort de mon cousin Max avait sapé toute leur vitalité aux lieux.

Cela faisait environ 10 ans que Max était décédé, mais tante Sadie et oncle Morris continuaient à le pleurer. Oncle Morris mentionnait notamment son fils chéri, la prunelle de ses yeux, dans presque toutes les conversations et il employait son nom yiddish, Motele. Rien d'étonnant donc à ce qu'oncle Morris, le cœur encore brisé, soit mort à l'âge précoce de 57 ans à peine un an après ma visite. Au cours des années qui avaient suivi la mort de son fils, il avait trouvé la force de maintenir sa fabrique de fourrures à flot, mais son ambition avait disparu et son affaire avait perdu de son ampleur. La réussite n'avait plus le même sens pour lui car il avait fourni tous ces efforts dans le seul but d'assurer l'avenir de son fils. Ma tante, jadis mondaine, ne recevait plus avec le panache dont elle avait la réputation. Elle menait désormais une vie calme et tranquille avec quelques amis intimes.

J'ai passé mes journées à Winnipeg à chercher les endroits où j'avais vécu, y compris l'orphelinat juif, qui n'existait plus, et les terrains de jeu, les parcs et les cinémas. J'avais délibérément exclu mes anciens amis de mes recherches. J'étais convaincu qu'ils ne se souviendraient pas de moi. Ma tante m'a dit que l'un d'eux étudiait le droit et venait tout juste de passer l'examen du barreau, tandis qu'un autre terminait sa dernière année de médecine. Je me demandais ce que je pouvais bien encore avoir en commun avec eux.

Après être resté plusieurs semaines chez tante Sadie et oncle Morris, j'ai voulu avoir un peu d'indépendance et d'intimité. Par ailleurs, à mesure que mon impatience augmentait, je pensais de plus en plus à Minnie. Je n'arrêtais pas d'imaginer ses jolis yeux bleus et la douceur de son tempérament. Je m'étais senti si bien avec elle. Tout était si simple et réconfortant. Il me semblait à présent si futile de continuer de chercher mon véritable amour idéal. Fort de cette révélation, j'ai fini par revenir à la raison et mon indécision, ma solitude et mon ennui se sont dissipés. Je savais exactement ce que je voulais et j'ai donc envoyé une lettre à Minnie, en espérant qu'elle me réponde. Dans cette lettre, je lui ai dit combien elle me manquait et que j'avais l'intention de revenir très vite à Toronto.

Lorsque la réponse de Minnie est arrivée, j'ai voulu la revoir aussi vite que possible et j'ai donc informé ma tante et mon oncle que je repartais à Toronto. Je leur ai dit la vérité sur ce qui me poussait à y retourner et, en dépit de leur surprise, ils se sont montrés très compréhensifs. J'ai acheté un billet de train le jour suivant et je suis parti dans la semaine. Pendant mon séjour à Winnipeg, j'avais travaillé dans l'usine de mon oncle où l'un de ses employés m'avait appris à découper et à coudre les doublures de manteaux de fourrure. En l'espace de quelques jours, j'avais fini par bien maîtriser ce geste et mon oncle m'avait versé un salaire raisonnable en contrepartie du quota quotidien que je remplissais. Oncle Morris avait également refusé tout paiement pour le gîte et le couvert. C'était très généreux de sa part. Je suis donc rentré en Ontario avec une épargne conséquente.

Lorsque je suis arrivé à Toronto, Clarice m'attendait à la gare. Elle m'a invité à passer la journée avec elle dans son nouvel appartement. Nous y avons bavardé en déjeunant. Dans la soirée, mon beau-frère est rentré du travail et tante Jennie nous a rejoints et nous a tous invités à dîner au restaurant. Le lendemain matin, je suis allé à l'Union des ouvriers et ouvrières du vêtement pour dames, où l'on m'a aussitôt orienté vers une usine. Une fois là-bas, on m'a dit de me présenter à mon poste le lendemain matin.

Le jour de mon arrivée à Toronto, j'avais également appelé Minnie et nous avions convenu d'un rendez-vous le soir suivant. J'étais tellement soulagé – ravi serait plus juste – que Minnie ait

288 CITOYEN DE NULLE PART

encore des sentiments pour moi et j'étais heureux d'être rentré de Winnipeg. Pour lui prouver que mes intentions étaient sincères, je comptais lui demander sa main cette fois-ci. Si elle disait oui, je voulais attendre l'arrivée de mes parents, qui se trouvaient encore en Argentine, pour qu'ils puissent assister au mariage de leur fils unique. Cette nuit-là, j'ai dormi très paisiblement, sans agitation ni incertitudes pour me tourmenter. J'avais pris la bonne décision en allant retrouver Minnie et je me sentais libéré. Cette paix ne pouvait venir que d'une relation aimante et sincère avec une jeune fille comme Minnie, capable de me procurer un sentiment de calme doublé d'un appétit de vivre.

Le lendemain soir, j'ai retrouvé Min chez elle, rue Oxford. Nous n'avons pas évoqué notre rupture précédente et sommes restés dans le présent, où rien n'avait d'importance, mis à part notre amour et notre affection. Nous étions faits l'un pour l'autre et notre senti- ment d'appartenance réciproque ouvrait nos vies à une nouvelle dimension. J'étais transformé. J'étais plus heureux et plus confiant. Même mes futurs beaux-parents ont approuvé notre choix et m'ont invité à rester dîner avec eux.

Fidèle à mes intentions, j'ai demandé Min en mariage et elle a accepté avec joie. J'ai d'abord annoncé nos fiançailles à Clarice, qui l'a ensuite dit à tante Jennie. Ma tante savait que j'épargnais pour payer le billet de ma mère et que je n'avais donc pas les moyens d'of- frir une bague de fiançailles à ma bien-aimée. Or, un beau jour, elle m'a fait la surprise de me donner une magnifique bague ornée d'un tout petit diamant. Min savait que je n'avais pas d'argent pour lui acheter une bague et elle ne s'attendait donc pas à en recevoir une. Quelle n'a pas été sa joie lorsque je la lui ai offerte ! Nous avons tout de suite commencé à parler des préparatifs du mariage, tout en nous assurant que la date était bien postérieure à l'arrivée de mes parents.

J'étais très excité à l'idée de l'arrivée imminente de mes parents. Ils disposaient maintenant de tous les papiers nécessaires à leur entrée au Canada, ainsi que de l'argent pour le voyage que j'avais économisé. Ces longues années d'attente se terminaient enfin.

Nous continuions à nous voir régulièrement, Min et moi. Ses parents avaient facilité ces visites quotidiennes, que j'attendais avec impatience, en m'invitant tous les soirs à dîner. Son père, Isaac Grodzinski, était un Juif orthodoxe raffiné qui priait chaque jour et ne travaillait jamais le samedi. Sa mère, Annie, était charmante, enjouée et rieuse. Ils étaient extrêmement pauvres, mais se contentaient de leur sort sans ambition de gagner plus d'argent. Si je devais choisir entre être riche, mais stressé et inquiet, et être pauvre et satisfait comme mes beaux-parents, j'opterais sans nul doute pour la seconde solution, car, quelle que soit l'étendue de votre richesse, la paix intérieure n'a pas de prix. Comme lors de nos premières rencontres, le soir, nous allions voir des films ou bien danser au Palace Pier. Il nous arrivait parfois d'aller à *Sunnyside Beach* ou aux *Toronto Islands*. Nous sortions souvent avec Florence, la meilleure amie de Min, et son petit ami.

En juin 1948, alors que j'étais plongé dans ma routine quotidienne, entre le travail, le temps passé avec Min et mon sentiment de bien-être général, j'ai reçu un télégramme de mes parents m'informant qu'ils avaient embarqué sur un navire à Buenos Aires le jour même et qu'ils faisaient route vers New York. À ces nouvelles sensationnelles, je me suis dit que ma destinée avait réellement changé. Je me sentais vraiment heureux et comblé. Mes parents arriveraient dans quelques semaines. Notre mariage était imminent. Min et son père s'affairaient pour l'occasion. Nous devions nous marier le 4 juillet 1948 dans une petite synagogue avec la famille proche et quelques-uns des meilleurs amis de Min. Après la cérémonie, nous avions prévu de fêter l'événement avec un repas strictement kasher au restaurant Goldberg sur l'avenue Spadina.

Lorsque mes parents sont enfin arrivés à Toronto le 3 juillet, j'ai connu l'un des plus beaux jours de ma vie. Tante Sadie leur avait déjà dit qu'elle serait présente à mon mariage si bien que sa visite avait un double objectif. Elle avait l'intention de conduire de Winnipeg jusqu'à New York pour faire la surprise à mes parents au moment où leur navire arriverait à quai. Elle passerait ensuite quelques jours avec eux à rendre visite à la famille, puis ils se rendraient directement à Toronto pour arriver la veille du mariage. Pour sa part, tante Jennie, qui n'était pas du genre à laisser un membre de la famille lui voler la vedette, surtout à l'occasion d'un tel événement, comptait également surprendre mes parents en effectuant le voyage de Toronto à New York.

À la suite de cet accueil surprise et de quelques jours très distrayants à New York, mes parents ont fait le voyage jusqu'à Toronto avec mes tantes. Le jour de leur arrivée, nous les attendions avec impatience sur le porche de la maison où ma sœur habitait, plus excités et tendus à chaque minute qui passait. Nous avons enfin vu se garer une voiture et voilà que ma mère descendait du véhicule, suivie de mon père et de mes deux tantes. J'ai couru jusqu'au trottoir aussi vite que j'ai pu et je me suis jeté dans les bras de ma mère. Nous nous sommes embrassés et serrés dans les bras l'un de l'autre, le visage ruisselant de larmes de joie. Puis j'ai pris mon père dans mes bras dans un geste chaleureux, savourant sa fierté de revoir son fils unique. Enfin, mes deux tantes se sont avancées pour m'embrasser. Nos retrouvailles ont été des plus joyeuses.

Le lendemain de leur arrivée, mes parents ont assisté à mon mariage et, quelques années plus tard, ils étaient les fiers grands-parents de quatre petits-enfants. Clarice avait eu deux garçons, Allen et Morris, tandis que Min et moi avions eu une fille, Linda, et un fils, Jeffrey. Plusieurs années plus tard, Linda a donné à ma mère son premier arrière-petit-fils, Jordan, puis une arrière-petite-fille, Danielle. Ma mère a passé les plus belles années de sa vie avec ses petits-enfants et arrière-petits-enfants. Mon père n'était plus en vie, mais ma mère est restée chez nous jusqu'à son décès à l'âge de 82 ans. Outre le fait qu'elle avait toujours été d'un grand soutien, elle m'a toujours encouragé – une véritable *yiddishe mama* (une maman juive), dans tous les sens du terme. Hélas, elle est morte alors que j'écrivais ce livre, en 1983. Trois ans et demi se sont écoulés depuis et j'ai toujours le cœur brisé. Elle me manque terriblement.

Quant à moi, j'ai pris la bonne décision en épousant ma chère Min. Elle a été non seulement une femme dévouée et une bonne mère pour nos enfants, mais aussi une personne accommodante et compréhensive d'un naturel aimant et doux. Je souffrais encore de quelques-unes de mes névroses et elle n'a certainement pas vécu un conte de fées avec moi. Min mérite qu'on fasse l'éloge de son dévouement remarquable, de son amour, de sa considération et, par-dessus tout, de sa patience, qui m'ont aidé à recouvrer ma santé mentale. Malgré les innombrables difficultés, elle a surmonté tous les orages. Elle s'est montrée courageuse, pudique, et surtout confiante : elle me connaissait et croyait en moi.

Épilogue

Ma chère femme et mes chers enfants m'ont encouragé à écrire ce livre de bien des manières : ma fille, Linda, m'a offert un dictionnaire Oxford et mon fils, Jeffrey, m'a offert un stylo en or. À mon étonnement, même mon petit-fils, Jordan, m'a encouragé en me disant qu'il était impatient de lire mon histoire. Je suis certain que ma petite-fille, Danielle, aurait été tout aussi curieuse si elle avait été un peu plus âgée. Cependant, c'est à Min que revient tout le mérite pour son enthousiasme tout au long des nombreuses années qu'il m'a fallu pour l'écrire. Outre son soutien moral, elle a entrepris la tâche difficile de dactylographier l'ensemble du récit, ce qui était d'autant plus compliqué qu'elle tapait sous la dictée au lieu de copier un manuscrit.

Même si je n'ai reçu qu'une très faible instruction et qu'on ne me considérera jamais comme un véritable écrivain, j'avais la ferme intention d'écrire ce livre au mieux de mes capacités. Je pense qu'il est de mon devoir de décrire ces événements tragiques de ma jeunesse qui ont été liés à l'immense tragédie de l'Holocauste, et d'informer les générations futures des dangers et des difficultés rencontrées par un Juif citoyen de nulle part.

Glossaire

14 juillet Fête nationale française qui commémore la prise de la Bastille, le 14 juillet 1789. La chute de la prison, symbole de la monarchie de Louis XVI, a servi de catalyseur à la Révolution française.

Alliés Coalition de pays qui ont combattu l'Allemagne, l'Italie et le Japon (les forces de l'Axe) durant la Deuxième Guerre mondiale. Au début du conflit, en septembre 1939, la coalition comprenait les pays suivants : la France, la Pologne et la Grande-Bretagne. Après l'invasion allemande de l'URSS en juin 1941, puis l'entrée en guerre des États-Unis à la suite du bombardement de Pearl Harbor par le Japon le 7 décembre 1941, les principaux dirigeants des puissances alliées sont devenus la Grande-Bretagne, l'URSS et les États-Unis. Les autres Alliés comprenaient le Canada, l'Australie, la Tchécoslovaquie, la Grèce, le Mexique, le Brésil, l'Afrique du Sud et la Chine. *Voir aussi Axe.*

Antisémitisme Préjugés, discrimination, persécution ou haine à l'encontre des Juifs, de leurs institutions, de leur culture et de leurs symboles.

Association pour la colonisation juive [sigle : ACJ] Organisme philanthropique basé à Paris et fondé en 1891 par le baron Maurice de Hirsch qui a contribué à mettre en place des facilités de crédit et des centres de formation agricole partout dans le monde. Dans les années 1920, l'organisme s'est concentré sur l'aide à l'immigration des Juifs au Canada, en Argentine et au Brésil. En 1927, l'ACJ a fusionné avec deux autres organismes d'assistance sociale pour créer la HICEM qui a continué à aider les réfugiés juifs à immigrer. *Voir aussi HICEM*.

Auschwitz [allemand; en polonais: Oświęcim] Ville du sud de la Pologne, située à environ 37 kilomètres de Cracovie. Le terme désigne aussi le vaste complexe concentrationnaire que les nazis ont érigé à proximité. Le complexe d'Auschwitz, le plus grand de son genre, comportait trois camps principaux: Auschwitz I, un camp de travaux forcés construit en mai 1940; Auschwitz-Birkenau (Auschwitz II), un camp de la mort construit au début de 1942; et Auschwitz-Monowitz (Auschwitz III), un camp de travaux forcés construit en octobre 1942. Entre 1942 et 1944, les convois arrivaient à Auschwitz-Birkenau de presque tous les pays d'Europe – des centaines de milliers en provenance de Pologne et de Hongrie, et des milliers de France, des Pays-Bas, de Grèce, de Slovaquie, de Bohème-Moravie, de Yougoslavie, de Belgique, d'Italie et de Norvège. Plus de 30 000 personnes y ont été déportées depuis d'autres camps de concentration. On estime à 1,1 million le nombre de personnes massacrées à Auschwitz, dont approximativement 950 000 Juifs. À cela s'ajoutent 74 000 Polonais, 21 000 Tsiganes, 15 000 prisonniers de guerre soviétiques et entre 10 000 et 15 000 ressortissants d'autres pays. Le complexe d'Auschwitz a été libéré par l'armée soviétique en janvier 1945. *Voir aussi Camps nazis*.

Axe Coalition de pays comprenant l'Allemagne, l'Italie et le Japon qui ont combattu contre les Alliés pendant la Deuxième Guerre mondiale. Les puissances de l'Axe avaient ratifié un accord de coopération officiel, le Pacte tripartite, en septembre 1940. Parmi les autres pays s'étant ralliés à l'Axe, on dénombre la Hongrie, la Roumanie, la Slovaquie, la Bulgarie et l'État indépendant de Croatie. *Voir aussi Alliés*.

Bar mitsvah, bat mitsvah [hébreu; littéralement, celui, celle à qui s'appliquent les commandements] Conformément à la tradition juive, les garçons deviennent à 13 ans responsables de leurs actes d'un point de vue moral et religieux, et se voient considérés comme des adultes lors des offices à la synagogue. La *bar mitsvah* est aussi la cérémonie célébrée à la synagogue et suivie d'une fête familiale marquant l'accession à ce statut, cérémonie durant laquelle le garçon lit un passage de la Torah et récite les bénédictions lors d'une prière publique. Dans la seconde moitié du xxᵉ siècle, les Juifs libéraux ont institué une cérémonie et une fête équivalentes pour les filles, la *bat mitsvah*, qui a lieu à l'âge de 12 ans.

Beneš, Edvard (1884-1948) Deuxième et quatrième président de Tchécoslovaquie (1935-1938 et 1945-1948). Après la prise de contrôle de la Tchécoslovaquie par les Allemands en 1938, Beneš s'est exilé en Grande-Bretagne, où il a formé le gouvernement tchécoslovaque en exil. Après la guerre, Beneš a été rétabli dans ses fonctions jusqu'au coup d'État communiste de février 1948. Il a démissionné en juin de la même année et a eu pour successeur le dirigeant communiste Klement Gottwald.

Blum, Léon (1872-1950) Premier ministre de la France du 4 juin 1936 au 22 juin 1937 et du 13 mars 1938 au 10 avril 1938, puis président du gouvernement provisoire de la République française du 16 décembre 1946 au 22 janvier 1947. Blum, le premier Juif et le premier socialiste à servir en tant que Premier ministre de la France, a dirigé le gouvernement du Front populaire, une alliance des partis de gauche. À la suite de l'occupation allemande en juin 1940, il est arrêté pour trahison, puis déporté en 1943 au camp de concentration de Buchenwald, avant d'être transféré à Dachau en avril 1945, puis dans le Tyrol du Sud (Italie), occupé par les nazis, où il sera libéré en mai 1945. *Voir aussi Front populaire.*

Campagne d'Afrique du Nord Série de batailles que se sont livrées les puissances alliées et les forces de l'Axe pendant la Deuxième Guerre mondiale, entre le 10 juin 1940 et le 13 mai 1943, en Libye, en Égypte et en Tunisie.

Camps nazis Les nazis ont établi environ 20 000 camps d'emprisonnement entre 1933 et 1945. Même si l'on emploie souvent le terme « camp de concentration » pour désigner ces installations en général, les différents centres remplissaient toute une palette de fonctions. Il y avait les camps de concentration, les camps de travaux forcés, les camps de prisonniers de guerre, les camps de transit et les camps de la mort. Les premiers camps de concentration, établis en 1933, étaient destinés à accueillir les « ennemis de l'État », tandis que dans les camps de travaux forcés, les détenus étaient contraints d'exécuter de lourdes tâches physiques dans des conditions de travail très rudes. Les camps de prisonniers de guerre, comme leur nom l'indique, étaient des lieux de détention pour les soldats. Les camps de transit servaient de centres de détention pour les Juifs qui devaient être transférés vers les camps principaux, le plus souvent des camps de la mort en Pologne. Les camps de la mort étaient des centres de mise à mort où l'on massacrait en masse et de manière très organisée des groupes de gens déterminés. Certains camps, comme Mauthausen, conjuguaient les deux fonctions en même temps, formant un immense complexe concentrationnaire.

Carabineros [espagnol; littéralement: carabiniers] Force paramilitaire instituée au XIXᵉ siècle et dont le rôle consistait à protéger la frontière espagnole, notamment les Pyrénées. Le général Francisco Franco a démantelé cette force armée en 1939 – car des milliers de soldats s'étaient montrés loyaux envers le gouvernement républicain – puis l'a intégrée à la force de police, la *Guardia Civil* (garde civile). Des gardes ont néanmoins continué à exercer leurs fonctions aux frontières, arrêtant des réfugiés comme Max Bornstein. Ils avaient le titre de *Real Cuerpo de Carabineros de Costas y Fronteras* (Corps royal des carabiniers des côtes et des frontières).

Catalans Membres de la communauté autonome de la Catalogne, une région située au nord-est de l'Espagne et ayant pour capitale Barcelone. On y parle le catalan. La ville catalane de Figueras, où Max Bornstein sera emprisonné après sa traversée des Pyrénées, se trouve à une vingtaine de kilomètres au sud de la frontière franco-espagnole et à une soixantaine de kilomètres de Perpignan.

Churchill, Winston (1874–1965) Homme d'État britannique qui a été Premier ministre du Royaume-Uni de 1940 à 1945, puis de 1951 à 1955. Farouche opposant au nazisme dès ses débuts, Churchill a conduit son pays dans la bataille contre l'Allemagne nazie et il est devenu un membre clé du commandement allié, à la fois durant l'effort de guerre et durant l'établissement de la paix au lendemain du conflit.

Cinquième colonne Terme d'abord employé par les nationalistes durant la guerre civile espagnole (1936–1939) pour désigner leurs partisans infiltrés dans des territoires sous contrôle républicain afin d'aider les quatre colonnes de l'armée nationaliste. Le terme est utilisé depuis pour qualifier un groupe de personnes qui collaborent clandestinement avec l'envahisseur.

Croll, David (1900–1991) Homme politique canadien qui a été maire de Windsor (Ontario) de 1931 à 1934, député libéral de la circonscription de Spadina (Toronto) de 1945 à 1955 et premier Juif à être nommé sénateur au Canada en 1955.

Cure de Sakel Traitement psychiatrique mis au point en 1933, consistant à administrer de l'insuline au patient afin d'induire un coma. On employait généralement la cure de Sakel dans le traitement de la schizophrénie, mais également dans celui des névroses, avec des doses d'insuline plus faibles. Si certains psychiatres affirmaient obtenir un taux de rémission de 50 % grâce à ce traitement, des études ultérieures ont permis de réfuter les bienfaits thérapeutiques du recours à l'insuline. Largement employée dans les années 1940 et 1950, avant de décliner dans les années 1970, la cure de Sakel comportait également un risque de lésions cérébrales et de décès.

De Gaulle, Charles (1890–1970) Général français et homme d'État qui s'est opposé à la fois au régime nazi et au gouvernement collaborateur de Vichy. Ancien combattant de la Première Guerre mondiale et général de brigade pendant la Deuxième Guerre mondiale, Charles de Gaulle s'est exilé à Londres après la chute de la France en 1940. À Londres, il a organisé les Forces françaises libres, un groupe de partisans et de résistants composé de militaires français en exil. Au lendemain de la guerre, de Gaulle a servi en tant que chef du gouvernement provisoire de 1944 à 1946, et en tant que président de la république de 1958 à 1969.

De Rothschild, Édouard (1868–1949) Homme d'affaires et investisseur français issu de la célèbre famille internationale de banquiers d'origine juive allemande qui a établi ses premières institutions financières à la fin du XVIIIe siècle.

Drancy Banlieue située au nord-est de Paris qui a été le site d'un camp d'internement et de transit depuis lequel près de 65 000 personnes, presque toutes juives, ont été déportées vers les camps de concentration et les camps de la mort. Établi en août 1941, ce camp a été dirigé par la police française, puis repris par les SS en juillet 1943 jusqu'à sa libération en août 1944.

Franco, Francisco (1892–1975) Général espagnol et dictateur qui a été chef de l'État espagnol de 1938 à 1975. Franco, qui a mené les nationalistes à la victoire contre les républicains lors de la guerre civile espagnole, est d'abord resté officiellement neutre, puis « non belligérant » pendant la Deuxième Guerre mondiale, mais il a apporté un appui militaire aux forces de l'Axe. Paradoxalement, durant le conflit, son régime fasciste et autoritaire n'a pas mené de politique antisémite consistant à interner les Juifs, à moins qu'ils n'aient été apatrides. Au lieu de cela, près de 30 000 Juifs en possession de papiers ont pu entrer en Espagne, souvent en route vers le Portugal, un pays neutre. *Voir aussi Guerre civile espagnole.*

Front populaire Coalition de partis de gauche qui regroupait notamment le Parti communiste français (PCF), la Section française de l'Internationale ouvrière (SFIO) et le Parti radical. Le Front populaire a gouverné la France de juin 1936 à juin 1937 et brièvement au printemps 1938. Durant son mandat, le gouvernement a engagé toute une série de réformes du travail : droit de grève, négociations collectives, congés payés annuels, augmentation des salaires et semaine de 44 heures, notamment. Même si le Front populaire a adopté une position progressiste vis-à-vis de la crise des réfugiés en France et qu'il a cherché à donner aux réfugiés le droit d'accéder à des permis de travail, ces mesures n'ont jamais été fermement instituées. La coalition a été dissoute à l'automne 1938. *Voir aussi Politique d'immigration et mesures à l'égard des réfugiés et des immigrés (France).*

Galitzianer Yid [yiddish ; littéralement : Juif de Galicie] Personne de confession juive originaire de Galicie, une région d'Europe de l'Est aujourd'hui partagée entre l'Ukraine (ouest) et la Pologne (sud-est).

George VI (1895–1952) Roi de Grande-Bretagne et des pays du Commonwealth britannique (y compris le Canada) de 1936 à sa mort en 1952. Il est resté à Londres pendant toute la durée de la guerre en dépit de la menace constante des bombardements aériens allemands. Par sa volonté de courir les mêmes dangers que les autres Londoniens et son refus de fuir pour se mettre à l'abri, le roi George VI est devenu un important symbole de la résistance pour le peuple britannique. Sa fille aînée, l'actuelle reine Élizabeth II, lui a succédé.

Gestapo [allemand ; abréviation de *Geheime Staatspolizei*] Police secrète d'État de l'Allemagne nazie. La Gestapo a violemment et impitoyablement combattu la résistance aux nazis, en Allemagne et dans les territoires occupés. Elle opérait avec très peu de contraintes légales et avait la responsabilité des rafles des Juifs européens qu'elle faisait déporter ensuite vers les camps de la mort. La Gestapo était également chargée de délivrer des visas de sortie aux résidents des zones occupées. Un certain nombre de ses membres ont rejoint les *Einsatzgruppen*, les unités mobiles d'intervention responsables des rafles et du massacre de Juifs en Pologne orientale et en URSS lors de fusillades de masse.

Grande dépression [ou Grande Crise] Terme décrivant les conséquences de l'effondrement de l'économie mondiale qui a suivi le krach de la bourse américaine en octobre 1929. La grande dépression a touché l'économie de la plupart des pays jusqu'à la fin des années 1930. Au Canada, le taux de chômage a atteint 27 % en 1933.

Groupe spécial de sécurité Force de police secrète du régime de Vichy. *Voir aussi Gestapo; Vichy.*

Groupe Stern Traduction française de *Stern Gang*, nom donné par les Britanniques à une organisation paramilitaire sioniste et extrémiste appelée Lèhi (acronyme hébreu pour *Lohamei Herout Israël*, qui signifie Combattants pour la liberté d'Israël) et dirigée par Avraham Stern. Le Lèhi, qui défendait la création d'un État juif et l'immigration sans restriction des réfugiés juifs européens en Palestine, est né en 1940 d'un désaccord au sein de l'Irgoun concernant la lutte armée contre les Britanniques, lutte que prônait le Lèhi. *Voir aussi Palestine mandataire; Irgoun.*

Guerre civile espagnole [ou guerre d'Espagne; 1936–1939] Guerre ayant opposé les militaires – que soutenaient les éléments conservateurs, catholiques et fascistes (les nationalistes) – et le gouvernement républicain. Initiée par un coup d'État qui n'a pu obtenir de victoire décisive, la guerre civile espagnole a été particulièrement sanglante et s'est achevée lorsque les nationalistes, sous la conduite du général Francisco Franco, sont entrés dans Madrid. Durant cette guerre, les nationalistes ont bénéficié du soutien des fascistes italiens et des nazis allemands, tandis que les républicains ont reçu l'appui de volontaires venus du monde entier. *Voir aussi Franco, Francisco.*

Haganah [hébreu; littéralement: défense] Force paramilitaire juive de la Palestine mandataire qui a existé de 1920 à 1948 et qui est devenue plus tard la Force de défense d'Israël. *Voir aussi Irgoun.*

HICEM Organisation fondée en 1927 pour venir en aide aux réfugiés juifs. Il s'agit d'un acronyme composé du nom de trois autres organismes d'assistance: la *Hebrew Immigrant Aid Society* (HIAS; Société d'aide aux immigrants juifs) basée à New York; l'Association pour la colonisation juive (ACJ) basée à Paris; et le *United Committee for Jewish Migration* (*Emigdirect*; Comité uni pour l'immigration juive) basé à Berlin qui s'est retiré de l'organisation en 1934. Pendant la Deuxième Guerre mondiale, la HICEM, en partenariat avec *l'American Jewish Joint Distribution Committee* (JDC) a aidé entre 25 000 et 40 000 Juifs européens à émigrer vers des pays sûrs comme le Canada, l'Argentine, l'Australie et la Chine, tandis que la HIAS s'occupait des procédures d'immigration vers les États-Unis. La HICEM a également aidé les futurs immigrants non seulement en diffusant l'information nécessaire et en acquérant des visas, mais aussi en leur procurant des services sociaux essentiels (aide juridique, soutien financier, aide à l'emploi et cours de langue). En 1937, la HICEM avait noué des relations avec des organismes semblables dans 32 pays pour aider les réfugiés juifs. *Voir aussi Association pour la colonisation juive (ACJ).*

Irgoun [abréviation de l'hébreu *Irgoun Zvai Leoumi*; littéralement: organisation militaire nationale] L'Irgoun (également connue sous le nom d'*Etzel*, lexicalisation de son abréviation ITZ) a été constituée en 1937 après une scission de la Haganah, une organisation militaire qui a opéré en Palestine mandataire de 1920 à 1948. En réponse à la montée de la violence entre citoyens juifs et arabes, l'Irgoun défendait l'idée d'une résistance active et armée (contrairement à la politique de retenue promue par la Haganah), ainsi que la fondation d'un État juif en Palestine. L'Irgoun a été à l'origine de nombreuses attaques en Palestine mandataire et a joué un rôle essentiel dans le transport illégal et l'immigration de milliers de juifs européens vers l'État israélien. Les activités de l'Irgoun étaient controversées : certains la considéraient comme une organisation terroriste, tandis que d'autres applaudissaient ses efforts dans le combat pour la liberté. *Voir aussi Haganah; Groupe Stern.*

Jewish Board of Guardians [Conseil juif des gardiens], également connu sous le nom de *Board of Guardians for the Relief of the Jewish Poor* (Conseil des gardiens pour l'assistance aux Juifs défavorisés). Organisme de· bienfaisance britannique situé à Londres, fondé par le philanthrope Ephraim Alex en 1859 et qui fournissait des services sociaux aux Juifs dans le besoin.

Jewish Refugee Committee Organisme qui a aidé les réfugiés juifs à trouver un emploi et un logement en Angleterre. Ses locaux se trouvaient à la Bloomsbury House tout comme ceux d'une trentaine d'autres organismes d'aide aux réfugiés, comme le *Germany Emergency Committee* (un organisme destiné aux réfugiés d'Allemagne et d'Autriche, affilié aux Quakers et renommé par la suite *Friends Committee for Refugees and Aliens*), le *Church of England Committee for Non-Aryan Christians* (destiné aux chrétiens « non aryens »), le *Catholic Committee for Refugees from Germany* (Comité catholique pour les réfugiés d'Allemagne) et le *Refugee Children's Movement* (Mouvement des enfants réfugiés). Ces organismes, et d'autres, avaient pour but d'aider dans tous les aspects de leur installation les personnes (environ 90 000) qui ont trouvé refuge en Grande-Bretagne pendant la guerre.

Jour J Terme militaire qui sert à décrire l'invasion de la Normandie, en France, par les Alliés le 6 juin 1944, jour qui a marqué le début de la libération de l'Europe occidentale pendant la Deuxième Guerre mondiale.

Judaïsme orthodoxe Ensemble de croyances et de pratiques de certains Juifs pour lesquels l'observation stricte de la loi juive est intimement liée à la foi. Ce mouvement au sein du judaïsme se caractérise par un strict respect des lois relatives au régime alimentaire propre au judaïsme, l'interdiction de travailler le jour du Shabbat et pendant les fêtes juives, ainsi que le port d'une tenue vestimentaire sobre.

Kasher [hébreu; littéralement: conforme] Propre à la consommation selon les règles alimentaires juives. Les Juifs pratiquants se conforment à un système de règles connu sous le nom de *kasherout* qui définit ce qui peut être mangé, comment préparer les aliments et comment abattre les animaux et la volaille. La nourriture est *kasher* quand elle est jugée propre à la consommation selon ce système. Certains aliments sont interdits, notamment les produits issus du porc et les fruits de mer.

Kidoush [ou *kiddush;* hébreu; littéralement: sanctification] Bénédiction du vin récitée le jour du Shabbat et lors d'autres fêtes juives. *Voir aussi Shabbat.*

Kindertransport [allemand; littéralement: transport d'enfants] Série de tentatives organisées par des groupes britanniques et américains en vue de faire sortir les enfants juifs de l'Allemagne nazie avant 1939. Approuvée par le gouvernement britannique, mais financée par des fonds privés, cette initiative a permis de sauver près de 10 000 enfants âgés de moins de 17 ans entre décembre 1938 et septembre 1939. Par ailleurs, 1 400 enfants âgés de moins de 14 ans ont été accueillis aux États-Unis entre 1934 et 1945 grâce au programme « Un millier d'enfants » initié et financé par des organismes communautaires et privés.

Kommandantur [allemand] Quartiers généraux; bureau du commandant.

Leeds Jewish Refugee Committee [Comité d'assistance aux réfugiés juifs de Leeds] Organisme qui aidait les réfugiés juifs à obtenir leur visa d'entrée en Angleterre, puis leur apportait son assistance dans la formation dans le milieu du travail et la recherche d'emploi. Fondé en 1933 par Otto Schiff, l'organisme était affilié au *Central British Fund for Jewry* (Fonds central britannique pour l'aide mondiale aux Juifs) à Londres qui a ensuite changé de nom pour s'appeler le *Central Council for Jewish Refugees* (Conseil central pour les réfugiés juifs). La succursale de Leeds a perduré jusqu'en 1971.

Légion étrangère française Corps de l'armée formé en 1831 pour permettre aux ressortissants étrangers de servir dans l'armée française. Le quartier général de la Légion se trouvait en Algérie et, pendant le xixᵉ siècle, ses membres ont essentiellement œuvré à l'expansion de l'empire français. Pendant la Deuxième Guerre mondiale, les légionnaires ont servi en Norvège, en Syrie et en Afrique du Nord. Le Commandement de la Légion étrangère se trouve aujourd'hui à Aubagne, en France.

Ligne Maginot Ligne de fortifications massives que la France a construite le long de sa frontière après la Première Guerre mondiale pour prévenir une autre invasion allemande. Elle doit son nom au ministre de la Guerre, André Maginot, qui en a obtenu le financement. On croyait ces défenses imprenables et cependant, en mai 1940, les Allemands ont envahi la France en passant par la Belgique, contournant ainsi les fortifications; ils ont également réussi à défaire les forces françaises en différents points de la ligne Maginot.

Mackenzie King, William Lyon (1874–1950) Premier ministre du Canada de 1921 à 1930, puis de 1935 à 1948. Jusqu'en 1947, son gouvernement a mené une politique d'immigration extrêmement stricte. En outre, Frederick Charles Blair, chef des services d'immigration de 1936 à 1943, était ouvertement antisémite. Entre 1933 et 1939, le Canada a admis 5 000 réfugiés juifs, ce qui est beaucoup moins que de nombreux autres pays pendant cette période.

Miranda de Ebro Ville du nord de l'Espagne située à environ 250 kilomètres de Madrid qui a été le site d'un camp de concentration pendant la guerre civile espagnole (1936–1939) mais aussi après puisqu'il ne sera fermé qu'en 1947. Durant la Deuxième Guerre mondiale étaient détenus dans ce camp des prisonniers politiques espagnols comme des prisonniers d'autres nationalités, dont bon nombre de réfugiés juifs d'Europe de l'Est et de l'Ouest qui étaient entrés clandestinement en Espagne, ou bien qui étaient apatrides. D'autres étaient des prisonniers de guerre britanniques qui s'étaient évadés, tandis qu'il y avait aussi des soldats et des civils français qui avaient fui leur pays après l'occupation allemande en 1940. Les conditions de vie dans le camp étaient sinistres tant sur le plan des installations sanitaires que sur celui de la distribution de nourriture et d'eau. Les prisonniers étaient contraints de travailler. Toutefois le taux de mortalité était très bas. Les détenus protégés par leurs consulats recevaient de l'aide sous la forme de rations de nourriture supplémentaires et se portaient mieux que les apatrides. Ils étaient également libérés bien plus rapidement du camp grâce à l'intervention de leurs ambassades qui garantissaient leur prise en charge.

Mussolini, Benito (1883–1945) Premier ministre italien de 1923 à 1943 et fondateur du Parti national fasciste. En 1925, Mussolini a adopté le titre de « Il Duce » (le guide) en référence à sa position de dictateur et de chef du gouvernement. Il a apporté son soutien militaire aux nationalistes de Franco pendant la guerre civile espagnole, puis a passé une alliance avec l'Allemagne nazie en 1939, alliance connue sous le nom de pacte d'Acier. L'Italie est devenue officiellement l'une des puissances de l'Axe en septembre 1940. Mussolini a été évincé du gouvernement en juillet 1943 et exécuté en avril 1945. *Voir aussi Axe; Franco, Francisco; guerre civile espagnole.*

OSE [Œuvre de secours aux enfants] Organisme juif français qui a aidé à sauver des milliers d'enfants réfugiés juifs pendant la Deuxième Guerre mondiale. L'OSE a été fondée en Russie en 1912, mais, en 1933, ses bureaux ont été relocalisés en France, pays où l'organisme a mis en place plus d'une douzaine de « maisons d'enfants », a réussi à cacher un grand nombre d'enfants pour les protéger des nazis et, entre autres opérations clandestines, a organisé leur transfert vers les États-Unis et la Suisse. Parmi les responsables de l'OSE figurent Joseph Millner et Félix Chevrier, avec lesquels Max Bornstein a travaillé. En mars 1942, l'OSE a été contrainte par les lois mises en place par le régime de Vichy de se joindre à l'Union générale des Israélites de France (UGIF), une organisation qui collaborait avec les nazis. Si l'OSE a maintenu des succursales dans des villes comme par exemple Marseille, elle a dû déménager son siège à Montpellier, puis à Chambéry. Enfin, en raison de l'occupation allemande du sud de la France en novembre 1942 et de la menace grandissante des arrestations et des déportations, la plupart des activités de l'OSE visant à sauver des enfants ont commencé à se dérouler dans la clandestinité. Elle a accru ses efforts pour placer les enfants dans des foyers plus sûrs dans le sud-est occupé par les Italiens ou pour leur faire franchir clandestinement la frontière suisse.

Palestine mandataire Territoire du Moyen-Orient établi par la Société des Nations après la Première Guerre mondiale et soumis à l'autorité britannique. Englobant l'État d'Israël, la Jordanie, la Cisjordanie et la bande de Gaza actuels, le territoire sera administré par le Royaume-Uni – qui restreindra l'immigration juive – de 1923 à 1948.

Parti communiste français [sigle : PCF] Parti politique fondé en 1920 sur des principes communistes. Le parti a été dirigé par Maurice Thorez à partir de 1930 et a soutenu le gouvernement du Front populaire en 1936. La Jeunesse communiste, une organisation à l'origine indépendante, est devenue l'auxiliaire du PCF en 1931, un élément essentiel du parti qui a recruté des jeunes comme Max Bornstein. *Voir aussi Front populaire; Thorez, Maurice.*

Passeport Nansen Carte d'identité délivrée aux réfugiés apatrides par le Haut-Commissariat pour les réfugiés établi par la Société des Nations. Elle doit son nom au concepteur de cette carte, l'explorateur, scientifique et diplomate norvégien Fridtjof Nansen. En 1942, soit 20 ans après sa création en 1922, le document était reconnu par 52 pays. Il s'agissait du premier document permettant à un réfugié apatride de voyager. En 1938, l'Office international Nansen pour les réfugiés a reçu le prix Nobel de la paix pour ses réalisations pionnières.

Pearl Harbor Base navale américaine située sur l'île d'Oahu, dans l'État d'Hawaii. Pearl Harbor fait le plus souvent référence à l'attaque aérienne surprise lancée contre la base par les forces japonaises le 7 décembre 1941, à la suite de laquelle les États-Unis sont entrés en guerre au cours de la Deuxième Guerre mondiale.

Pessah [hébreu : Pâque] Fête de huit jours, très importante dans le calendrier juif et qui se déroule au printemps. L'un des principaux éléments de cette célébration est la lecture, lors d'un repas rituel appelé *Séder*, du récit de l'Exode, qui raconte la fuite des Juifs hors d'Égypte, où ils étaient retenus en esclavage. D'après le récit, Dieu est passé par-dessus les maisons des Juifs en y épargnant les premiers-nés, alors que les fils aînés des Égyptiens ont trouvé la mort. Cet épisode est la dernière des 10 plaies destinées à convaincre le pharaon de libérer les Juifs.

Pétain, Philippe (1856–1951) Maréchal et général français qui a été à la tête du gouvernement de Vichy de 1940 à 1944. Au lendemain de la guerre, Pétain a été jugé pour trahison et condamné à mort en raison de sa collaboration avec les nazis, mais cette peine a été commuée en prison à vie. *Voir aussi Vichy*.

Politique d'immigration et mesures vis-à-vis des réfugiés (France) La France a connu une grande vague d'immigration au début des années 1930, avec un afflux de plus deux millions de personnes, puis une autre à la fin de l'année 1938, avec l'entrée dans le pays de plus de 100 000 réfugiés de diverses nationalités. Or la politique gouvernementale à l'égard des réfugiés a fluctué grandement. De 1933 à 1939, mise à part une brève période de répit sous le Front populaire (1936–1937), toute une série de lois restrictives ont été adoptées à l'encontre des étrangers. En raison de la montée de l'antisémitisme et de la dépression économique en France, les étrangers, et plus particulièrement les réfugiés juifs, étaient considérés comme une « menace » pour la culture française, même si, dans l'ensemble, le nombre de réfugiés juifs était assez faible. Au début et vers le milieu des années 1930, des quotas ont été fixés pour limiter le nombre d'étrangers autorisés à exercer certaines professions, tandis que les étrangers dont les papiers n'étaient pas en règle étaient expulsés de force ou emprisonnés. Par la suite, les décrets de 1939 sur le statut des étrangers comprenaient des contrôles d'identité, la surveillance des étrangers, des restrictions quant à leur lieu de résidence, l'internement et l'expulsion pour diverses entorses à la loi. Ces décrets facilitaient même la révocation de la citoyenneté française de ceux que l'on jugeait « indésirables ».

Procès de Nuremberg Série de procès pour crimes de guerre qui se sont tenus dans la ville de Nuremberg. De novembre 1945 à octobre 1946, 24 hauts dirigeants et leurs collaborateurs y ont été jugés pour leur rôle de premier plan dans la « Solution finale ». Douze autres procès intentés contre des criminels de guerre de moindre envergure ont été menés par des tribunaux militaires de décembre 1946 à avril 1949.

Quatre questions (Les) Quatre questions posées au début du *Séder* de la Pâque, normalement par le plus jeune enfant de la tablée. Le *Séder* permet d'accomplir le commandement biblique de raconter l'Exode aux enfants. Le rituel des questions en constitue l'un des aspects les plus importants. Les questions portent sur les raisons qui expliquent en quoi cette nuit de la commémoration de l'Exode diffère des autres nuits. Par exemple : « Pourquoi mangeons-nous du pain azyme ? » ; « Pourquoi mangeons-nous des herbes amères ? » Les lectures qui suivent répondent aux questions et, ce faisant, racontent l'histoire de l'Exode. *Voir aussi Pessah.*

Rabbin Enseignant, érudit et chef d'une communauté juive.

Rommel, Erwin (1891–1944) Feld-maréchal allemand qui, durant la Deuxième Guerre mondiale, a dirigé les forces allemandes et italiennes lors de la campagne d'Afrique du Nord. *Voir aussi Campagne d'Afrique du Nord.*

Roosevelt, Franklin Delano (1882–1945) Président des États-Unis de 1933 à 1945. Roosevelt a approuvé le soutien militaire à la Grande-Bretagne en 1940, mais les États-Unis ne sont entrés officiellement en guerre aux côtés des Alliés qu'après l'attaque lancée par le Japon contre Pearl Harbor en décembre 1941.

Rosh Hashanah [ou *Roch Hachanah*; hébreu : Nouvel An] Fête automnale marquant le début de l'année juive et inaugurant les « jours de pénitence ». Les fidèles assistent à un service à la synagogue qui se termine par la sonnerie du *shofar* (corne de bélier utilisée comme instrument à vent). Le service est habituellement suivi d'un repas familial au cours duquel on sert des mets sucrés, comme des pommes et du miel, pour symboliser et célébrer la douceur du Nouvel An. *Voir aussi Yom Kippour.*

Séder [hébreu; littéralement : ordre] Repas familial rituel que l'on célèbre au début des fêtes de *Pessah*. *Voir aussi quatre questions, Pessah.*

Shabbat [hébreu; en yiddish : *Shabbes, Shabbos*] Sabbat. Jour de repos hebdomadaire qui commence le vendredi au coucher du soleil et se termine le samedi au crépuscule. Il débute lorsqu'on allume les chandelles le vendredi soir et que les bénédictions du vin et de la *hallah* (pain aux œufs) ont été récitées. Pour ce jour de fête et de prière, on a coutume de manger trois repas festifs, d'assister aux offices à la synagogue et de s'abstenir de travailler ou de voyager.

Shiva [hébreu; littéralement : sept] Dans le judaïsme, période de deuil de sept jours observée après les funérailles d'un proche parent.

Siddour [hébreu] Livre de prières juif.

Simhat Torah [hébreu; littéralement: joie de la Torah] Fête juive qui marque la conclusion du cycle annuel de lectures de la Torah et le début d'un nouveau cycle. Dans la synagogue, les fidèles chantent, dansent et portent les rouleaux de la Torah en joyeuse procession,

Sionisme Mouvement fondé par le journaliste juif viennois Theodor Herzl qui soutenait, dans son livre publié en 1896, *Der Judenstaat* (l'État juif), que la meilleure manière de résoudre le problème de l'antisémitisme et de la persécution des Juifs en Europe était de créer un État juif indépendant sur la terre ancestrale des Juifs, la Palestine biblique. Les sionistes défendaient aussi l'idée d'une renaissance de l'hébreu comme langue nationale juive.

Soukkot [ou *Souccot;* hébreu; Fête des Tabernacles] Fête juive automnale qui commémore les 40 années pendant lesquelles les Israélites ont erré dans le désert après leur exode d'Égypte, où ils avaient été réduits en esclavage. Durant cette période de fête qui dure sept jours, les Juifs prennent traditionnellement leurs repas dans une *soukkah,* une petite construction coiffée d'un toit de feuilles ou de branches.

Tallis [yiddish; en hébreu: *tallit*] Châle de prière porté par un homme juif adulte pendant la prière du matin et le jour du Pardon (*Yom Kippour*). On le pose généralement sur les épaules, mais certains choisissent de s'en couvrir la tête afin de marquer leur respect mêlé de crainte devant Dieu.

Talmud [hébreu; littéralement: étude ou apprentissage] Texte rabbinique ancien qui contient les commentaires et les débats portant sur l'histoire, la loi et l'éthique juives. Il comprend deux sections: la *Gemara,* qui traite des questions de droit, et la *Mishna,* divisée en six sections, qui s'intéresse à l'interprétation de ces questions.

Tefillin [hébreu] Phylactères. Paire de petites boîtes de cuir noir renfermant des bandes de parchemin sur lesquelles sont inscrits des versets de la Bible. Les *tefillin* sont traditionnellement portés par les hommes religieux, au bras et au front, à l'occasion des prières du matin les jours de semaine comme symbole de leur relation contractuelle avec Dieu.

Thorez, Maurice (1900–1964) Chef du Parti communiste français (P C F) entre 1930 et 1964, et vice-Premier ministre de la France de 1946 à 1947.

Torah [hébreu] Cinq livres de Moïse (cinq premiers livres de la Bible), aussi appelés le Pentateuque. La Torah constitue le cœur de la Bible écrite et, d'après la tradition, aurait été révélée à Moïse sur le mont Sinaï. Elle correspond à l'Ancien Testament dans la tradition chrétienne.

Traitement par électrochocs [aussi appelé électroconvulsivothérapie ou E.C.T.] Traitement psychiatrique inventé en 1938, largement employé dans les années 1940 et 1950, mais dans une moindre mesure aujourd'hui. Cette technique thérapeutique consiste à provoquer une crise convulsive chez le patient en faisant passer un courant électrique à travers son cerveau. On pensait qu'il permettait de stabiliser l'humeur de patients souffrant d'anxiété ou de dépression.

Tsedakah [hébreu : charité; vient de *tsedek* : justice] Charité, concept important dans le judaïsme.

Union internationale des ouvriers et ouvrières du vêtement pour dames [*International Ladies' Garment Workers Union*; acronyme : I L G W U] Syndicat formé à New York en 1900 pour représenter les travailleurs du secteur de la confection. Il avait également des filiales au Canada.

Vichy Ville de villégiature située au centre de la France, en Zone libre, qui a été le siège du gouvernement du maréchal Pétain. L'armistice franco-allemand du 22 juin 1940 avait divisé la France en deux zones : plus de la moitié du territoire (Nord, Ouest et Sud-Ouest) se trouvait sous occupation militaire allemande, tandis que le reste de la partie sud, appelée Zone libre, se trouvait placée sous une souveraineté française symbolique.

En octobre 1940, l'administration de Vichy a promulgué un ensemble de lois antisémites, indépendamment de l'Allemagne, puis elle a collaboré avec l'Allemagne nazie en internant des Juifs à Drancy, ce qui a conduit à leur déportation vers les camps de la mort. *Voir également Drancy*; *Pétain, Philippe.*

Women's Auxiliary Air Force [sigle : WAAF] Corps auxiliaire féminin de la Royal Air Force (l'armée de l'air britannique), formé en 1939. Les membres de la WAAF accomplissaient des tâches liées notamment au contrôle des avions et aux services de communication et de renseignement, mais elles ne participaient pas directement aux combats.

Wehrmacht [allemand] Armée allemande pendant le IIIᵉ Reich.

Yiddish Langue dérivée du moyen-haut allemand composée d'éléments empruntés à l'hébreu et à l'araméen, ainsi qu'aux langues romanes et slaves. Il s'écrit en caractères hébraïques. Parlé par les Juifs d'Europe centrale et orientale pendant près d'un millénaire (du Xᵉ siècle au milieu du XXᵉ siècle), le yiddish était encore la langue la plus répandue parmi les Juifs européens au début de la Deuxième Guerre mondiale.

Yom Kippour [hébreu; littéralement : jour du Pardon] Jour solennel et le plus saint du calendrier juif, marqué par le jeûne, la prière et le repentir. Il est célébré en automne, 10 jours après *Rosh Hashanah*. *Voir aussi Rosh Hashanah.*

Zone libre Partie du sud de la France placée sous la souveraineté symbolique française de juin 1940 à novembre 1942, après quoi elle a été occupée par l'Allemagne. *Voir aussi Vichy.*

Photographies

Grand-mère paternelle de Max en compagnie de son second mari,
date inconnue.

Grands-parents maternels de Max, Chayala (née Kahnneman) et
Mordechai Zalman Korman, date inconnue.

1 La tante de Max, Jennie (à gauche), à côté d'une parente non identifiée; la grand-mère maternelle de Max, Chayala (au centre), assise à côté de la tante de Max, Pola (à droite).

2 La tante de Max, Sadie, et son mari, Morris. Années 1920.

3 Tante Jennie et la mère de Max, Liba, au mariage de Liba. Varsovie, Pologne, 1920.

4 Tante Pola et son mari, date inconnue.

1   Membres de la famille de Max en France. À l'avant-plan : sa tante Léa
    assise à côté de la cousine de Max, Chai Liba (Luba). À l'arrière-plan,
    de gauche à droite : son cousin Philippe, son oncle Joseph et son cousin
    Pierre. Paris, 1936.

2   Philippe, dans son uniforme de l'armée française, 1940.

3   La cousine de Max, Luba (à gauche), et tante Léa, à la fin des années
    1930.

4   Tante Pola (à gauche), tante Jennie (au centre) et la fille de Pola, Hélène,
    1937.

Max Bornstein, à l'âge de trois ans. Winnipeg, 1924.

1 De gauche à droite : tante Jennie ; Clarice, la sœur de Max, âgée de 2 ans ; Max, âgé de 5 ans, se tenant devant sa mère, Liba. Winnipeg, vers 1926.

2 Max Kim, cousin de Max, âgé de 11 ans environ. Winnipeg.

3 Max, à l'âge de 10 ans, à la colonie de vacances *B'nai Brith*. Gimli, Manitoba, 1932.

4 Jack, cousin de Max et fils aîné de tante Pola, au Canada, date inconnue.

1

2

3

1 Max à Paris avec son premier vélo, vers 1936.

2 Max à l'âge de 16 ans. Paris, 1937.

3 La famille Bornstein en compagnie de tante Jennie lors de sa visite à
Paris pour l'Exposition internationale « Arts et techniques dans la vie
moderne ». À l'avant-plan : Max et Clarice. À l'arrière-plan, de gauche à
droite, Chiel (le père de Max), Jennie et Liba. Paris, 1937.

1 Favel et Sarah Silberstein qui ont hébergé Max, sa mère et sa sœur à Paris en août et en septembre 1939. Paris, vers 1934.

2 Clarice (à gauche), Liba et Chiel à Buenos Aires, en Argentine, vers 1940. Liba tient le sac à main que Max lui avait offert pour lui souhaiter bon voyage.

3 Chiel Bornstein (photo de passeport), 1938.

4 Clarice (à gauche) et Liba à Buenos Aires, en Argentine, 1942.

Max (à droite), et ses amis Jock (à gauche) et Hershorn (centre) au camp de Miranda de Ebro. Espagne, 1941.

1 Clarice dans son uniforme de la *Women's Auxiliary Air Force* (WAAF).
Angleterre, vers 1944.

2 Max au début de l'année 1942, peu après son arrivée en Angleterre.

3 Max devant l'une des entrées de Hyde Park, où il aimait se promener.
Londres.

4 Irma et Eddy, des amis de Max, avec leur enfant. Londres, vers 1947.

1 Max (assis) et son cousin Pierre lors de la première visite de Max à Paris après la guerre, 1946.

2 Salomon et Hélène, cousins de Max et enfants de tante Pola (debout), avec tante Jennie (au centre) et Paulette, la fille aînée d'Hélène. Paris, 1946.

3 Pierre (à gauche), tante Jennie (au centre) et la femme de Pierre, Simone. Paris, 1946.

4 Des parents de Max à Paris à la fin des années 1960. À l'arrière-plan, de gauche à droite : oncle Joseph ; sa seconde femme, Esther ; et les deux filles de Pierre, Nadine et Lorette. À l'avant-plan, de gauche à droite : Pierre, son fils Philippe, tante Sadie et Simone.

1 Clarice et George Stein lors de leur mariage. Toronto, début 1946.

2 Clarice (à gauche) et tante Jennie au mariage de Clarice.

Mariage de Max et de Minnie, Toronto, le 4 juillet 1948. À l'arrière-plan, de gauche à droite : Salomon ; sa femme, Anne ; Dave Moskowitz, un cousin ; tante Sadie ; tante Jennie ; Clarice ; George Stein, son mari. À l'avant-plan, de gauche à droite : Chiel, Minnie, Max et Liba.

I

2

1 Liba (à gauche), tante Sadie (au centre) et tante Jennie (à droite) au mariage de Max et de Minnie. Toronto, 4 juillet 1948.

2 Max et Minnie accompagnés de tante Sadie, qui leur avait rendu visite lors de leur lune de miel. Toronto, 1948.

1   Familles de Max et de Clarice. À l'arrière-plan, de gauche à droite : Max, Chiel, Liba et tante Jennie. À l'avant-plan, de gauche à droite : Minnie et ses deux enfants, Jeffrey et Linda ; Clarice et ses deux fils, Allen et Morris. Toronto, 1955.

2   Max et Minnie avec leur fille, Linda, à Queen's Park, Toronto, 1949.

3   Jeffrey et Linda, vers 1956.

4   La famille Bornstein à Coronation Park. Burlington (Ontario), 1957.

La *bar mitsvah* de Jeffrey Bornstein, 1966. De gauche à droite : tante Sadie, Minnie, Jeffrey, Linda, Max et Liba.

La *bat mitsvah* de l'arrière-petite-fille de Max. À l'arrière-plan, de gauche à droite : la petite-fille de Max, Danielle Warman Toledano, et son mari, Gilbert Toledano ; la fille de Max, Linda Bornstein Warman ; son arrière-petite-fille, Samantha Warman ; son petit-fils, Jordan Warman et la femme de Jordan, Lisa Menaker Warman. À l'avant-plan, de gauche à droite : l'arrière-petite-fille de Max, Jesse Toledano ; Max Bornstein et son arrière-petit-fils, Joshua Warman. Toronto, février 2012.

Index

Crichton Royal Hospital (Dumfries, Écosse) 203–205, 207, 208, 210–214
Croll, David 264, 299
Cuba xviii, 23–25
Cure de Sakel xxiii, 208–210, 299
d'Alsace, capitaine 164, 165, 173
Dalière, Mme 114
Dave (fils du cousin Jack) 47
David (cousin) 83
David Livingstone School (Winnipeg) 39
de Gunzburg, baronne 95
de Rothschild, Édouard 94, 95, 300
Düsseldorf (Allemagne) 16
Èbre (fleuve) 159
Eddy (marié à Irma) 234, 241, 245, 254, 270, 271
Edwards, M. et Mme 185, 186, 188
Espagne xvi, xix–xxiii, 118, 121, 125, 137, 138, 141, 142, 146, 147, 149, 157, 158, 160, 161, 173, 179, 184, 187, 198, 250, 298, 300, 302, 306, 307, 325
Essen 16
Esther (femme d'oncle Joseph) 266, 327
État juif xxii, 4, 137, 164, 241, 254, 261, 302, 303, 312. *Voir aussi Palestine; Sionisme*
Exposition internationale « Arts et techniques dans la vie moderne » (Paris) 91, 323
Fédération sioniste danoise 157, 174
Figueras (Espagne) 145, 148–150, 164, 299
Florence (amie de Min) 282, 289
Front populaire 91, 297, 300, 301

Fusées V-1 et V-2 222
Gare Union (Toronto) 279, 281
George VI 224, 301
Gestapo 121, 127, 137, 163, 301, 302
Gibraltar 179, 180, 181
Gimli (Manitoba) 48, 322
Goldschmidt 226, 322
Grand-père (maternel) 8, 318
Grand-père (paternel) 7, 317
Grand-mère (maternelle) 8, 9, 10, 11, 318, 319
Grand-mère (paternelle) 7, 11, 28, 277, 278, 317
Grande dépression 40, 43, 45, 59, 302
Grodzinski, Annie 289
Grodzinski, Isaac 289
Groupe spécial de sécurité 302
Guerre civile espagnole xx, 151, 298, 300, 302, 306, 307
Gurevitch, D^r 93, 94
Haganah 136, 253, 262, 302, 303
Hebrew Free School (Winnipeg) 39
Helen (petite amie) 205, 220
Hélène (cousine) 105, 113, 258, 259, 268, 269, 272, 273, 274, 320, 329
Hendaye (France) 121–125
Hershorn 161, 325
HICEM 66, 68, 89, 90, 105, 106, 108, 110, 303
Hitler, Adolf xviii, xx, 3, 151, 179, 187
Hôtel du Levant (Marseille) 136, 139
Hughes, M. 197, 200, 202, 203, 212, 213
Hyde Park (Londres) 232, 239, 260, 262, 326

Marks & Spencer 213
Marseille (France) 23, 25, 104, 105,
134–138, 140, 143, 257, 308
Max (fils du cousin Jack) 47
Max (cousin; « le grand Maxie »)
37, 38, 39, 50, 83, 286, 322
Max (grand-père) 8. *Voir aussi*
Grand-père (maternel)
Mayer-Gross, D^r 208, 209
Metz (France) 18
Millner, M. 92–94
Miranda de Ebro. *Voir Campo de*
concentración de Miranda de
Ebro.
Montmartre (Paris) 19, 71, 72, 103,
113, 269
Montréal 58, 59, 285
Morantz, famille 29, 30, 32, 33, 55,
57
Morantz, Clara 29
Morantz, Rose (Pinchuk) 29
Morris (oncle) 10, 26, 27, 28, 30,32,
33, 38, 43, 47, 51, 83, 137, 225,
286, 287, 319
Moskowitz, Mme 277, 278
Moss, D^r 33
Moulins-sur-Allier (France) 127, 128
Netzer, Rudi 232, 233
New York 8–11, 26, 28, 83, 171, 273,
275–279, 289, 290, 303, 313
Newcastle (Angleterre) 223
Œuvre de secours aux enfants
(O S E) xix, 92, 94, 95, 98, 99,
104, 113, 134, 135, 137, 138, 140,
179, 307
Orphelinat (Winnipeg) xv, xvi,
30–33, 35, 36, 250, 286
Palace Pier (Toronto) 289

Palestine xxii, 90, 136, 164, 240,
252, 253, 261, 262, 270, 302,
303, 308, 312. *Voir aussi État*
juif; Sionisme
Palestine mandataire. *Voir Palestine*
Parc Assiniboine (Winnipeg) 50
Paris (France) xv–xix, xxi, 12, 13,
15, 18–23, 35, 51, 52, 54, 61, 63,
67, 72, 78, 79, 86, 88, 91, 93, 97,
98, 103, 105, 106, 107, 109, 111,
115–128, 137, 140, 178, 179, 190,
219, 223, 227,239, 250, 257–274,
295, 300, 303, 320, 321, 327
Paris, invasion allemande de 117, 118
Parti communiste français 84, 91
Parti socialiste (France) 84, 91, 101,
197. *Voir aussi Blum, Léon*
Passeport Nansen 102, 108, 134,
260, 270, 308, 309
Patronage (Paris) 75
Paulette (fille d'Hélène) 273, 327
Pearl (fille du cousin Jack) 47
Pearl Harbor 193, 295, 309, 311
Perpignan (France) 140–142, 299
Pétain, maréchal 118, 309, 313, 314
Pfefferkorn, *señor* 156–158, 160, 162,
163, 166, 167–172, 175
Philippe (cousin; Chaim Fishel)
Pierre (cousin) 62, 103, 113, 250,
257, 265–268, 272–274, 286,
320, 327
Pola (tante) 9, 12, 13, 16–23, 47, 52,
61, 65, 71–73, 78, 105, 113, 263,
319, 320, 322, 327
Pologne xvi, xvii, xxii, 7, 10, 12, 13,
15, 17, 20, 26, 41, 73, 74, 102,
105, 107, 108, 136, 178, 191, 228,
283, 295, 296, 298, 301, 302, 319

La mission de la Fondation Azrieli est d'apporter son soutien à de nombreuses initiatives dans le domaine de l'éducation et de la recherche. La Fondation Azrieli prend une part active dans des programmes relevant du domaine des études juives, des études d'architecture, de la recherche scientifique et médicale et des études artistiques. Parmi les initiatives reconnues de la Fondation figurent le Programme des mémoires de survivants de l'Holocauste, qui rassemble, archive et publie les mémoires de survivants canadiens, l'*Azrieli Institute for Educational Empowerment*, un programme novateur qui apporte un soutien aux adolescents à risques et les aide à rester en milieu scolaire, ainsi que l'*Azrieli Fellows Program*, un programme de bourses d'excellence pour les deuxième et troisième cycles en universités israéliennes. L'ensemble des programmes de la Fondation sont présentement mis en œuvre au Canada, en Israël et aux États-Unis.